U0550878

新加坡大戰略
小國的政治、經濟和戰略之道
Singapore's Grand Strategy

洪清源
Ang Cheng Guan

謝辭

我要對蒂埃里・巴爾薩克（Thierry Balzacq）、吳翠琳（Evelyn Goh）、鄺雲峰（Yuen Foong Khong）、V・賈古瑪（Vikram Jayakumar）、Chong Yee Ming和Terence Chia致以謝意，他們對於撰寫本書計畫給予了直接或間接的協助。我要感謝新加坡國立大學出版社的彼得・施奧伯特（Peter Schoppert）和郭莉娜（Lena Qua）的支持。最後，我想感謝艾爾斯佩斯・湯姆森（Elspeth Thomson）的深刻見解、觀察和精心的文本編輯，這對於深化我的思想以及文字表達是非常寶貴的。本書中的任何錯誤和不足，均屬於我個人的責任。

目次

結論

推薦序

借鑑不遠：台灣人必讀的《新加坡大戰略》

莊仁傑（清華大學歷史研究所兼任助理教授）

《新加坡大戰略》作者洪清源教授，是擅長亞洲與東南亞現代外交史的學者，並且著作等身。如有關注台灣出版的東南亞研究著作，想必對洪教授討論後冷戰時代東南亞國際關係的《東南亞的當代新秩序》（八旗出版）一書並不陌生。這一本《新加坡大戰略》則是結合洪教授所關注的另一課題：李光耀與新加坡，討論新加坡建國至今的外交、國防、民防與經濟建設，以及新加坡政治菁英如何思考這些事情。更有趣的是，此書雖從政治學的大戰略思維切入，但又跳脫政治學的質性研究方法，改由史學方法進行研究。這也反映新加坡的政治學研究強調史學方法的性質。

雖然《新加坡大戰略》是學術書籍，但是並無任何艱深拗口的專業詞彙。一般大眾可輕鬆跟隨作者所說的故事，看見新加坡政治菁英們如何思考新加坡的國家利益，並解決各種相關的外交、國防、民防與經濟事務。因此，這本書不但適合學者閱讀，更適合想要了解新加坡的一般讀者閱讀；更加重要的是，這是一本台灣人必須閱讀的書。

為何台灣人要閱讀這本書？因為台灣現今所面對的一些問題，剛好新加坡也曾遭遇過。因此台灣可參考新加坡的經驗，找出自己的解決方案。

新加坡和台灣有類似的地理環境和位置。新台兩國的近鄰不但相對強大且都不懷好意。建國初期，印尼反對馬來西亞成立，並曾出兵攻擊新加坡。即使新加坡隨後退出馬來西亞並獨立建國，印尼仍對新加坡不友善。馬來西亞雖然相對友好，但軍事上有所提防。此外，新加坡必須面對冷戰雙方陣營，並避免倒向其中一方（但在必要時必須堅守底線），以避免成為大國的眼中釘（但偏向自由陣營）。同時，新加坡雖然是全球貿易的重要節點，但是缺乏腹地無法自給自足。在如此惡劣的情況下，新加坡要如何生存下來？並且如何不被強鄰強國們欺負？比對台灣今天的情況，這不只是新加坡要面對的問題，更是台灣的問題。

雖然情況惡劣，但是新加坡依靠外交、國防、民防和經濟手段，成為獨當一面的小強國。新加坡非常清楚自己很小，因此在外交上和鄰國打好關係，並採取不結盟政策，也厚植軍力並大力發展經濟。讓周圍的國家不願與新加坡為敵，並成為世界經濟和大國們需要仰賴與往來的對象。

新加坡不但是全球貿易節點，近年來也繼續積極發展精密工業——如飛機引擎和半導體，更大力發展ＡＩ產業。新加坡透過經濟合作，把自己的繁榮輸出至與新加坡鄰近的新山（馬來西亞）和巴淡島（印尼），一起打拚賺錢；也藉此與印尼和馬來西亞保持良好關係（三邊是經濟合作而非依賴）。這不但擺脫地理限制，更成為周圍國家的經濟發展火車頭。

但新加坡並非一味討好鄰居。新加坡自建國以來積極建設國防。建國初期的預算中有百分之三十用於軍事；並且施行徵兵制，規定全國成年男性公民在進入大學前必須接受軍事訓練。除了購入許多先進的軍事裝備與科技以彌補人數上的不足，同時積極自主研發軍事科技，不依賴他者的供給，例如新加坡軍隊的步槍即為自主研發的成果之一。這不但讓新加坡成為東南亞的軍事強國，也讓「武裝到牙齒」成為新加坡的最佳寫照。

除了經濟與軍事，政府透過強化新加坡社會與心理素質，讓新加坡民防力量可以應對各種天災人禍和危機（民防絕對不只是應對戰爭而已）。至今，全面防衛（Total Defence）政策不只是新加坡全體國民耳熟能詳，連以前常看新加坡電視的筆者也能馬上想起相關資訊。

新加坡在外交、國防、民防和經濟上如何制定目標，以及怎樣達成等，都是當今台灣政府和民間很好的學習對象（但絕對不是模仿雙語教育）。台灣近年來走上新加坡曾走過的路，積極自主研發軍事科技（潛艦國造）、強化經濟（獨步全球的半導體工業）、強化民防（民間開始關注民防）與積極外交（強化與美國等國家的關係），但近來卻在這些事項中遭受挫折。希望台灣可以克服挫折，並從洪教授的書中得到啟發，建設一個更加強大且韌性的台灣。這將是台灣的幸運，更是世界的幸運。

推薦序

「大謀」與「小忍」，觀其如何兼蓄：《新加坡大戰略》的研讀價值

黃宗鼎（國防安全研究院副研究員、天下獨立評論「印太安全劄記」專欄作家）

新加坡，位居太平洋及印度洋兩洋匯合之處，既屬美軍航艦進出第一島鏈的「咽喉點」（choke point），亦是中國「麻六甲困境」的第一線觀察者，與台灣同為美中印太交鋒之下最易感受衝擊的區域成員。

台灣對於新加坡關注程度的加深，與台灣愈發體認自身是個小國的客觀現實有關。儘管比起建國於一九六五年的新加坡，中華民國的字號要老得多，但若是在小國圈裡排資論輩，

新加坡實屬巨頭。這不僅僅是因為新加坡自一九九二年起，即長年擔任聯合國「小國論壇」（FOSS）主席國之故，也並非是因為像印尼前總統哈比比（B. J. Habibie）般，嘲諷新加坡比「多巴湖」（Lake Toba）內的小島還小的歧視性言論，但其音量愈發虛微之故，而是因為新加坡由蕞爾小戶而躍居國家「勝利組」之間，其賴以求存的那些獨門絕技。

洪清源所著的《新加坡大戰略》，即在「揭露」這個東南亞小國走跳江湖的要訣。之所以說「揭露」，是因為與多數東南亞國家一樣，基於外交國防事涉機敏，檔案並無強制解密義務，使得這類以國家大戰略為題旨的專門著作，實屬鳳毛麟角，這也是本書的第一個值得研讀的價值所在。

新加坡近半世紀之對外安全事務，極其浩繁，所幸洪清源以大戰略架構全書經緯，終於讓讀者能夠輕巧地領略新加坡闖蕩世局的要訣。這些要訣包括：有效管控與馬來西亞、印尼兩個主要鄰國之間的分歧與敵意；避免陷入「華人孤島」情境或遭「泛馬來主義」圍堵；穩步由「防衛依賴」走向「防衛自主」與「科技防衛」；時刻認清經貿與防衛之間的高度「互賴關係」；堅信發展「新加坡武裝部隊」乃涵養國家意識與認同感之要法；從一九八〇年初即努力推廣「全面防衛」公眾教育；透過「多元文化主義」來壯大內部團結；在包含越柬戰爭、俄烏戰爭上持續訴求新加坡「反侵略」之信念；為擴大經濟腹地務須加強對鄰國之認識（我稱之

「友」土斯有財）；透過簽署自貿協定等方式開展區域以外的經濟連結；強化東協與大國互動關係及新加坡之紐帶角色（如為辜汪會、馬習會提供舞台）；重視協商承諾與國際規範；以最佳軍事實力因應無法預料的「瘋狂政權」；在關注美中互動基礎上調節新美及新中關係等等。要瞭解新加坡如何具體把握這些要訣，乃本書第二個研讀價值之所在。

洪清源所標榜之「大」戰略，一面賅括「大」戰略作為外交防衛最高指導原則之本質，一面凸顯「大」戰略具有高度戰術彈性及精準動態平衡之格局，就筆者來看，前者可謂之「大謀」，後者可謂之「小忍」，而在兼蓄「大謀」與「小忍」之下，方成就了新加坡的大戰略。大戰略必出自大政治家，除了台灣讀者熟知的李光耀，其他如拉惹勒南（S. Rajaratnam）、吳慶瑞、吳作棟、李顯龍皆為新加坡大戰略的守門人，惟最值得關注的其實是他們掌舵人的角色。新加坡掌舵人們為了避免國家衝撞政治險礁，或為國家長遠利益做出短期犧牲，必須操作中華民國政府在冷戰時期慣用的「大局外交」。所謂「大局外交」並非單純因勢利導之判斷，其尚且涉及了一國核心價值或基本國策之扭曲。譬如說，儘管「不結盟政策」是新加坡獨立以來之外交信條，但在建國伊始，還無法自我防衛的時候，新加坡必須容忍英國基地這樣的必要之惡；又新加坡在冷戰期間即令支持美軍於東南亞之存在，藉以抑制共產主義，卻又須要批判美國越戰之舉，據以保守新加坡在不結盟國家之間的信譽；比如新加坡雖清楚意識到中國以意識形態顛覆或操控周邊小國之威脅，但仍避免批判北京，並將中國視作其對抗馬來民族主義的一支保護傘；又如新加坡在冷戰時期雖支持中共加入聯合國，但又不願因否認台灣自決權利而創下危險先例。總之，有助於捕捉各時期新加坡掌舵人的抉擇思維，乃本書另一個研讀價值之所在。

元朝胡祗遹〈木蘭花慢．話興亡千古〉詞有云：「看捭闔縱橫，東強西弱，一轉危機。」說的正是處於印太之交，與美中強權等距交好，跳脫憂患出身，而位列「勝利組」的新加坡。儘管台灣比之新加坡，面對更具敵意與威脅的鄰居，也因承認問題而在外交上難以施展，惟關乎如何兼蓄「大謀」與「小忍」，如何在最高外交防衛指導原則之下，保持高度戰術彈性及精準動態平衡，筆者以為《新加坡大戰略》足可給予我們許多的觸發與領會。

引言

I 大戰略概念演變與定義

在詳細介紹《新加坡大戰略》之前，我們有必要先釐清圍繞「大戰略」概念的辯論和爭議。這個概念並不新鮮。正如提摩西・安德魯斯・賽爾（Timothy Andrews Sayle）所提醒我們的，儘管這一術語「在政策文件中並不常用，且在學術著作中的重要性自一九二〇年代以來一直起伏不定」，但它「已經存在數十年」。[1]它雖然不是新的概念，但不幸的是，正如霍爾・布蘭茲（Hal Brands）所描述，它是一個「難以捉摸」和「廣泛濫用」的概念。[2]大衛・蓋辛・摩根—歐文（David Gethin Morgan-Owen）在最近的一篇論文中指出，「對這一術語的盲目應用，損害了倡導者希望促進的對國家安全的清晰討論」。[3]

自一九九〇年代以來，「大戰略」這一術語再度興起。在過去的三十多年中就有很多關於「大戰略」的著作，儘管其中大部分聚焦於美國，包括冷戰後美國是否擁有大戰略，是否需要擁有大戰略，以及在柯林頓、歐巴馬和川普時期各個政府的大戰略（或其缺乏）。[4] 實際上在近幾十年來，已設立了多個以「大戰略」為中心的教學計畫和研究機構。其中最知名者莫過於兩位國際知名學者約翰・路易斯・蓋迪斯（John Lewis Gaddis）和保羅・甘迺迪（Paul Kennedy）所發起的耶魯大戰略研討會，以及由另一位國際知名學者約翰・比尤（John Bew）領導的倫敦國王學院大戰略中心。[5]

有人認為「大戰略」是一個值得研究和應用的有用的概念。正如安德魯・艾哈特（Andrew Ehrhardt）和梅夫・萊恩（Maeve Ryan）所主張：「大戰略並非萬靈丹，但卻不可或缺。」[6] 相反地，也有人認為它的價值有限：「討論大戰略就像在全球危機中沉湎於自我觀望，所以現在是時候不再需要大戰略而採取行動。」[7] 新加坡前外交部常任祕書比拉哈里・考斯甘（Bilahari Kausikan）寫道：「他始終無法理解某些學者對所謂『大戰略』的痴迷，這是一個毫無意義的術語。我們必須設定目標。但在這樣做之後，我們能做的只是保持對遠處明星般的注視，同時不斷轉向以避免危險的暗礁和淺灘，以抓住可能隨時飄至近在咫尺的機會。」[8] 勞倫斯・佛里德曼（Lawrence Freedman）強調了擁有戰略（即擁有計畫）和戰略性行動之間的差異（即靈活應對事件）。他進一步指出，成功的危機管理需要良好的戰略，也就是對核心利益的明確認識。[9]

我不打算在這裡深入探討支持和反對的論點，或者追述這個概念的起源。對此有興趣的讀者可以參照參考文獻，以進一步深入探究。[10] 相反，我建議著重於凸顯與本書宗旨相關的關鍵問題。

一般有兩個觀點。第一個觀點，認為「大戰略」是「大國」或大強國（例如美國，可以說是大部分大戰略理論的焦點）的專屬領域，小國和大多數中等國家均無法具備制定大戰略的條件。[11]

我不認為這種論點有說服力。實際上，正如琳色爾（Rebecca Friedman Lissner）所觀察到的：「大戰略文獻不必要地受到美國的狹隘視野所困擾……隨著權力在未來幾十年繼續分散，大戰略的辯論可能會不斷擴大和加強。」[12] 而巴爾薩克、東布羅夫斯基（Dombrowski）和賴希（Reich）等人，他們發表了關於「大」和「小」國家大戰略的第一部系統性比較研究，則主張「如果你從這樣的假設出發，即大戰略的主要目的是塑造全球體系而非應對其迫切需求，那麼認為很少國家能夠做到這一點是自我證實的，甚至是贅述」。小國也能參與「長期戰略規劃」。[13] 這引出了我在界定「大戰略」方面的第二個更關鍵（也更具挑戰性）的觀點，也是本書的主題。

盧卡斯·米萊夫斯基（Lukas Milevski）可能是對該概念的演變與使用闡釋最透澈的人，他指出「源自多個學科的有關大戰略的現代文獻並沒有遵循對術語的統一全面理解，這個術語經常在被提及時卻沒有任何明確定義」。米萊夫斯基列舉了六種不同的詮釋。他得出結論認為「大戰略」仍然是一個「沒有標準、不連貫的概念」，需要「重整」[14]（著重部分）。對於要著手撰寫《新加坡大戰略》的人來說，這可能相當令人氣餒，但同時，我相信這也充滿了挑戰性。另一方面，威廉·馬特爾（William Martel）則強調了對美國大戰略研究的四種不同方法——透過歷史、理論、實踐和軍事的視角；這些將對應於歷史學家、社會學家、從業者、政策制定者以及軍事戰略家的那些重疊但獨立的領域。[15]

在我看來，我們所處的情況有點像印度寓言「盲人摸象」。[16]六位盲人試圖透過觸摸大象不同部位來確定大象的樣子。其中一人觸摸到大象的腿，認為大象像柱子；另一位摸到尾巴的則認為大象像繩子；摸到象鼻的第三人認為大象像樹幹；觸摸到耳朵的第四人則認為大象像扇子；觸摸到肚子的第五人認為大象像一面牆，而最後觸摸到象牙的人則認為大象像管子。他們因此完全不同意，並且永遠不了解真正的大象是什麼樣子。我們都知道大象是其各個部分的總和，每一特徵都同等重要。

在為本書計畫提出一個可行的「大戰略」定義時，我從其他對這一主題深思熟慮的主要學者所提出的「大戰略」中，提煉出我認為最有用的元素和組成部分，同時也不忘米萊夫斯基和馬特爾的觀點。

儘管措辭不同，實際上在「大戰略」的定義方面有相當多的共同點和廣泛共識。根據馬特爾的說法：

一個在引導國家的對外和對內政策中起著核心功能的有條理的大戰略，在和平與戰爭時期均起關鍵作用，因為它提供了政府最高決策者，在做出困難和具有重大後果的決策時所需的整體方向、清晰性和遠見。從根本上來說，大戰略描述了關於國家目標，以及對於實現這些目標手段的廣泛共識。[17]

蓋迪斯則將大戰略定義為：

潛在無限的志向與必然有限的能力之間的協調……因為目標可以是無限的，而手段卻永遠不會。無論你達到了怎樣的平衡，都將存在現實與想像之間的聯繫：在當前位置和預期目的地之間。只有當你將這些點連接在一起時，你才擁有戰略……之所以是「大」是看「利害攸關的是什麼」。[18]

巴里．波森（Barry Posen）簡潔地將大戰略定義為「國家的安全理論」。[19] 在一個平行的方向上，傑弗里．W．塔利亞費羅（Jeffrey W. Taliaferro）、諾林．M．里普斯曼（Norrin M. Ripsman）和史蒂芬．E．洛貝爾（Steven E. Lobell）將大戰略描述為「激發國家對外界的所有關係的組織原則或概念藍圖，以實現自身安全和最大化利益的目的」。[20] 阿坦納西奧斯．G．普拉提亞斯（Athanassios G. Platias）和康斯坦丁諾斯．科利奧普洛斯（Constantinos Koliopoulos）在對修昔底德（Thucydides）的研究中將大戰略基本上描述為「國家關於如何實現自身安全的理論，即維護主權、領土完整和相對實力地位」。[21] 布蘭茲將其定義為「將國家最重要的利益與其對世界的日常互動相結合的理論，或邏輯……致力於大戰略的人應該清楚了解其國家最重要的利益，主要威脅這些利益的程度和限制，以抵禦這些威脅並促進核心利益的提升」。[22] 最後，倫敦國王學院的大戰略中心強調大戰略的核心重點是「確保國家的長期安全、和平和繁榮」。[23]

「大戰略」一詞的確在十九世紀時期主要聚焦於「實際的戰爭作戰」，主要是「部隊的部署」。[24]但到二十世紀初葉，隨著「全面戰爭」的出現，[25]這個概念大幅擴展。正如倫敦國王學院大戰略中心所提醒我們，引用了英國軍事歷史學家李德哈特（Basil Liddell Hart）的話，大戰略的作用是「協調和指導一個國家的所有資源，以實現政治目標……由基本政策所定義的目標」。[26]然而，目標和背景仍然主要與戰爭相關，旨在實現戰爭目標，儘管李德哈特也將大戰略視為「一種思考方式……超越戰爭以通往隨後而至的和平」。[27]這個概念在冷戰時期進一步演變。柯慶生（Thomas Christensen）將大戰略定義為「在和平和戰爭時期都旨在增加國家實力和國家安全的全套國內與國際政策」。[28]實際上，卓越的軍事歷史學家麥可·霍華（Michael Howard）提到大戰略不僅關於「戰爭作戰」，還包括「避免戰爭」。[29]在二〇二〇年的一篇論文中，摩根—歐文表明大戰略實際上是「源於政策制定者之間的和平時期的辯論」，而不是如人們常認為的「是對戰爭性質變化的回應而產生的」。[30]

從上文中我們可以得出兩個結論。首先，根據詹姆斯·博伊斯（James Boys）的觀點，大戰略必須「具體到足以識別一系列標準，但又靈活到適應不斷變化的情勢以及不斷變化的詮釋」。[31]這一觀點也得到了安德魯·莫納亨（Andrew Monaghan）的贊同，他將戰略描述為「與不斷變化的背景進行對話，並不斷適應世界中機遇、不確定性和模糊性主導的情況，特別是關於其他行為者的行動、意圖和目的」。[32]其次，儘管大戰略「通常關注國家安全和外交政策問題」，但我們還需要考慮國內的層面。[33] 這一觀點得到一組學者的共鳴，他們指出「國內因素一直被忽視，但它們是制定大戰略的決定因素，而思想、機構或互賴在塑造國家政策方面發揮重要作用」。[34] 事實上，博伊斯指出：「今天對大戰略的看法……已經從狹窄的軍事方法論焦點演變，現在力求繪製一個國家的全部資源（經濟、外交、社會、政治、軍事，甚至文化）如何能夠實現國家利益。」[35] 博伊斯的觀察不是孤立的。在一篇關於「俄羅斯大戰略」的二〇一三年論文中，安德魯．莫納亨指出「在過去的十五年中，該辭的含義已擴展到包括更廣泛的問題，不僅包括軍事，還包括經濟和政治等問題」。[36] 荷蘭國防學院艾森豪國防戰略教授尤利安．林德利—弗倫奇（Julian Lindley-French）指出，大戰略是「受歷史、身分，以及無論是在國內還是國際上的國家敘事的可信度所啟發的」。[37] 巴爾薩克、東布羅夫斯基和賴希提出，應超越「自由主義者和現實主義者所採用常見的理性主義方法」，「強調歷史記憶和由此產生的國家病理等永久性因素」以及戰略文化的重要性。[38] 巴爾薩克則進一步強調，要使一個國家能夠制定和實行大戰略，社會「需要理解並接受國家所選擇的目標、方法和手段」。因此，「大戰略與社會凝聚力是相互交織的」。[39]

除了上述內容，在撰寫本書時，我特別受到三位學者的觀點指導。

首先，尼娜．希洛夫（Nina Silove）在二〇一七年的一篇論文中指出，大戰略的概念「已經演變成具有三個不同的含義」：

1.「由個體所制定的深思熟慮的計畫」；

2.「由個體自覺持有並應用以指導其決策的組織原則」；

3.「國家行為的模式」。

她在不特別優先考慮其中任何一個含義的情況下，主張所有含義「為安全研究的概念工具體系提供了獨特而有價值的補充，區分它們有助於研究大戰略最基本和重要的問題」。這些問題包括大戰略是否存在，是否有意的、變化的或恆定的，以及所有國家是否能夠或確實擁有大戰略。[40]

第二位學者是琳色爾，她確定了大戰略文獻中三個「組成性研究議程」並將其描述為：

1.一個變數議程。用來研究「國家行為的起源，特別關注代理和結構如何互動以產生大戰略結果的長期問題」的「一個稜鏡」；

2.一個過程議程。基本上是決策，例如「政府戰略規劃過程」；

3. 一個藍圖議程。「提供廣泛的願景，希望影響未來政府的行為」。

與希洛夫一樣，琳色爾也不特別優先考慮其中任何一個，但她主張「確定這些組成性研究議程並將它們放入對話中」對於理解大戰略的概念是有益的。琳色爾還強調了與「提供有關大戰略制定和實施的現實世界過程見解」的政策制定者或實踐者們合作的需要。[41]

第三位同樣重要的是摩根—歐文，他提醒我們重新將歷史納入大戰略討論中的重要性，因為這個概念始終植根於「特定背景」和「特定假設」。因此，「只有透過再創建這些其他背景的更廣泛畫面，我們才能更充分地理解歷史上國家級戰略實踐，從而也理解當今大戰略的地位」。[42] 這一觀點也被米萊夫斯基所強調。

從上述觀點可以看出，儘管在強調、焦點和術語上存在差異，但研究「大戰略」的學者們之間也存在相當多的重疊和共識。

這本關於「新加坡大戰略」的書將採納一個廣泛的概念定義，不偏袒任何學派或學科。正如馬特爾所提到的，它將採納歷史、理論、實踐和軍事這四個角度。同時，它也將採納彼得·費佛（Peter Feaver）對大戰略的定義，他將其描述為「來自學術界的術語」，指的是「國家有意採取的計畫和政策的集合，旨在協同運用政治、軍事、外交和經濟工具，以推進該國的國家利益。大戰略是調和目標和手段的藝術。這涉及有目的的行動，受到領袖明確認識的……以及他們可能只是內在感受到的因素的限制」。[43] 這項研究將直接或間接地（透過文獻和回憶錄）與實踐者進行交流。最後但同樣重要的是，這項研究將考慮那些支撐著新加坡大戰略的發展和演變的國際與國內背景。

II 大戰略非大國專利

在為本書界定「大戰略」概念之後，我將轉向討論它與新加坡的關係。正如布蘭茲所指出，這一術語應該被「正式陳述和明確定義以符合資格」。[44] 然而據我所知，這個術語在新加坡的語境中從未被使用過。更常見的是討論或閱讀有關新加坡的外交政策或國防政策，或偶爾提到的新加坡的國家戰略或國家安全戰略。基本上，它們指的都是同一套關切的事項。在一九六五年十二月八日新加坡國會的第一次會議上，國家元首尤索夫·伊薩（Inche Yusof bin Ishak）（亦稱總統）在演講中表示：「作為一個獨立的共和國，我們承擔了兩項新的責任，國防和外交，這兩個主題與我們的生存密切相關……外交和國防事務是緊密相關的主題。我們在外交事務上採取的政策，不可避免地決定我們的防衛承諾，而我們的防衛承諾反過來又限制了我們外交政策的選擇範圍。」[45]

撰寫「新加坡大戰略」（即外交和國防政策和戰略）具有極大挑戰性，因為新加坡外交和國防部的檔案紀錄仍然被嚴格保密，並且不受義務強制解密。正如新加坡通訊及新聞部高級政務部長沈穎（Sim Ann）在二〇一九年九月新加坡國會中所說：「並非所有政府檔案都可以公開存取，特別是涉及我們國防、外交關係和內部安全的檔案。」[46] 新加坡國家檔案館的目錄中有一些口述歷史訪談，但其中大多數相關內容的訪談即使未被禁止，也仍有著極為嚴格的存取條件。即使被允許聆聽這些訪談，歷史學家也很難引述或參考它們。因此，由於長期的保密性，我們在很大程度上取決於政府選擇公開發布的資訊。鑑於決策過程的不透明，這項研究將出於必要性主要聚焦於「正式機構內」的戰略規劃和實施，並在可能時提到「非正式政治和網絡」。[47] 簡而言之，這本書主要關注「宣告性」的大戰略，並使用演講、評論、回憶錄和官方出版物以描述和分析新加坡的大戰略。但在可能的情況下，特別是在冷戰結束之前的歲月，即本書的上半部分，缺失的部分或空白可以透過來自其他國家檔案資訊的填補，尤其是我已經收集到的來自美國、澳洲和英國的資源。正如龍仕銳（Joey Long）所說：「對於歷史學家來說……檔案限制不必然導致敘事或分析的癱瘓。隨著航空旅行縮小了地球，我們可以從多個檔案館中取得資料。」[48] 至於後冷戰時期，人們則不可避免地必須仰賴於公開的資源。

近年來，許多曾經直接參與並在當時事件中發揮作用的新加坡人，紛紛以短文或書籍章節的形式寫下回憶錄。其中有些回憶錄觸及外交事務，但涉及國防和安全事務的則更為稀少，而其中最著名的當屬新加坡建國（與服務時間最長）總理李光耀的回憶錄，他如同打開了閘門，激勵他人紛紛仿效。

鑑於上述限制，[49]且由於外交和軍事史已有一段時間不再流行（並且不吸引新興歷史學者），有關新加坡外交和國防政策相關議題的著作主要由政治學者所撰寫，這些學者對檔案的依賴較少。接下來將介紹一些重要出版物，其中大部分已經有些年頭，確實值得重新研究。

迄今為止有關新加坡外交和軍事史的著作極為有限，幾乎所有這些著作涉及的都是二戰和日本占領新加坡的主題，這些事件發生在新加坡獨立之前。關於新加坡歷史的標準文獻，如瑪麗·藤布爾（Mary Turnbull）[50]和埃德溫·李（Edwin Lee）的著作，幾乎沒有涉及新加坡的外交關係。埃德溫·李的書中有一章簡短地介紹了國家服務及其與國家建設的關係，這是他書中的統一主題。[51]近期嘗試撰寫了一部新加坡史的麥可·巴爾（Michael Barr）也很少論及外交和國防事務。[52]

轉向政治學者的著作，最為顯著的有以下幾篇。

自新加坡獨立以來，第一部實質性的新加坡外交政策研究是由卡溫·威萊拉特（Kawin

Wilairat）所作。這基本上是一篇描述性的文章，基於已發表的資源詳細介紹了一九六五年至一九七五年間的外交決策和活動，不過作者也簡要涵蓋了一九六五年以前的時期（分為一九五九年至一九六三年，以及一九六三年至一九六五年）。這篇文章由東南亞研究所（Institute of Southeast Asian Studies）發表，屬於其〈新加坡外交政策：第一個十年〉系列報告的一部分，摘錄自威萊拉特於一九七五年完成的博士論文，題目為〈新加坡外交政策：一個城邦國家外交政策體系的研究〉。該論文其中一章，基於對外交部官員和其他人的訪談，對外交服務的形成和結構，以及相應的決策過程進行探討。儘管是近四十年前所撰寫，僅涵蓋了新加坡外交政策的前十年，但這份未發表的論文卻是對該時期最為全面的記述。[53]

比爾維爾・星（Bilveer Singh）於一九八八年發表了〈新加坡：小國的外交政策要務〉（Singapore: Foreign Policy Imperatives of a Small State）的高等研究中心專題論文；十年後，他將其擴展為一部名為《小國的脆弱性重探：新加坡戰後外交政策研究》（*The Vulnerability of Small States Revisited: A Study of Singapore's Post-cold War Foreign Policy*）的專著。正如書名所示，該書著重於新加坡的「小國」地位和脆弱性，描述新加坡在主要為「無邊界」且快速「縮小」的世界中，如何「試圖擴大其政治、經濟和戰略空間」。比爾維爾・星主張，儘管「新加坡的戰後外交政策確實有一些新穎之處……但在原則和教義方面，相對於變化，更多的是持續性」。[54]

或許關於新加坡外交政策最著名的一本書是麥克・萊佛爾（Michael Leifer）的《新加坡的外交政策：應對脆弱性》（*Singapore's Foreign Policy: Coping with Vulnerability*）。已故的萊佛爾教授被形容為「許多東南亞政治和政策菁英樂於分享他們的戰略觀點，並在非正式的聚餐中傾吐他們的喜悅和挫折的最終內幕人物」。[55]這本於二〇〇〇年出版的著作「評估了新加坡政府對這個島國固有脆弱性感知的深遠影響」。根據萊佛爾的說法：「新加坡主要因其經濟和社會成就而受到欽佩和尊敬，但其外交作用並未受到同等關注。」[56]

另一項重要研究是甘尼山（N. Ganesan）的著作，類似於比爾維爾・星，對新加坡的外交政策問題給予相當的關注。在他於二〇〇五年出版的著作《新加坡外交政策中的現實主義與相互依賴》（*Realism and Interdependence in Singapore's Foreign Policy*）中，甘尼山認為，儘管「新加坡對脆弱性的關注是政策成果的一個持久特徵……透過自由的協議更容易獲得合作與繁榮」。在他看來，後者尤其在經濟外交方面並未得到足夠的關注，因為大多數作者傾向專注於「源於新加坡的規模、地理位置和相關限制的脆弱性」。[57]前述萊佛爾在爭論中提到的重點基本也一樣，他認為儘管新加坡的外交政策是基於其基本的脆弱性，但未來則取決於將新加坡經濟擴展至區域之外並倡導多邊主義。[58]

最後，在二〇〇八年，何志亞（Amitav Acharya）出版了一本彙編其在一九九二年至二〇〇五年間所撰文章的著作。何志亞是一位以建構主義透視東南亞的國際關係學者。因此，這本著作中的篇章「強調了超越傳統現實主義視角對新加坡外交政策的必要性」。他認為現實主義的方法「忽視了新加坡經濟和安全政策在自由市場經濟中的堅實基礎」，「誇大了區域秩序的平衡力量方法」，並且「低估了東南亞國家協會（ASEAN，簡稱東協）在實現新加坡重要外交政策和安全利益方面的影響」，以及「低估了新加坡在全球多邊論壇中的作用之重要性」。他提出可透過自由制度主義和社會建構主義的概念來更好地理解新加坡的外交政策。[59]

至於有關新加坡國防和軍事相關事務的著作，則實在非常有限。近年來有三本相關著作（一本專著和兩本編著）。何樹煌（Ho Shu Huang，音譯）與格雷厄姆・翁－韋伯（Graham Ong-Webb）合著的《新加坡的國民服役》（*National Service in Singapore*，二〇一九）是一本關於國民服役各個方面的文章彙編，出版於新加坡從一九六七年引入國民服役剛好五十週年的時刻。[60]

另一本著作主要探討新加坡的安全問題，而軍事是其中一個面向。這本書是為了紀念新加坡獨立五十週年而出版的，包含了有關傳統和非傳統安全問題以及外交政策的文章。[61] 第三本著作則是陳靈偉（Samuel, Ling Wei Chan）的《武裝人才的貴族制：新加坡的軍事菁英》

（*Aristocracy of Armed Talent: The Military Elite in Singapore*，二〇一九），源自於他的博士論文。陳靈偉試圖追隨美國社會學家莫里斯．詹諾維茨（Morris Janowitz）的《職業軍人：一幅社會與政治肖像》（*The Professional Soldier: A Social and Political Portrait*）的腳步。然而，在他的情況下，他「聚焦於新加坡的軍事體系」。[62]陳靈偉指出，在新加坡並不存在〈資訊自由法〉（Freedom of Information Act）或相當於此的法律，人們可以研究「任何你想在新加坡研究的東西，除了兩種主題」，其中之一就是軍事事務。[63]

蒂姆．赫胥黎（Tim Huxley）的《保衛獅城：新加坡的武裝部隊》（*Defending the Lion City: The Armed Forces of Singapore*，二〇〇〇），這本著作雖然出版已逾二十年，但對於任何對新加坡安全的軍事層面感興趣的人而言，仍然是必讀之作。作為當時吹捧的「有史以來第一部」「新加坡武裝部隊（Singapore Armed Forces，簡稱ＳＡＦ）的重要研究」，它「全面評估了新加坡令人印象深刻的軍事能力以及塑造這一能力的戰略展望和政策」。[64]

確實，新加坡自一九六五年以來就沒有參與過戰爭。但正如帕斯卡爾．文內松（Pascal Vennesson）所指出，「從戰略角度來看，戰略和戰術之間的聯繫並不是核心問題。相反，重要的是軍事能力（陸地、海上、空中、網路）與經濟和地理效應之間的聯繫，不一定或主要是透過實際使用武力中介」。[65]

當然還有其他期刊論文和書籍章節探討新加坡安全政策、外交關係和相關問題的具體方面，但上述內容占據了學術研究的主要部分。儘管這些研究仍然有用，但大多數都是分隔且陳舊的。儘管如上所述，學術研究通常融入現實主義的框架，但尤其在一九九〇年後（冷戰後）的著作中，已有一些超越現實政治（Realpolitik）領域的努力。[66] 因此，這本書是一次嘗試將這些分離的片段匯聚為一個最新且全面討論新加坡大戰略的努力，同時不斷牢記有關該概念本身正在進行的討論。

第一章

新加坡及其鄰近國家——李光耀時代（一九六五年——一九九〇年）

新加坡作為東南亞一個獨特而與眾不同之國家，人民的生存取決於我們在應對較大且更具挑戰性的鄰國時的耐心和決心，以及我們在尋求這個地區新的權力平衡的毅力。

——尤索夫·伊薩（Inche Yusof bin Ishak）

I 一個能被輕易攻陷的島嶼

本章目的是描述一九六五年至一九七〇年間，即便急於滿足人民的基本需求：「為他們提供衣物、食物、住房和良好的交通」，政府仍為了確保新加坡作為一個獨立國家的必要領土安全，所採取的政策及其基本原理。[1]

首要的政策涉及新加坡與其直接鄰國馬來西亞和印尼的外交關係。新加坡在一九六五年八月九日成為獨立國家，其首次國會開幕式是我們探討新加坡大戰略的合適起點。馬來西亞的形成（「合併」）以及隨後導致新加坡獨立的事件（「分離」）已是眾所周知。兩國對分離的原因有各自的解釋，並且雙方同意保持分歧。因此，此處闡述的是無可爭議的基本要點，這將有助於將一九六五年十二月舉行的第一次國會會議（新加坡從馬來西亞脫離四個月後）和對新加坡大戰略的闡明放入脈絡之中。

我們現在知道，與自一九六五年以來塑造的官方或主流敘事相反，新加坡並非被馬來西亞「踢出」或「摒棄」。這是一場在一九六五年七月至八月初期間，雙邊領導層中的一小部分人所祕密進行的脫離談判。其實馬來西亞首相東姑阿都拉曼（Tengku Abdul Rahman）*在一九六四年十二月已向新加坡當時的內政與國防部長吳慶瑞（Goh Keng Swee）[2]暗示，他打算將新加坡從馬來半島分離。當這一消息被宣布時，每個人都感到意外，包括雙方的大多數政治領導人。東姑阿都拉曼認為，如果新加坡留在馬來西亞，鑑於李光耀和馬來政治領導層對馬來西亞政治體系不可調和的願景，勢必將發生流血事件。

一九六五年八月八日，**這個新國家的面積為五百八十一點五平方公里，人口僅不到一百九十萬。這裡沒有腹地且有一個無法進行自衛的貿易港口。首先要注意的是，雖然這次分離避免了暴力和流血事件，但並未解決雙方未來之間的嫌隙，特別是馬來西亞對李光耀的敵意。其次，獨立的新加坡在一夜之間變得無法繼續存活下去。因此，對「新加坡作為馬來西亞的一部分的存在必要性」的想法（這是在一九五〇年代末和一九六〇年代初，支持一九六三年合併的主要論點）不得不被突然修正。新加坡成為馬來西亞的「紐約」的希望也消失了。[3]但正如李光耀所說：「在建立新的工作關係之前，我們必須首先消除一個幻覺，即因為我們希望與馬來西亞合併……我們在沒有合併的情況下就會變得脆弱。」[4]

第三，新加坡與其他在面積和人口上都遠超其上的諸多直接鄰國的關係，變得惡劣，甚至

* 譯注：東姑（Tengku 或 Tunku）為馬來皇室成員或貴族的頭銜。
** 譯注：此為新加坡脫離馬來西亞，正式獨立建國的前一天。

有敵對情勢。如上所述，新加坡和馬來西亞的關係在分離後仍然惡劣。與此同時，雅加達在親共的蘇卡諾（Sukarno）領導下，由於一九六三年新加坡（以及沙巴和砂拉越）與馬來西亞合併的緣故，仍然與吉隆坡處於被普遍稱為「印馬對抗」（Konfrontasi）的戰爭狀態，印尼人將其視為「新帝國主義」。新加坡和印尼在新加坡獨立兩年後的一九六七年九月，建立了正式的外交關係。

新加坡國家元首尤索夫在獨立後的第一屆國會，於一九六五年十二月八日所舉行的首次會議中，提到了上述的問題與困境，他表示「我們（新加坡）作為東南亞一個獨特而與眾不同之國家，人民的生存取決於我們在應對較大且因此更具挑戰性的鄰國時的耐心和決心，以及我們在尋求這個地區新的權力平衡的毅力」。[5] 他進一步指出，在這個地區，「我們作為一個獨特且不同之族群，對未來的最佳保證就是建立一個寬容的多種族社會」，並對「公社主義者」[*]和「共產主義者」發出警告。他評估共產主義者是「這兩個團體中因為獲得外來資助而更具潛力」者，會「巧妙而狡獪地拉動公眾的心弦」。他的演講中隱含著對印尼與馬來西亞意圖的擔憂，印馬對抗的敵意直到一九六六年八月十一日《曼谷協約》（Bangkok Accords）簽署後才結束，新加坡與馬來西亞還在幾個月前因種族問題等相關分歧而分離。因此，國家元首建議新加坡「必須預見和為一切可能的情況做好準備」。稍後將進一步討論這種三角關係。

最後，國家元首談及了新加坡作為一個獨立共和國現在必須承擔的「兩項新責任」——國防與外交事務。這兩者是「緊密相關的兩個主題」，對於國家的生存至關重要。外交政策的選擇決定了國防的承諾，而這反過來限制了新加坡外交政策的選擇範圍。新加坡的安全取決於敵對國家數量的最低化和友好國家數量的最大化，「僅僅是因為我們希望盡可能獨立於外國的防務援助」。

外交部長拉惹勒南（S. Rajaratnam）在第一屆議會的演講中也談到了新加坡的安全問題。[6] 關於外交事務，他表示「首要任務始終是保護新加坡免受外部威脅的侵害」。拉惹勒南提出以下指導原則以確保新加坡的安全：

1. 「在國際現實的嚴峻世界中，國與國之間自然存在友好的程度」，「而最親密的朋友，必然是那些其外交政策原則和行為，與我們的國家利益及基本志向相一致的國家」。儘管在特定問題上可能時而存在分歧和不同意見，但只要它們的外交政策基本

---

* 譯注：Communalism 一般也譯為社群主義，但後來李光耀推廣的社群主義用詞是 Communitarianism，與他早期對峙的 Communalism 不同，故以公社主義譯之。

原則和實際行動與新加坡相一致，那麼它們就應持續是親密友邦與盟友。新加坡不應讓「暫時的惱怒和小分歧」影響其對外關係。

2. 在國際政治中，基於永久性敵人的立場制定政策是不明智的。

3. 對於新加坡來說，堅持不結盟政策是必要的，「因為與任何大國結盟最終將意味著我們甚至在國內領域中喪失行動的自由，因為外交政策實際上是國內政策在國際領域的延伸」。然而，不結盟並不意味著對「和平與戰爭的真正問題」漠不關心，也不意味著「假裝對是非曲直視而不見」。相反，不結盟政策使新加坡在特定的國際問題上擁有更大的機動靈活性以維護其國家利益。然而，結盟的立場將會自動迫使新加坡採取主要盟友的態度。

4. 追求國家利益並非是絕對的，因為國家獨立需要「在各國之間相互依存的現實中取得平衡……會出現有些場合，我們可能不得不為了國家的長遠利益而做出犧牲」。

至於國防，在獨立以前，新加坡的外部安全是由英國所負責，然後從一九六三年起由吉隆坡所掌管。[7] 林金山（Lim Kim San）於一九六七年接替吳慶瑞成為內政和國防部長，回憶起國家獨立時的前兩個首要任務，就是防衛與水源（來自馬來西亞柔佛州）。[8] 正如李光耀所言：

「我們必須生存。我們有權利生存。為了生存，我們必須確保自己不會被徹底壓垮……不會被軍隊入侵或被火箭摧毀……」[9]

雖然如國家元首所說，目標是「在可能的情況下盡量獨立於外國的防務援助」，但在一九六五年時，新加坡必須「接受英國的基地存在一段時間」，因為當時它還無法自我防衛。因此，建立一支「艱苦而訓練有素的，雖小但正規，並由大規模的人民志願軍所支持的軍隊」將是當務之急，並且將成為新加坡年度預算中的一個重要項目。

在一九九五年接受周梅蘭（Melanie Chew，音譯）訪問時，新加坡的首任國防部長吳慶瑞回憶道，在獨立時，新加坡擁有「兩個營，其中四分之三是馬來西亞人和英國人。你必須擺脫這些人」。[10] 吳慶瑞在一九六五年十二月二十三日新加坡陸軍法案的二讀辯論中進一步說明，軍隊的目的是捍衛新加坡及其人民免受外來侵略，「但是今天我們無法獨自完成這項任務」，「假若新加坡在今天沒有英國的軍隊，這個島嶼在幾小時之內就能受到千里之內任何鄰國輕易攻陷，只要其中有任何一個國家願意採取這樣的行動」。但是新加坡不能總是依賴英國。早在一九六五年十二月，吳慶瑞就已經開始策劃英國人的最終撤離。用他的話來說，「英國今天的軍事保護使我們很多公民對進行自我防衛準備的需要感到滿足。這些人認為這種保護將會是永久的。我認為以這種假設來規劃我們的未來是愚蠢的。如果作為一個獨立的國家，我們有可以規劃未來的基礎，那它將是相反的假設，亦即在將來的某個時候撤走英國的軍事存在，但沒有人，不論是我們還是英國人，能夠說出這將是在何時。也許是五年、十年或十五年，也許更長，也許更短。無論是多久，那時再想要建立我們的防衛部隊就沒有用了，而現在正是這樣做的時候……」[11]

外交部長拉惹勒南在其演講中也談到了新加坡的安全問題以及英國軍事基地的問題。他再次強調這些基地「並非為了任何侵略性或帝國主義的目的，而是為了新加坡的防衛與國家利益」，因為這個新國家的自衛能力有限。新加坡當然會盡其所能地建立自己的防衛力量，但「我們關心的是新加坡在與主要且更強大的鄰國發生重大衝突的情況下的國防狀況。我們無法建立或資助一支在這種衝突中足以保衛新加坡的軍隊。即使是具有更豐富資金、人力和物資的大國，也是根據友邦與盟友的基礎來規劃他們的防衛」。[12]

總的來說，如何克服新加坡的脆弱性並確保其作為一個獨立國家的生存，從一九六五年起一直是新加坡大戰略的目標。[13]

II 大戰略三傑：李光耀、拉惹勒南、吳慶瑞

或許現在是時候先暫停一下，讓我們轉而關注新加坡大戰略的制定者和塑造者，然後再繼續敘述領導層如何實施上述戰略。根據新加坡首位且任期最長的外交部長拉惹勒南的說法，新加坡的外交政策主要是由他和李光耀所塑造，而在經濟影響方面則會聽取吳慶瑞的意見。[14] 馬凱碩（Kishore Mahbubani）將這三人描述為「新加坡三位傑出的地緣政治大師」。[15] 事實上，研究了新加坡和國外檔案文獻的歷史學家可能會同意，置李光耀於不顧就不可能重建新加坡的外交政策。在二〇〇〇年的著作中，萊佛爾指出，當拉惹勒南在一九八〇年卸任外交部長時，新加坡的外交政策模式已然確立，後來的外交部長「在進行激進創新方面幾乎沒有什麼可做，儘管外交政策變得更加積極主動」，他的繼任者在很大程度上繼續實施「李光耀和拉惹勒南的設計」。[16] 事實上在第二、第三甚至第四代新加坡領導層所發表的每一篇外交政策演講和訪談中，都不難發現有李光耀思想的影子。吳慶瑞在其他職務中曾兩次擔任國防部長。

讀者將在本書中經常看到李光耀（一九二三年至二〇一五年）、拉惹勒南（一九一五年至二〇〇六年）和吳慶瑞（一九一八年至二〇一〇年）被提及，尤其是李光耀，他在生前一直具有影響力（甚至有人認為在他去世後仍然如此）。[17] 了解他們的信念和前提對於任何希望理解

和分析新加坡大戰略的人都是必要的，因為它們充當了一個「稜鏡」，塑造了他們對國際政治的「觀點與診斷」，同時提供了影響新加坡「戰略與戰術的選擇，以及替代行動方案的建構與權衡」的「規範、標準和指南」。[18]

拉惹勒南和吳慶瑞分別於一九八六年和一九八八年從政治職位上退休。由於健康狀況不佳，他們在一九九〇年代逐漸淡出。李光耀在一九九〇年卸任總理後，於一九九〇年至二〇〇四年擔任總理公署高級部長，[19]然後在二〇〇四年至二〇一一年擔任內閣資政（Minister Mentor[※]），他直至二〇一五年逝世都一直是國會議員。因此，與他的另外兩位同事不同，李光耀在冷戰和後冷戰時期是新加坡大戰略的主要制定者和塑造者。

III 獨立初期的新馬緊張關係

提出一項戰略或政策是一回事，但俗語有云：「魔鬼就在細節之中」。有許多事情需要同時進行，而且要相當迅速，以確保新加坡的獨立地位。首先涉及的是新加坡與其兩個最近的鄰國——馬來西亞和印尼的關係。

在一九六五年十二月的外交政策演講中，拉惹勒南表示，他發現「難以板著臉」談論對馬來西亞的外交政策，並且「將與馬來西亞的關係歸類為外交關係似乎有些不切實際和奇怪」。但鑑於分離已經發生，兩國之間的關係默認地「歸為外交關係這一範疇內」。部長繼續說，「憲法形式是一回事，歷史、地理、經濟和人口的現實情況又是另一回事」。因此，「我們應該努力充分利用」這種情況，「我們應該特別小心地制定針對馬來西亞的合理而明智的政策」。這必須是一種「特殊種類的外交政策，一種針對一個雖然在憲法上是外國，但本質上卻與我們一致的國家，且當其中邏輯和理智再次表現出來時，必須再次成為同一個國家」。無論雙方政府和政黨的生存與否，新加坡和馬來西亞的「生存和幸福」都取決於彼此。[20] 李光耀在新加坡獨立的第一週，即一九六五年八月九日至十四日期間的一系列訪談中，基本上表達了相同的觀點。例如，據李光耀稱，這種分離是一種「人為的」分離：「它違背地理。它違背歷史。它違背經濟。它違背人口統計。那裡有著血緣關係，是法律所無法切割的親屬關係……新加坡不會在沒有有力保證之下回歸。但我認為它將會回歸。那裡沒有選擇。」[21]

* 譯注：李光耀於一九九七年時從高級部長改稱為內閣資政，英語仍沿用 Senior Minister。二〇〇四年後轉為 Minister Mentor，但中文名稱繼續沿用內閣資政。新加坡官方設立這些職位後，中文譯名在不同時期存在不同的翻譯方式，因而產生混淆，譬如吳作棟二〇〇四年擔任 Senior Minister 時，中文名稱用的是國務資政而非李光耀擔任 Senior Minister 時所使用的內閣資政。

新馬關係剛經歷分離的最初幾年，一如意料地充滿了困難和尖刻。僅需粗略閱讀報紙，特別是剛開始的那幾年，就可以看到雙邊之間的激烈辯論和相互侮辱，惡毒的罵名和逼近戰爭的邊緣政策（Brinkmanship）。根據阿布都拉曼．雅各布（Abdul Rahman Yaacob）近期的研究，這種關係在一九六五年十月到十二月之間有一段時期幾乎到了一觸即發的地步。[22]

新加坡政府相信馬來西亞打算「掐死新加坡」，指責吉隆坡在承諾與新加坡經濟合作的同時「試圖扼殺新加坡經濟生命命脈」的「虛偽」。[23]李光耀回憶起當時馬來西亞外交部常任祕書加沙里沙菲宜（Ghazali bin Shafie）曾在分離後不久表示，經過「幾年的孤立」後，新加坡將會陷入困境，屆時將以馬來西亞的條件重新回歸」。[24]馬哈地（Mahathir Mohamad）（當時是馬來西亞國會議員，後來曾兩次擔任馬來西亞首相）表示，在重新統一之前，新加坡「必須遵從馬來西亞的政策，也必須遵從亞洲地區的模式……新加坡可以作為一個擁有與所有其他州相同權利和特權的州分，成為馬來西亞的一部分」。他形容新加坡是「在馬來人海洋中的華人種族島嶼」。儘管他聲稱自己是以個人身分發言，但他補充說，他的「觀點存在於馬來民族統一機構（巫統）和聯盟（國民陣線前身）之中」。[25]

如前所述，新加坡獨立後的要務之一就是來自馬來西亞柔佛州的水源。在一九六五年八月九日的訪談中，李光耀表示，儘管他認為「我們與前中央政府之間，我們與聯盟政府之間存在著很大的意識形態差異，我們希望與他們合作，並且是在最公平與平等的基礎之上。重點在於合作。我們需要他們才能夠生存。」他繼續強調新加坡的「水源供應來自柔佛……」。[26]事實上，東姑曾告訴英國官員，吉隆坡可以透過控制新加坡的水源供應來影響新加坡所制定的馬來西亞人所不喜歡的政策。[27]李光耀在其回憶錄中記述，「東姑和阿都拉薩（即馬來西亞第二任首相**Abdul Razak bin Hussein**）認為他們可以在新加坡駐軍，壓制我們，必要時封鎖堤道和切斷我們的水源供應」。[28]在一九六五年八月十三日的一次訪談中，李光耀解釋了新加坡與馬來西亞之間關係的重要性：「但更重要的是，我有兩條管道將水源輸送到新加坡。每次我們一打開水龍頭，四分之三的水源來自柔佛州的兩條河流及水庫，只有四分之一是來自新加坡的水庫。因此，如果馬來西亞落入對新加坡不友好的政權或集團手中，那麼我認為新加坡將成為一個非常難以生存的地方，但我不是說我們完了，人民會戰鬥到底，我們打算戰鬥到底。」雙方已簽署了一項水源協議：「我們有水源的確定保證。水源的保證取決於至少不對新加坡有敵意的政府……我不希望有人以此來威脅我們。」[29]在隨後的一次訪談中，李光耀表示，「每一次以威脅形式的措詞表達時」，他指的是東姑反對新加坡在印馬對抗行動仍在進行的情況下，與印尼建立任何關係，「我的立場變得更加困難。我不想危害馬來西亞的安全，因為我的水源供應來自柔佛」。[30]在一九九四年，馬來西亞前武裝部隊總司令哈欣．莫哈末阿里（Hashim

Mohammed Ali）將軍回憶說，李光耀曾告訴他，如果馬來西亞伊斯蘭黨（PAS）一旦上台並「試圖干涉新山的水源」，他將出動軍隊，不會等待聯合國安全理事會的行動。[31]

在一九六六年三月，兩國領袖在新加坡會面，當時東姑來到新加坡參加賽馬活動。他形容這是一場「公事兼樂事的訪問」，並將兩國政府之間的分歧描述為「起步時的問題」。他邀請李光耀和他的部長們在吉隆坡進行一系列高爾夫球比賽以保持「緊密的聯繫」。美國大使館的官員認為，雖然非正式的會議和高爾夫球比賽可能有助減少雙方之間的緊張，但「馬來西亞—新加坡關係的問題不是由於個性的衝突，而是源於無法掩飾的根深柢固的族群、政治與經濟上的差異」。[32] 新加坡內政及國防部常任祕書喬治・博加爾斯（George Bogaars）在一九六八年一月與美國大使館官員進行的多次對話中，透露了新加坡領導層對馬來西亞的想法。據博加爾斯稱，馬來西亞是繼印尼以後「另一個潛在的軍事威脅」，但「主要不是來自當前的政治領導層」。一種情境是「馬來極端分子的接管」。[33] 美國大使館的官員相信，新加坡已經做了一份評估，其中包括「在五到十年內會有來自北方鄰國（馬來西亞）或南方鄰國（印尼）的安全威脅」的可能性。[34]

在其一九六九年對馬來西亞和新加坡發展的預測中，澳洲政府認為「馬來西亞或由於馬來西亞政府無法控制的因素，對新加坡的水源供應進行干擾行動，可能導致新加坡軍隊試圖接管柔佛的有限區域，以確保對水源的控制」。儘管該研究得出的結論是，在一九七五年之前「這種發展的可能性」似乎「很遙遠」，[35]但在那之後的時間內並非不可能。事實上，一份一九六八年六月的分析指出，「新加坡對馬來西亞的擔憂較小，因為它基本上是由溫和的人掌權，而且馬來西亞華人眾多，如對新加坡過於敵對會有引起麻煩的風險」。然而，「有人擔心在東姑卸任以後，權力會轉移到對新加坡有著深刻族群敵意的馬來人手中……」[36]大衛・霍金斯（David Hawkins）在其一九七二年的著作中指出，新加坡採購坦克的決定被馬來西亞視為不友善行為。他說：「新加坡除了通往馬來西亞的長堤以外還有哪裡可以部署坦克？」[37]直到阿都拉薩在一九七〇年接替東姑擔任馬來西亞首相以後，雙方才經歷了幾年「相對無風波」的關係。[38]李光耀最終在一九七二年三月首次正式訪問馬來西亞，而阿都拉薩在隨後的一年回訪。

IV 獨立初期印尼的潛在威脅

至於印尼，博加爾斯將其視為對新加坡的潛在威脅。

印尼人反對馬來西亞的形成，認為這是一場新帝國主義的陰謀。一九六三年一月，雅加達宣布了一項被描述為「低強度」戰爭的「對抗政策」，爾後在九月逐步升級為「打垮馬來西亞」運動。新加坡別無選擇，只能譴責印尼的政策。根據威萊拉特的說法，新加坡和印尼的友好時期（一九五九年至一九六三年），於一九六三年一月蘇卡諾正式宣布「印馬對抗政策」時結束。[40]一九六五年三月十日，兩名印尼破壞分子在新加坡的麥唐納大廈（MacDonald House）實施炸彈襲擊，造成三人死亡，三十三人受傷。這次襲擊被描述為「三年印馬對抗期間最黑暗的事件，期間新加坡遭受三十七次襲擊，主要是針對公園、電影院和電話亭等軟目標」。[41]

然而，新加坡於一九六五年八月與馬來西亞分離，當時印馬對抗仍在進行中。在一九六五年八月九日，當被問及新加坡計劃如何與印尼建立關係時，李光耀回答稱新加坡和印尼的關係是一個「微妙的問題」。新加坡一直希望「與印尼保持友好」，但是「我們必須生存。我們有生存的權利。為了生存，我們必須確保我們不能被輕易淹沒」。第一步是讓印尼承認新加坡是「一個獨立的主權國家」，兩國之間的和解也必須考慮到「馬來西亞的安全和未來」。因此，只有在印尼和新加坡之間，以及印尼和馬來西亞之間同時達成協議的基礎上，才有可能實現和睦。同時，人們還擔憂印尼和馬來西亞之間的親屬或血緣關係，正如李光耀所言：「我們不能愚蠢地陷入一個會被雙方對抗的位置，或者正在被雙方對抗的位置。」[42]在一九六五年八月十四日的訪談中，李光耀重申了這一點，他說：「我們不會危及我們的長期生存。我們的長期生存要求馬來西亞不應該有與印尼合作的政府，然後在馬來西亞和印尼之間，新加坡夾在中間（原文如此），生活將變得非常困難……」[43]最後，還必須要顧慮在印尼領導層中當時盛行的左翼（印度尼西亞共產黨〔ＰＫＩ〕）的影響。

新加坡與其兩個直接鄰國交織關係之複雜性，可從李光耀在同一時期不同訪談的回答中看得出來。

在一九六五年八月十一日的一次訪談中，李光耀再次提到了水源問題，並將其置於新加坡與印尼關係的語境中。當被問及這種關係如何影響馬來西亞，考慮到印尼和馬來西亞仍處於印馬對抗狀態，而據印尼外交部長蘇班德里約（Subandrio）稱，印尼與新加坡之間並不存在「對抗政策」時，李光耀解釋說：「如果新加坡是一個大國，有足夠的水源，有足夠的人民，與馬來西亞毫無關係，我認為印馬對抗對我們根本不會有影響。但是……如果有人在我們的水管中投毒，如果馬來西亞處於一個與我們敵對的國家之下，我們難道不會受到影響嗎？或者如果他們不那麼卑鄙，不投毒，只是炸毀了水管，然後說這是由共產游擊隊做的，我們難道不會有麻煩嗎……？因此，種種原因之下，我們必須捍衛新加坡的利益，其中一部分是柔佛的水源。」[44]

在另一次訪談中，李光耀表示：「我們希望與馬來西亞建立友好關係，但這並不意味著我們必須對所有對馬來西亞不友好的人保持敵意。他們的朋友可能是我們的朋友……但馬來西亞的敵人不一定是我們的敵人……新加坡希望與馬來西亞和睦，不論我們在印尼問題上的立場如何；同樣，我們希望與印尼和睦，不論我們在馬來西亞問題上的立場如何。」[45] 儘管如此，他補充說，新加坡以犧牲馬來西亞的利益來改善與印尼的關係是不明智、短視和機會主義的。總的來說，新加坡一方面承認自己與馬來西亞的利益相互依存，但同時也希望「主張其確定這些利益所在的權利」。[46]

印度尼西亞共產黨的滅亡，蘇卡諾的下台以及蘇哈托的崛起，這是印尼在一九六五年九月三十日與十月一日所爆發的未遂政變這一悲劇事件的結果，最終於一九六六年八月十一日在雅加達簽署的《曼谷協約》中結束了印馬對抗。到了八月，美國評估已「暫時實現」阻止印尼變成共產主義的目標。[47] 即使在一九六五年的政變之後，雅加達仍然繼續將新加坡視為「第三個中國」，是「走私和其他非法商業活動的中心，以及反民族主義分子的避風港，儘管新加坡曾對此給予保證」。[48] 印尼最終在一九六六年六月承認新加坡是一個主權國家。吉隆坡對此提出強烈抗議，新加坡的代理總理杜進才（Toh Chin Chye）早前曾將其描述為一個「單方面的行為……並不意味著建立外交關係」。[49] 一九六六年十二月，新加坡在雅加達設立了聯絡處。兩國於一九六七年九月七日建立了正式的外交關係，此前印尼和馬來西亞已經重建了在印馬對抗期間中斷的外交關係。

根據駐新加坡的美國官員，印尼和馬來西亞之間恢復外交關係，此舉引起了新加坡的一些擔憂。一些新加坡官員私下裡對吉隆坡的「單一種族，單一宗教」的氛圍表示擔憂（指的是印尼軍方友好使團「意外」訪問吉隆坡一事），新加坡官員「擔心這可能預示著馬菲印聯盟（Maphilindo）的復興或某種形式的泛馬來亞主義（pan-Malayanism）」。[50] 這正是李光耀在上述一九六五年八月十四日的訪談中所提到的。據美國人稱，[51] 新加坡方面看到兩種可能的威脅：

1. 鑑於數量，馬來人可能不再認為有必要與馬來西亞的非馬來社群妥協，「從而幾乎排除了任何重新合併的希望，大大減少了達成新加坡—馬來西亞經濟合作協議的可能性」；
2. 新加坡，一個主要是「華人」的國家，可能很容易因為一個穆斯林、泛馬來亞和反華聯盟而陷入孤立，其生存可能因此而受到威脅，這個聯盟可能會得到西方（即美國）的支持，作為對抗中國共產主義的壁壘」。美國的報告進一步指出，新加坡方面對於無法「在很大程度上控制或影響促成印馬對抗結束的發展」感到「沮喪」……「新加坡現在看到馬來西亞政府如何迅速且輕鬆地將新加坡推向一邊，與印尼達成自己的雙邊協議」。新加坡並未事先得知印尼軍方友好使團的消息。一名新加坡官員評論說：「你可以想像如果我們也那麼做會發生什麼事。」

根據一九六八年博加爾斯的談話，新加坡「首要關注的是來自印尼的潛在威脅」。威脅「並非迫在眉睫」，因為新加坡政府「對目前的印尼領導層感到非常滿意」，並正在盡力支持它。博加爾斯將新加坡與印尼的關係描述為「極好」，但新加坡不能對未來感到自滿。新加坡擔心如果蘇哈托政權失敗，可能會導致另一場「類似蘇卡諾的對外冒險，以轉移公眾不滿，或者……它可能會被另一個擁有冒險主義觀點的政權所取代」。顯然，對印尼潛在威脅的擔憂在馬來西亞的一些地方也得到共鳴（特別是在馬來西亞華人、英國和澳洲的外籍人士、安全官員中，但不包括馬來人，尤其不包括「更高層級政治層面的人」），他們一致認為「這種威脅是一個真實的可能」，需要「新馬聯合應對」。[52] 據澳洲官員稱，毫無疑問，新加坡的空軍和海軍正在針對印尼進行擴建。[53]

出於本研究目的，雙邊關係早期有一個事件值得強調。之前已經描述了一九六五年三月十日兩名印尼破壞分子引爆新加坡麥唐納大廈事件。到了一九六八年十月，儘管印尼方面在外交和私人層面上均提出了上訴，但在法庭上對死刑提出的上訴卻未獲成功，兩名印尼海軍突擊隊成員被處以絞刑。這在短時期內影響了新加坡與印尼之間的關係。首席助理祕書塞拉潘・納丹（S.R. Nathan）告訴美國大使館官員，執行處決的決定已在內閣中「被深入討論」並達成一致，會遵守樞密院（Privy Council）的判決。根據納丹的說法，主要問題是：「新加坡是否該屈從於一個更大的鄰國，還是應該堅持法律，如公正審判和隨後上訴程序所確定的。」他得出的結論是，在英國仍駐留新加坡而美國尚未撤出該地區之際，新加坡政府最好「挺身而出」對抗印尼。他還強調，由於發生了損害和生命損失，新加坡公眾普遍支持執行死刑。他預料在接下來的幾個月中將會出現一些緊張局勢，以及「雅加達方面某種程度的經濟報復」，但相信最終將會平息。在與美國人的對話中，博加爾斯也持相同觀點。在解釋聲明中，新加坡還強調了基於慈悲原則，釋放了許多因各種印馬對抗罪行而被拘留的印尼人，而且沒有造成人命傷亡的情況。[54] 最終，冷靜的頭腦占了上風，李光耀於一九七三年五月首次正式訪問了印尼。[55]

或許在回顧新加坡與馬來西亞和印尼之間的關係時，引用吳慶瑞於一九七〇年的一次演講會比較適當。他提及商人們「在爭取寵幸時」從未猶豫給他「免費建議」，告訴他「在我們與鄰國之間的週期性爭端中該如何從事外交關係」。「不幸的是，」吳繼續說，「他們不理解，且我擔心他們也無法理解，在事物的本質上，獨立主權國家之間的關係是無法建立在乞求和壓制者的基礎上。他們在業務上找到的成功方法對我們作為政府是不可取的。」[56]

V 首要任務：盡快建立本土軍隊

與上述問題關係密切的是國防，這是新近獨立的新加坡另一項首要任務。如前所述，新加坡國防在第一屆國會會議期間不僅被國家元首所強調，還被國防和外交部長提及。威萊拉特指出：「與外交政策或內部安全相比，國防是新加坡政府必須處理的一個全新的責任領域……從成立之初，新加坡的防務一直是另一大國的責任，從一九六三年開始是英國的責任，到一九六五年是馬來西亞的責任。」[57] 吳慶瑞在一九六七年三月十三日新加坡國會會議上，關於《國民服役（修正）法案》二讀的開場發言中表示：「作為國防部長，我所面臨的困難之一正是對這項新事務的責任，我們無法依循先例。」[58]

一九六五年，新加坡若沒有自己的軍隊，便無法確保和保護水源，更別提保護國家免受來自敵對印尼的威脅。正如李光耀所描述的那樣，新加坡就像是「一座郊區別墅，被置於十分脆弱的圍欄之中，外面是一群受到各種煽動飢餓且憤怒的人」。他說：「我所擁有的僅是兩個營，而印尼卻擁有四十萬名武裝人員。」[59]

朱維良（Winston Choo），新加坡首任且任期最長的武裝部隊三軍總長（一九七四年至一九九二年），回憶起他得知新加坡與馬來西亞分離的那一天。當時他是新加坡步兵團（1 SIR）的一名職業軍人，由一名馬來西亞人指揮；與歡呼的英國軍官相比，團中的新加坡人都「更加沉默」。用他的話說：「那時我們有兩個營。在第一步兵團，有四分之三是新加坡人，四分之一是馬來西亞人。在第二步兵團（2 SIR），比例幾乎是五五開。我們意識到，在馬來西亞人離開之後，我們只剩下一又四分之一營。即便是在獨立以後，馬來西亞武裝部隊（Malaysian Armed Force）在新加坡的存在仍然是壓倒性的。任何會思考的新加坡人，尤其是那些參與軍事的，都會意識到我們作為一個小國是多麼脆弱。」[60]

正如吳慶瑞所言，新加坡需要「擺脫」仍然駐留在該國的外國軍隊。然而，由於新加坡無法在一夜之間建立起一支防衛軍隊，形勢要求英國人持續駐紮一段時期。在八月十一日的一次訪談中，李光耀提到印尼時表示：「如果我們放棄基地……不必派遣四十萬（軍隊），只要派遣四萬就夠了，新加坡就完蛋了……記得日本人是如何進來的嗎？」[61] 幾天後，當被問及他是否真的渴望擁有這些基地，以及基地是否會影響新加坡公然宣稱的中立立場時，李光耀重申「沒有基地我就無法生存。因此，我對基地的渴望就像我對同胞的生存渴望一樣強烈」。[62] 一些非洲和亞洲國家「可能對這些基地感到有點不滿」，但「我無法在這方面做出讓步，因為這關係到我的生存」。[63]

在陸續對非洲與亞洲國家進行友好訪問時，副總理杜進才和外交部長拉惹勒南解釋了新加坡剛獨立時有外國基地的悖論：新加坡出於安全與經濟因素，需要保留目前的基地。拉惹勒南解釋說：「新加坡希望保留現有的英軍基地，直到可以由聯合國或其他團體制定滴水不漏的協議，以保證擁有五千人陸軍的新加坡的安全，以對抗擁有二十五萬軍隊並宣稱要摧毀新加坡的強大鄰國。」[64]在一九六五年訪問錫蘭（今斯里蘭卡）期間，拉惹勒南表示，由於新加坡與英國的利益一致，新加坡相信由該地區的三艘英國戰艦保護會比擁有自己的戰艦更好。當被問及如果英國決定放棄新加坡會有什麼後果時，他表示這樣一種「絕望的情況」將使新加坡採取「絕望的行動」。[65]杜進才表示，新加坡將與英國進行新的防禦條約談判，並且不會允許該基地「被用於侵略行為」。新加坡的政策是在新加坡能夠吸收在那裡被僱用的五萬工人時，逐漸減少基地的運作。[66]

因此，第一步是在英國仍駐留在新加坡的時候，盡快建立起一支本土軍隊。正如國防部長吳慶瑞告訴李光耀的：「你是一位總理，但你沒有任何軍隊！」[67]現在已經知道（事實上，這是最難保守的祕密之一），以色列幫助新加坡發展其軍隊。以色列顧問偽裝成墨西哥人。[68]正如何學淵（Peter Ho）所回憶那樣：「新加坡與以色列之間的防務聯繫幾乎與新加坡的獨立一樣久」，[69]但他補充說，「多年來，這一切都被保密」[69]以「避免激起敏感情感」和「冒犯我們的穆斯林鄰居」。[70]新加坡不僅從以色列人那裡學到東西，儘管以色列人在早期起到了主要作用（直到大約一九七三年），[71]正如朱維良所憶述，吳慶瑞「一直主張向那些有相關經驗並能指導我們該做什麼的人尋求建議」。[72]

吳慶瑞回憶說，以色列派往新加坡的第一個使團由傑克·埃拉札里（Jack Ellazari）領導，他告訴新加坡領導層，新加坡「必須擁有一支國民服役部隊」，這需要時間來建設。[73]決定創建「圍繞著服役於常規部隊核心中的兩支步兵團周圍建立的義務兵組成的公民軍隊」，是「建設一支可信的新加坡武裝部隊（ＳＡＦ）最具成本效益和人力效益的解決方案」。[74]為進行國民服役而準備所有軍事基礎設施，如設立ＳＡＦ訓練學院（Singapore Armed Forces Training Institute），建立中央人力局（Central Manpower Base）和制定訓練計畫，花了一年半的時間。[75]第一批九千名年輕人於一九六七年被徵召進行強制性國民服役。

國防部長在一九六七年三月十三日國會宣讀《國民服役（修正）法案》時的演講在此值得一提。[76]吳慶瑞首先指出，在制定對新加坡有意義的國防政策時，需要從第一原則開始考量，即「為什麼總是要考慮保衛新加坡？」他問這一問題並非滑稽，而是因為有「門外漢和專家」認為新加坡是「相當不可防禦的」，並且如果對這個島國進行持續的重大襲擊，新加坡在沒有外部支援的情況下可能無法抵擋下去。因此，這種觀點認為，將資源花在防衛上是沒有意義的，它們可以更好地被用於其他地方。

吳慶瑞則持不同看法。用他的話來說：「從他們的前提中得出的結論必須是，新加坡應該恢復成為一個願意為其提供保護者的殖民地或衛星國。如果你處於完全脆弱的位置，任何有意這樣做的人都可以勒索你，你的生活將變得非常煩人。」他爭辯說，雖然新加坡無法實現「完全的無懈可擊」，但事實上，即使是除了兩個核超級大國之外的其他大國，也無法抵禦核攻擊，但這並不妨礙它們花費巨額的軍事開支。小國如果管理不善，可能「在世界上成為一個巨大的麻煩來源」。它們可能會導致內戰與動亂，這反過來可能誘使較大的國家進行干預，就像南越的情況一樣。對於戰略位置像新加坡這樣的小國來說，這種情境尤其相關，因此有必要維持「足夠的防禦力量」。

吳慶瑞接著提到「我們想要的真正安全，不僅要依靠我們自己的努力，還在於與他人的聯盟」。因此，他建議新加坡應該朝著建立某種形式的區域防禦協定而努力，且可能是在更大的國際框架之內。

李光耀更形象地表達了這一點，他說：「我將竭盡所能保護自己。由於我的能力不及其他傢伙，所以我將盡力從任何地方獲得幫助，使能力足以媲美他人，甚至更好。如果我比那些打算使我捲入軍事牽纏的人更強，那麼我就會有和平。」[77]

新加坡的防衛努力還有另一個方面，在「國家建設」中所發揮的作用，這與最高元首在國會開幕時對「公社主義者」和「建立寬容的多種族社會」的言論有關。根據吳慶瑞在一九六七年三月十三日的國會演講中表示：「沒有什麼比參與防衛和成為武裝部隊成員，更能迅速而徹底地創造忠誠和國家意識了……如果這種參與遍及社會的所有階層，對推動國家建設方面將更為重要。」[78]簡而言之，國民服役的目標（今天仍然如此）既是社會學的，也是軍事的。吳慶瑞指出，新加坡「還不是一個緊密結合的社群」，在新加坡存在「一種無根社會的價值觀」，他希望軍事訓練可以促成更強烈的國族意識。[79]

VI《五國聯防協議》

新加坡一獨立，吳慶瑞就已經預見英國人最終會撤離，正如本章稍早前提到他在一九六五年十二月二十三日的國會演講中所表達的。[80]要計劃在英國人離開之前，即他預計可能在五至十五年內，迅速建立一支合理可信的防衛力量。[81]李光耀曾公開表示，他希望英國人能夠留下，直到「我確信在他們離開時我會安全。我可以想像有相當多的大國可能會將新加坡視為

〔它〕有用的省份」。[82]

但是，就在國民服役於一九六七年七月十八日開始實施的時候，英國隨即宣布將於一九七〇年代中期前，從新加坡撤回他們的軍隊。六個月後，時間表被縮短到一九七一年。在新加坡和英國之間進行了激烈的談判之後，這個時間表隨後從一九七一年三月移至一九七一年底，英國最後一名士兵於一九七六年三月離開新加坡。正如李光耀告訴英國首相威爾遜（Harold Wilson）那樣，英國人撤離的決定對新加坡來說是「生死攸關的問題」。李光耀擔心的不是英國人撤離對經濟的影響，而是對安全的影響，因為新加坡的繁榮只有在「確保其安全的情況下才能持續下去」。李光耀尤其擔心來自印尼可能的襲擊，他形容印尼為「一團亂七八糟」。[83]

在一九六八年至一九七三年期間，為了維持新加坡的企業信心，國防約占新加坡年度支出的三分之一，而其他需求如醫療和教育，則被強加了一個上限。[84]英國外交大臣（任期由一九七〇年至一九七四年）道格拉斯—休姆（Alec Douglas-Home）很好地總結了這一點，他說「李光耀希望我們在那裡的力量不用太強大，但至少能提供明顯承諾的規模，並且成為他有信心可以建立起的《五國聯防協議》（Five Power Defence Arrangements）的核心」。[85]李光耀在回憶錄中寫道，英國人殘餘的存在給新加坡「有時間去解決我們與印尼之間的關係，而不用做出我們以後會後悔的輕率舉動」。[86]

英國軍隊突然從新加坡撤離，對我們理解新加坡大戰略的兩個方面很重要：從《五國聯防協議》之形成的視角來看，這影響了新加坡與其周邊鄰國的安全，以及在該地區之外，特別是與美國之間的關係（將在下一章討論）。

有很多文章探討了英國軍隊從「蘇伊士以東」地區撤離的事件，以及取代了一九五七年所建立之《英國馬來亞防務協定》（Anglo-Malayan Defence Agreement）的《五國聯防協議》。該協定的目標是捍衛（尤其是）馬來亞以及遠東所有英國領土免受外部攻擊。大衛・霍金斯在一九七二年的著作中指出：「《英國馬來西亞防務協定》的設計是幫助新獨立的馬來亞度過艱難的過渡時期；它從來不打算是永久的，一九五七年時很少人預料到它會存活超過二十年。」[87]

我們關注的重點是新加坡方面。[88] 雖然新加坡已經開始了急速擴展軍隊的計畫，但政府「並沒有幻想新加坡有能力保護自己……除了對小規模局部威脅的威懾以外，還需要至少有可能的外部支持與援助」。由於沒有明顯可替代的區域聯防方案，這使得《五國聯防協議》對新加坡至關重要。[89]

在一九七一年十一月一日生效的《五國聯防協議》表明馬來西亞與新加坡之間防禦的不可分割，這兩個國家現在都是獨立國家，然而兩國之間的關係並不是最好的。事實上，據澳洲人透露，馬來西亞外交部祕書長齊敦（Zaiton Ibrahim bin Ahmad）和國防部祕書長薩馬德・努爾（Samad Noor）在《五國聯防協議》談判期間告訴他們，儘管他們可以接受馬來西亞和新加坡防禦的「不可分割性」，但他們不希望在文件中提及對兩國之間「合作」的需求。新加坡對《五國聯防協議》的看法和態度，可以從李光耀和吳慶瑞在一九七〇年七月至一九七一年十一月之間，與英國人、澳洲人和紐西蘭人的對話紀錄中提煉出來。馬來西亞的態度強調的是，英國的政治承諾將影響他們是否要將英國軍隊駐留在馬來西亞，而新加坡的做法則是不要過度依賴英國人的存在，「但仍然要讓英國軍隊在新加坡容易維持下去」。[90] 實際上，李光耀有點不情願地接受了澳洲、紐西蘭、英國三國聯合（簡稱ANZUK）的一個旅進駐新加坡，他更喜歡「尖端的海軍與空軍部隊而不是陸軍部隊」。[91] 最終，他認為，在新加坡基地駐紮一支小的英國部隊將會「為增加三年半至四年半的安全提供額外保證」，以允許政府「調整我們的計畫並對我們的空軍和海軍部隊進行全面訓練，並轉向更尖端的武器」。[92]

李光耀認為應該在馬來西亞駐紮一些英國軍隊。他顯然建議卡靈頓勳爵（一九七〇至一九七四年期間出任英國首相希思的保守黨政府的國防大臣）就這個問題詢問馬來西亞人。卡靈頓勳爵告知李光耀說，他已經向馬來西亞方面提出這個問題，甚至採取了相當直接的態度，但始終未能獲得明確的回應。馬來西亞方面表示，他們自己軍隊的住宿空間不足，要在這種情況下安頓英國軍隊可能會面臨困難，除非英國真的有這方面的需求。李光耀表示，他對這個問題就這樣點到為止感到滿意，並告訴卡靈頓，他並不完全理解阿都拉薩對「獨立國防和外交政策的堅持」，儘管他猜測阿都拉薩「可能正在合理化一種不滿意的情況，並進行一場表演」。關於是否願意與俄羅斯人討論由新加坡供應燃料與補給他們的船隻時，李光耀向擔心的卡靈頓保證，他知道自己在做什麼，可以掌控這種情況。李光耀告訴卡靈頓：「他知道新加坡的立場，然而在和平時期接受一點俄羅斯的幫助是可以接受的，他非常清楚他正在『用長柄湯匙喝湯』。」*談到一九七五年後英國在東南亞地區是否會保留軍事存在的前景，李光耀預測自由黨將在一九七二年的澳洲大選中失敗，而高夫．惠特蘭（Gough Whitlam）[93]能否保留澳洲軍隊在東南亞的存在將取決於英國軍隊是否繼續駐留下去。他對英國經濟持與他人相同的悲觀態度。李光耀認為，要讓英國繼續留在該地區，保守黨政府對東南亞政策的「雙黨化」至關重要，同樣重要的是將英國軍事存在的成本「削減到最低」。為了降低成本，李光耀建議最大程度地利用新加坡的民用設施，如醫院和學校。顯然，李光耀在此之後的幾次機會向英國高級專

＊譯注：「用長柄湯匙喝湯」的典故出自《坎特伯雷故事集》的「與魔鬼共餐，須持長匙」。意指與不可信賴或不道德的人來往時，應保持距離，小心謹慎，以免受到傷害。

員重申了這一提議。澳洲人對這一提議的看法是原則上認同是好主意，但需要進行詳細的可行性研究。[94] 李光耀還告訴卡靈頓，在與反對黨工黨領袖會面時，他將提高對雙黨政策的支持。卡靈頓勳爵希望新加坡能夠給予澳洲和紐西蘭的軍隊「與英國軍隊不相上下的條件」來提供房地產。李光耀「以提及鎳資源的理由以及澳洲對東南亞防務模稜兩可的態度」拒絕了這一想法。[95]

一九七〇年十一月十日，新加坡國防部長吳慶瑞與紐西蘭駐新加坡高級專員蒂姆．弗朗西斯（Tim Francis）舉行的會談報告，為我們解讀當時新馬關係以及吳慶瑞對《五國聯防協議》的看法提供了重要的資訊。[96] 根據報告，吳慶瑞「表現出對新馬關係惡化的極度擔憂」。他希望高級專員將會談內容匯報給紐西蘭政府，並表示如果情況進一步惡化，新加坡可能會考慮請求威靈頓說服吉隆坡「採取更加合理的態度」。吳慶瑞強調了幾個問題：馬來西亞指責新加坡「偷走」一些優秀的人才，他們原屬馬來西亞武裝部隊，現在卻轉投ＳＡＦ。吳慶瑞承認新加坡可能沒有太謹慎，因為他們可能接受了一些聲稱是新加坡公民但已退出馬來西亞武裝部隊的人。他正在加強程序，並試圖與吉隆坡達成某種共識，但「他們『不願意』聽」。馬來西亞拒絕允許新加坡海軍訓練船停靠瑞天咸港（現為巴生港），並且對此沒有給出任何理由；馬來西亞希望限制新加坡使用叢林作戰中心的權利；馬來西亞決心不讓新加坡使用中國岩（China

Rock）[97]進行空襲訓練；馬來西亞—新加坡航空公司（Malaysia-Singapore Airlines）的分立出現問題。「最嚴重的問題」是供水問題。新加坡急於推進擴建水庫的計畫，但由於馬來西亞拒絕給予同意，導致新加坡從亞洲開發銀行（Asia Development Bank）獲得貸款的途徑「受到威脅」。[98]根據吳慶瑞的說法：「馬來西亞人在一系列小事上比往常更加難以通融。」

關於《五國聯防協議》吳慶瑞認為這是「促使新馬走到一起必不可少的手段」。根據吳慶瑞的看法，馬來西亞人也需要這個協議。吉隆坡需要英國、澳洲和紐西蘭在該地區的軍隊作為最終的保證，以便在「情況惡化時」能夠請求幫助。所有這些對中國更緊密關係的呼聲以及對中立的強調（「和平、自由和中立區」[99]）都只是「裝飾品」。吳慶瑞表示：「馬來西亞人知道，如果他們無法依賴英國、澳洲和紐西蘭，他們將不得不求助於印尼，而阿都拉薩知道印尼人會吞噬他。」[100]

考慮到新馬關係的惡劣狀態，李光耀對新加坡武裝部隊的訓練設施感到擔憂。在與訪問新加坡的英國高級專員山姆·法萊（Sam Falle）於一九七〇年十二月九日的會談中，他告訴法萊，他已經與坎培拉聯繫，以便允許新加坡軍隊在澳洲土地上進行演習。根據李光耀的說法，這不僅與叢林作戰訓練有關。李光耀還詢問是否可能在空襲防禦訓練中使用汶萊（以代替中國岩）。李光耀進一步提出請求，希望英國在馬來西亞部署一些英國軍隊：「英國營應該駐紮在柔佛，讓他們的家人留在新加坡，這樣他們就不會受到種族暴動的威脅。」他表面上的原因是「馬來西亞人對自己的不安全感如此之深，以致於他們甚至歡迎一個非常小規模的英國營存在」。李光耀相信吉隆坡的不安全感使馬來西亞人更加靠近印尼。[101] 澳洲人指出，英國軍隊在馬來西亞的駐紮主要吸引力之一在於對「信心的影響」，馬來西亞副首相敦依斯邁（Tun Dr Ismail）理解這一點，而其他人則不能理解。[102]

吳慶瑞曾與英國商討過澳洲是否能夠為新加坡的坦克和裝甲車提供訓練場地的可能性。他所考慮的是在澳洲部署一些坦克和車輛，並每次輪換一個連的受訓人員。這種做法源於「馬來西亞不願意讓新加坡進入大英國協叢林作戰中心（Commonwealth Jungle Warfare Centre）和馬來西亞的訓練區域」[103] 所帶來的問題。吳慶瑞還於一九七〇年十二月十七日與法萊會面，商討在汶萊進行新加坡空襲防禦訓練的事宜。根據他的說法：「這是他們仍然希望在中國岩獲得設施，而不僅在馬來西亞未能提供該設施的情況下進行。」顯然，吳慶瑞告訴澳洲人，新加坡還希望在汶萊進行叢林作戰訓練，儘管李光耀和吳慶瑞在與法萊的會談中沒有提到這一點。[104]

英國的立場是，他們應該在這一階段阻止新加坡考慮在汶萊進行訓練（事實上，英國甚至不願意在與蘇丹的持續談判完成之前，為自己在汶萊尋找訓練設施）。相反，他們將盡最大努力說服吉隆坡同意新加坡的需求。如果馬來西亞被說服開放中國岩給新加坡，英國希望知道新加坡是否同意「在滿意的保證」下，由馬來西亞而不是新加坡控制（這是由空軍工作組提出的）。英國還希望新加坡在中國岩之外所需的空襲防禦設施也可以在馬來西亞找得到。如果馬來西亞堅持拒絕，「這將創造一個新的情況」。澳洲人同意英國的立場，「在一九七一年一月預定於新加坡舉行的五國官員會議中，尚未徹底探明馬來西亞的立場之前，追求在馬來西亞以外設置設施的問題是不明智的」。[105]

英國駐新加坡高級專員法萊在一九七〇年十二月二十三日與吳慶瑞的會晤中傳遞了英國的立場。吳慶瑞認為馬來西亞人會同意以在新加坡北部的卡迪（Khatib）獲得的設施交換中國岩的使用權。他還充分接受在尋找替代方案之前，有必要在一九七一年一月會議期間與馬來西亞進行深入討論。吳慶瑞進一步表示，馬來西亞國防部祕書長努爾「易於相處」，但不幸的是，他沒有最終的決定權，「他背後的一些人是問題的難點」。[106] 吳慶瑞對中國岩應由馬來西亞控制的建議反應不強烈。根據法萊的說法，他的整體態度是「實際、實用和不帶情感的」。法萊發現這「有點鼓舞人心」，「幾乎難以置信」。然而，他不知道吳慶瑞在多大程度上反映了「他主子的聲音」（指李光耀）。[107]

就新加坡的國防戰略而言，有關租金和新加坡的訓練設施的談判提供了很多資訊。新加坡進行了艱難的談判。最初，新加坡希望英國、澳洲和紐西蘭支付租金，不過後來對英國免除了租金。正如卡靈頓勳爵所說，鑑於英國免費提供給新加坡的不動產和資產的數量，「向新加坡支付租金將是無法容忍的，在國會中將無法辯護這樣的行為」。[108]坎培拉和威靈頓堅信，所有英澳紐三國（簡稱ANZUK）部隊應獲得平等對待，倫敦也贊同這一觀點。[109]李光耀在這一點上則有所不同。在致紐西蘭高級專員的信中，李光耀解釋了英國的立場與澳洲和紐西蘭的立場不同：首先，英國在新加坡建造了設施，根據一九六八年的《達德利協議》（Dudley Agreement）應該將這些設施交出，作為總額五千萬英鎊援助計畫的一部分，以減緩設施的陳舊效應。其次，「英國一直都在這裡，我們希望他們繼續留在這裡」，新加坡希望澳洲人和紐西蘭人留在馬來西亞的德林達（Terendak）。第三，在ANZUK部隊移至新加坡之後，在英國選舉帶來政策變化以前，新加坡正在談判「低於市價租金」的協議。[110]然而，澳洲人和紐西蘭人對李光耀的第三點有不同的解釋。他們聲稱他們正在談判的是「公用事業與有益服役，而不是租金」。英國駐新加坡高級專員法萊將所有這些歸咎於「輕微的誤解」。根據法萊的說法，新加坡可能會主張有益服役的固定金額是租金的一種形式，而澳洲和紐西蘭「爭論的是詞語而不是實際意圖」。[111]

李光耀和吳慶瑞分別與澳洲、英國和紐西蘭官員進行的談話紀錄，提供了新加坡對租金問題的綜合觀點，以及對租金爭議背後真正原因的了解。李光耀最初堅持要向澳洲和紐西蘭收費，並且對任何反對意見都表現得不為所動。對他來說「願意支付租金與否是他們決心的表現」。[112]李光耀還告訴紐西蘭總理霍利奧克爵士（Keith Holyoake），他擔心如果新加坡同意「奢侈」的ANZUK房地產出價，這只會幫助「加速英國永久撤離的那一天」。在他看來，一個「適度的英國人存在」將「有望繼續存在多年」。[113]

吳慶瑞在一九七一年四月十五日，與倫敦卡靈頓勳爵以及澳洲、紐西蘭同行的會議上，簡明地陳述了新加坡的立場。吳慶瑞提出了以下幾點：

1. 雖然有充分理由讓英國繼續像過去一樣免費占用新加坡的設施，但新加坡必須向澳洲和紐西蘭收費，因為「新加坡是一個小島，迫切需要現有的設施供應給自己的軍隊」，「激勵其他國家節約支付空間費用的唯一方法是讓他們付費」。有一種解決方案，「新加坡將會很高興」，那就是ANZUK地面部隊不駐紮在新加坡；
2. ANZUK空軍與海軍的存在很重要，但「ANZUK的價值更多是政治的而不是軍事的」；
3. 因為馬來西亞不接受新加坡部隊進入叢林作戰中心，並拒絕了在馬來西亞使用射擊場的請求，新加坡因為沒有獲得平等對待而感到「委屈」；

4. 新加坡曾向澳洲要求訓練的空間，但沒有得到回應。這可能有一種交換條件：如果澳洲願意提供一個訓練區域，他可能可以說服他的同事「在其他事項上採取更靈活的態度」。[114]

在一九七一年四月二十八日與紐西蘭外交官諾姆．法瑞爾（Norm Farrell）的會議中，吳慶瑞告訴他，他準備「在租金問題上對紐西蘭做出讓步」。不論金額多少，都將足以抵銷紐西蘭過去對新加坡的援助。但吳慶瑞對「從澳洲獲得有關訓練設施的承諾」卻「相當堅決」。法瑞爾從會議中清楚地感受到，在坎培拉對新加坡的請求得到正面回應以前，有關不動產的進展不會取得任何突破。吳慶瑞解釋了新加坡對「印尼或可能是馬來西亞出現的不友好政權」的長期擔憂，這是李光耀在五月與紐西蘭總理霍利奧克爵士會面時也談到的問題。[115]吳慶瑞希望這種情況不會發生，目前也沒有跡象表明有這種可能，但「新加坡必須做好應對的準備」。吳慶瑞補充說，如果確實發生這種情況，政府「不相信英國、澳洲或紐西蘭在軍事上會願意提供太多幫助」；因此，新加坡必須做好「獨自應對」的準備，以確保其長期安全，這就是為什麼新加坡如此重視訓練問題，特別是對坦克、火砲和攻擊機的訓練。

吳慶瑞強調，新加坡「完全支持五國合作的概念」，但除了集成空軍防禦系統之外，馬來西亞顯然不願意提供任何援助。儘管他的軍事顧問強烈建議，吳慶瑞也沒有準備正式向馬來西亞請求這樣的援助，因為他知道從他所得到的消息來看，這些請求會被拒絕。在吳慶瑞的評估中，馬來西亞的政治局勢目前「非常困難」，「新加坡施壓這個問題將是事與願違的」。他希望隨著時間的推移，馬來西亞人會「冷靜並變得更有幫助」，但與此同時，新加坡必須確保其他協定。吳慶瑞知道如果澳洲和紐西蘭提供新加坡所需的軍事訓練設施，吉隆坡將感到「沮喪」。但他覺得吉隆坡「必須意識到新加坡的需求迫在眉睫，他們肯定會更喜歡由澳洲（他們知道在新加坡有很大影響力）提供，而不是由非大英國協國家如以色列提供」。除了軍事訓練問題之外，吳慶瑞還抱怨ＡＮＺＵＫ對不動產的出價「過高」（在三月十二日與法瑞爾的早前對話中，吳慶瑞將這個出價形容為「過分」）。法瑞爾報告說，吳慶瑞對新加坡為其自身需求尋找兵營住所遇到的困難進行了「相當長時間而令人信服的」講述。新加坡不能承受讓自己的軍事需求受到ＡＮＺＵＫ對不動產的過高出價的制約。紐西蘭能做些什麼來幫助呢？法瑞爾說，當他在吉隆坡時，他將敦促首相拉薩「對新加坡的需求更加寬容」，並建議他的紐西蘭同仁研究新加坡有關在紐西蘭設立訓練設施的任何提案。吳慶瑞表示這將是有用的，但補充說，「在現階段，紐西蘭可做的最有用事情，是敦促澳洲政府對新加坡在訓練設施上的請求持寬容態度」。總之，新加坡的關鍵問題是訓練設施。據吳慶瑞表示，儘管ＡＮＺＵＫ對不動產的出價是另一個痛點，但這個問題可以迅速解決。[116]

一九七一年六月八日，吳慶瑞與澳洲駐新加坡大使尼古拉斯・帕金森（Nicholas Parkinson）的會議紀錄既明顯又發人深思。國防部長希望與帕金森會面，以確認澳洲方面是否收到了新加坡的訓練請求。吳慶瑞希望帕金森理解有關租金和訓練的「遊戲究竟是怎麼一回事」。用吳慶瑞的話來說，「整個五國合作的業務都是一個無牙的紙老虎」。對新加坡而言，只有兩個可能的威脅，即印尼和馬來西亞，對於這兩個威脅，五國合作也毫無幫助。因此，如果坎培拉不同意新加坡對訓練設施的請求，「你可以回家了」。新加坡將很快通知他有關所要求的租金收費，並且他希望澳洲人會發現租金要求「過高」，並意識到唯一的選擇是同意新加坡的訓練請求，否則「就回家吧」。如果澳洲提供了訓練設施，新加坡將「完全免除租金」，新加坡還將支付在澳洲的所有訓練需求。對新加坡而言，最重要的是空軍和裝甲兵的訓練。當帕金森重申澳洲面臨同意新加坡請求的困難時，吳慶瑞反駁說他需要的是「有建設性的幫助」，而不是對困難不斷吹毛求疵。要求新加坡向馬來西亞尋求設施是沒有用的，「新加坡深知馬來西亞不會允許新加坡的坦克或飛機在馬來西亞進行訓練」。帕金森問吳慶瑞是否應該告訴坎培拉，除非澳洲同意新加坡的請求，否則新加坡政府將退出五國合作，吳慶瑞的回答：「是……直截了當地告訴他們。」實際上，吳慶瑞已經從「提供訓練或支付租金」的立場（這是他在一九七一年四月與澳洲國防部長約翰．戈頓〔John Gorton〕在倫敦會面時所說的〕轉向「提供訓練或回家」的極端立場。帕金森在他的報告中說，他確信吳慶瑞所說的話中有一些「虛張聲勢和言過其實」，但很難判斷有多少。[117] 吳慶瑞的後續信函在語氣上則更加溫和，儘管意圖保持不變。在六月十日的信中，吳慶瑞解釋了新加坡的請求：「基本上，提案是在澳洲的訓練區域內部署少量軍事硬體，包括維護人員，並輪換操作人員，同時訓練他們使用這些武器和設備。」[118]

最後，吳慶瑞告訴英國駐新加坡大使法萊，如果坎培拉同意支付租金但不提供訓練設施，這對新加坡來說將是「不令人滿意的」。租金將在兩三年內重新審查，到時新加坡政府可能會認為不滿意。但如果澳洲提供訓練設施，「五國合作的永久性將得到確保」。如果新加坡無法在澳洲獲得訓練，就可能不得不尋求非大英國協國家的援助。[119]

英國方面對這一情勢感到非常擔憂。正如卡靈頓動爵所說，ANZUK在沒有地面部隊的情況下將不被英國視為是可信的。如果ANZUK國家之一從新加坡撤回其隊伍，這將是一個嚴重的問題，因為這將對五國合作的整體概念產生懷疑。這將迫使英國重新考慮其立場。[120] 吳慶瑞告訴英國方面，新加坡最迫切需要的是空軍和裝甲兵的訓練。[121] 在與澳洲方面的討論中，他們希望坎培拉能夠同意新加坡的許多（如果不是全部）訓練請求。倫敦也將盡力幫助新加坡滿足其訓練需求。在英國的評估中，印尼和馬來西亞不太可能對此強烈反對。[122] 坎培拉對新加坡的需求並非不同情，但必須考慮「在半永久基礎上如此大範圍內進行訓練的國內政治問題」，以及馬來西亞和印尼的擔憂。[123] 印尼並未表達太大的擔憂，儘管駐雅加達（和吉隆坡）的澳洲官員強烈建議反對同意新加坡的請求，「因為支持『東南亞的以色列』並不符合澳洲的利益」。[124] 馬來西亞的觀點是，他們對五國防務合作非常重視並希望能繼續下去，他們對新加坡所請求的空軍和裝甲兵訓練「深感擔憂」，他們「譴責新加坡採取的勒索手段」；這是澳洲人的決定，但「由於馬來西亞已被接洽，故希望指出新加坡的請求並未在五國合作的背景下提出，因而同意這些請求將對未來五國合作不利」。[125]

澳洲人猜測馬來西亞的主要異議是有關坦克訓練的問題。[126] 在向吉隆坡保證他們不會與新加坡達成任何對馬來西亞不可接受的培訓協定後，澳洲總理麥克馬洪（William McMahon）於七月三日在坎培拉宣布，澳洲政府已同意新加坡的請求，允許他們的軍隊在澳洲進行訓練。麥克馬洪進一步補充說，吉隆坡並沒有提出類似的請求，如果有的話，將在《五國聯防協議》的協定條款下進行考量。然而李光耀在回憶錄中說，在一九七〇年代，當新加坡要求澳洲允許使用其訓練區進行軍事演習時，坎培拉直到一九八〇年代都「未能積極回應」。相比之下，紐西蘭「樂於同意」。[127] 他可能是指坎培拉沒有同意新加坡的所有請求。澳洲外交部長萊斯利·伯里（Leslie Bury）在一九七一年七月在吉隆坡的新聞發布會上解釋說，新加坡提出請求的原因是該島上的訓練空間非常有限且人口眾多。他進一步透露，馬來西亞對新加坡軍隊在澳洲進行訓練「並不十分高興，但也尚可接受」。[128]解決訓練問題為解決租金談判鋪平了道路，進而使官員能夠一絲不苟地完成《五國聯防協議》協定文件的所有細項。

一九六六年，吳慶瑞曾表示：「如果新加坡與馬來西亞政府無法有效合作進行共同防禦，這將不利於在該地區為持續維持其軍事承諾所花費的大筆金錢和人力的英國、澳洲和紐西蘭。所以我們必須合作，但這種合作必須是兩個主權國家之間的合作，而不是老大哥和他的衛星國之間的合作。」[129]《英國馬來西亞防務協定》最終於十一月一日終止，《五國聯防協議》的協定也如期生效。[130]根據當時新加坡的外交部副祕書納丹的說法，從新加坡的角度來看，《五國聯防協議》的價值在於使新加坡能夠繼續發展自己的經濟。這對防止共產主義的傳播至關重要。納丹舉日本為例，認為日本「建立了一個強大的經濟體抑制了共產主義的影響」。[131]李光耀在一九七五年訪問紐西蘭時稱讚《五國聯防協議》對於「穩定影響」的功效。他認為雖然不再需要在新加坡維持地面部隊，「保持這一協定的概念仍然具有心理上的價值」。[132]

這是《五國聯防協議》形成的關鍵時期。五十年後，新加坡仍然認為《五國聯防協議》具有重要意義。正如李顯龍在臉書寫道：「《五國聯防協議》是世界上第二古老的軍事夥伴關係

（僅次於北約）。我很高興它今天仍然活躍並保持其關聯性。這種合作促進了地區的和平與安全，新加坡在這個截然不同的世界中會繼續支持它。」[133]

儘管新加坡與其周邊鄰國的關係有時可能很困難，但值得回顧吳慶瑞在一九七一年對此的看法。據他表示，許多人傾向於將新加坡與以色列進行比較，而其中也確實有一些相似之處，例如與新加坡鄰國相比的生活和科技水準。但在這兩個國家之間「讀到太多相似之處」可能是「危險的」。兩國至少存在四個根本差異：

1. 雖然新加坡的鄰國可能不喜歡並且嫉妒新加坡，但他們不像阿拉伯人憎恨以色列那樣，並「不憎恨」新加坡；
2. 超級大國並非像在中東，由俄羅斯支持阿拉伯事業，而由美國支持以色列事業那樣相互競爭；
3. 與以色列不同，新加坡的經濟極易受到經濟封鎖的威脅。對新加坡來說，實施海上封鎖將被視為充分的開戰理由（casus belli）；
4. 與以色列建立為猶太國家不同，儘管華人占多數，新加坡仍是一個多種族國家。任何將新加坡變成另一個「中國」的嘗試都會受到激烈抵制。

在吳慶瑞的預測中，他認為新加坡與其鄰國之間「沒有任何現實的戰爭危險」，除非在這兩個國家中建立了「瘋狂的政權」。但由於新加坡不能確定這不會發生，「我們有必要繼續發展我們的軍事實力」。[134]

在處理有關新加坡在東南亞要找到能發揮具意義的作用這一問題時，吳慶瑞說：「在真正的問題上，這實際上意味著與我們的兩個鄰國馬來西亞和印尼建立起更好的關係，並與該地區的其他國家建立有意義的聯繫。」他繼續說：「儘管普遍接受區域合作的好處……我們都知道情況遠非良好。」他警告說：「如果我們不小心，我們的生活水準會隨著七〇年代與他們之間的差距日益擴大，情況將變得更糟。」[135]在此值得詳細引述一份現已解密的一九六七年「最高機密」的英國報告。根據英國人的評估，新加坡「沒有重要的自然資源，迄今為止，新加坡那按照亞洲標準毋庸置疑的繁榮，是有賴於其作為大部分馬來西亞國際貿易中轉站的地位，與印尼和東南亞其他國家之間的中轉貿易，以及英國基地的存在」。然而，自從分離以來，馬來西亞已經開始「愈來愈多地依賴自己的資源進行國際貿易……對於與新加坡創建共同市場的興趣也沒有表現出來」。報告進一步指出，不清楚新加坡與印尼之間的中轉貿易是否能夠以類似印馬對抗以前的水準重新建立起來。總之，英國報告指出：「儘管新加坡近年來的成長令人印象深刻，但基本趨勢遠非令人鼓舞，並對於新加坡是否能夠長期維持目前的生活水準提出疑問。」[136]如今，眾所周知，新加坡的經濟已經超越了所有預期。

第二章

新加坡與世界
李光耀時代
（一九六五年——一九九〇年）

雖然新加坡在大國陣營之間的衝突是不結盟的，但在涉及生存問題時，我不是中立的。

——李光耀

I 互為表裡：不結盟與親西方

在第一章中，我們聚焦於李光耀描述為必須首先處理的「緊急事務」：新加坡對其直接且最重要的鄰國馬來西亞和印尼的戰略，以及關乎國防的關鍵事務。在本章中，焦點會轉向新加坡在獨立初期及特別是對美國和中國等其直接周邊複雜環境中的戰略與應對方式。

新加坡在去殖民化和冷戰的雙重時期獲得獨立，有人可能認為這是冷戰的高峰期。用新加坡第一任外交部長拉惹勒南的話來說：「我們外交政策的首要任務將永遠是保護我們免受外部威脅的獨立。我們將試圖透過與所有國家建立友好關係，尤其是那些最接近我們的國家，來實現這一目標。」[1]

在獨立後，新加坡立即宣布自己是「不結盟」（non-aligned）的。拉惹勒南解釋說，這不單是因為「新加坡追隨當時的亞非潮流的情勢」。新加坡的不結盟選擇有其邏輯。李光耀在不同場合曾形容新加坡是「東南亞的樞紐」、「東西大國之間的鬥雞場」、「東南亞的心臟」和「關鍵點」。[2]正如拉惹勒南所解釋的那樣，新加坡在世界和鄰國眼中被視為該地區的「戰略關鍵」。因此，新加坡的外交和國防政策必須確保該國不成為「外部勢力的棋子」，也不會「增加鄰國之間的緊張和恐懼」。選擇「結盟」會危及其剛剛贏得的獨立：「當像新加坡這樣的小國與大國結盟時，究竟是誰必須步調一致是毫無疑問的……與大國結盟的政策，意味著促進的不是我們的國家利益，而是大國的利益。」[3]十年後，拉惹勒南在另一次演講中將主要大國的影響力比作太陽的引力：「當有很多太陽時，每個太陽的引力不僅會變弱，而且透過巧妙使用引力和反引力的牽引，小行星將獲得更大的航行自由。」因此，如果該地區存在多個大國，新加坡「抵抗大國壓力的能力將更強大」。[4]

雖然上述立場在某種程度上是有效的，但李光耀補充說，雖然新加坡在「大國陣營之間的衝突是不結盟的，但在涉及生存問題時，我不是中立的」。李光耀表示，當新加坡先解決了「緊急事務」時，仍然需要解釋「我們與亞非國家之間關係」的立場，因為「一些亞非國家雖然了解我，知道我不是一個小傀儡，但可能對（英國）基地感到有些不滿」。李光耀的解釋是，新加坡無法在基地問題上「做出讓步」，因為「這關乎我的生存」。「如果他們能夠想出一個方案」來確保新加坡與馬來西亞的生存（「因為作為我的水源與腹地的聯繫太緊密」），李光耀表示他願意考慮，但「沒有其他選擇……必須有一些防禦協定，以防止擁有更龐大軍隊、更大火力的大鄰國蹂躪我們」。這一點在拉惹勒南和杜進才兩人對亞非國家、蘇聯和南斯拉夫進行兩個月的訪問期間已多次強調。[5]該訪問的目的是在新加坡於一九六五年九月二十一日成為聯合國第一百一十七名成員國以後，向這些國家保證：

1. 英國在新加坡的基地對其安全與生存至關重要，不會被用於「侵略性目的」；因此，基地的持續存在並不會使新加坡成為「新殖民主義」國家；
2. 新加坡打算擴大與中國和蘇聯的貿易，從而確認其不結盟立場；
3. 亞非國家應該承認新加坡的獨立，並支持新加坡參加即將舉行的亞非會議；
4. 新加坡為了生存必須與所有國家進行貿易。[6]

正如拉惹勒南於一九六五年十二月十七日在國會中所解釋那樣，由於新加坡是一個經濟上依賴貿易的國家，因此促進與盡可能多的國家進行貿易將是新加坡外交政策的主要目標。「進行貿易的唯一標準是貿易是否符合我們的經濟利益，因為促進我們的經濟利益就是促進我們的國家利益。」然而，有時可能存在「必須犧牲一些經濟利益以維護重要的政治利益」的情形。[7]

新加坡對不結盟的戰略相當複雜。正如威萊拉特所指出，對這群新脫殖民國家的「初步提議」，主要是「基於獲得國際認可和接受的需要，尤其是在不結盟國家中占多數的亞非集團」。這些國家，雖然並非全是如此，都對新加坡的獨立和「英國海軍基地的持續存在」持

「懷疑態度」。[8] 李光耀成功地贏得了這些國家的支持，尤其是非洲國家。正如彼得．博伊斯（Peter Boyce）所指出，沒有國家挑戰新加坡加入聯合國，「非洲的歡迎尤其熱情」。事實上，代表非洲諸國的坦尚尼亞代表表示，新加坡「注定要在解放仍然處於殖民枷鎖之下的人民中發揮積極作用」。[9]

美國駐新加坡領事巧妙地指出，儘管新加坡領導層成功塑造了他們的不結盟形象，例如在獨立初期，新加坡與柬埔寨的關係「特別密切」，但新加坡實際上是「親西方的，在形象上是不結盟的」。這就是新加坡的用處，「因為如果我們試圖『承擔』新加坡或以其他方式侵蝕那種不結盟的形象，新加坡就會失去作為橋梁的用處」。一九六六年二月的政策文件建議美國應「因此抵制任何向『改善關係』方向過分施壓的誘惑，相反，認識到如果新加坡能夠保持一個英國基地，並為我們提供越南的休養與娛樂，以及購物設施，同時仍然保留對非結盟國家之影響力的潛力，我們就應視自己為幸運的」。[10] 另一條於一九六六年底寫的評論中提到，李光耀對亞非團結的概念感到幻滅。[11] 威萊拉特指出，由於東南亞和非洲之間不同經濟發展的速度和形式，以及不同的政治優先事項，新加坡得出結論認為「可以期待的最多是偶爾發表意見並支持相似意識形態的關切」。與亞非諸國密切相關的是不結盟運動，新加坡對此也變得非常具批判性。李光耀認為，不結盟運動應該更加關注「經濟發展的真實問題」，而不是沉湎於「政治辭令」。到了一九七一年，根據威萊拉特的說法：「新加坡的外交政策經歷了重大變革，亞非的象徵和口號已被拋棄，採取了明顯的親西方立場。」[12]

II 新加坡與美國外交關係的新時代

走筆至此，現在或許是將美國與共產中國納入新加坡大戰略討論之中的適當時機。要理解新加坡對美國的態度演變，我們必須從李光耀回憶錄的這段話開始：「英國及其帝國構成了我一生中所熟悉的世界，在這個世界中，英國對我們的生存至關重要；儘管我們想要自由決定我們生活的方式，但我們也希望並需要保持我們之間漫長的歷史、文化和經濟聯繫。」[13]

相比之下，一九六五年八月，新加坡領導層對美國並不太熟悉。正如美國總領事所指出，所有高級新加坡官員都講英語且在英國統治下接受教育：「他們對美國的直接了解幾乎為零……他們的方向是亞非而不是西方，新加坡的政治環境是反美言論的肥沃土壤。」儘管在私下交談中，他們對「美國以及美國經驗，或美國個人和私人機構可能對新加坡和馬來西亞有所幫助的方式」表現出「濃厚的興趣」，但大多數人在公開場合都不願與美國聯繫。[14] 新加坡政治研究中心主任喬治・湯姆森（George G. G. Thomson）和全國職工總會（National Trades

Union Congress）祕書長德萬・奈爾（Devan Nair）都認為，李光耀對美國的外交政策有一種扭曲的看法。[15]

美國人同樣對新加坡也不太熟悉，對李光耀幾乎一無所知。美國駐新加坡大使宋賀德（Henry Thayer，一九八〇年至一九八四年）回憶說，在一九八〇年以前，美國對新加坡知之甚少，對新加坡領導層的了解非常有限。因此，他作為大使的主要任務之一就是「弄清楚從李光耀到下屬的新加坡領導層是如何思考的」。[16] 雖然李光耀不是一個共產主義者，但他和人民行動黨（PAP）都「備受懷疑」。[17] 直到一九六八年英國宣布撤離「蘇伊士以東」之前，華府一直將馬來西亞與新加坡的安全交由倫敦負責。這是美英之間分擔負擔的協議，以確保該地區不會落入共產主義的軌道。毫不意外的是，美國與李光耀一樣並不歡迎英國人的撤退。事實上，在一九六六年九月十九日吳慶瑞和美國東亞暨太平洋事務助理國務卿彭岱（William Bundy）之間的對話中，彭岱向吳慶瑞保證華府「將盡一切可能」使英國留下來。[18]

美國國務院於一九六五年十月的一份分析顯示，在新加坡與馬來西亞分離以前，李光耀「似乎認為美國值得培養」，因為他希望東姑意識到，如果大英國協和美國「向他提出（一個）共同立場」，他必須與李光耀及其人民行動黨達成協議。然而，美國卻不願介入，這明顯被李光耀誤解為美國企圖「自我保留以便在必要時以美國替代英國的存在」。李光耀「似乎已經得出結論」，即美國在新馬分離之前「在某種程度上是有用的」，但現在已經變成了「真正的威脅」，尤其是考慮到美國對不結盟的敵意以及「馬來西亞政府的親美立場」。據悉李光耀已告訴數人，在馬來西亞發生種族衝突時，美國站在馬來西亞政府一方進行干預對新加坡帶來的「真正威脅」。這也是為什麼新加坡拖延了一九六五年十一月二十二日同意美國提升駐新加坡總領事館為大使館之請求的原因之一。據E·W·巴克（E.W. Barker，律政部部長）所言，新加坡政府已決定有必要「在華府起一把火」。[19] 李光耀還擔心，後印馬對抗時代中馬來西亞與印尼之間的關係正常化，以及其對新加坡可能產生的影響（馬菲印聯盟的復興），他深信美國將支持「泛馬來亞地區合作」，並「犧牲」被美國視為「政治上不可靠」的海外華人。[20] 李光耀提到，在紐約的新聞記者曾問外交部長拉惹勒南，考慮到「百分之九十的人口是華人」，新加坡最終會成為「中國的一個省份」嗎？[21] 新加坡財政部長林金山還聲稱，美國「反華」並將新加坡視為「不可靠的『第三個中國』」。新加坡駐美國大使館報告稱，林金山「似乎堅信這種信念，這在新加坡政府領導人中也相當普遍」。[22]

華府承認，鑑於李光耀對美國的態度，雙方缺乏直接溝通，這將進一步強化他的孤立，對新加坡與美國的關係產生「不可避免的更大程度的壓力」。但同時，華府也不希望鼓舞「李的錯誤看法」，即美國對新加坡的戰略利益使他「處於主導地位，可以透過強硬談判與來自社會主義陣線（Barisan）*的威脅使美國屈服」。[23]

以上的情況或有助於我們更好地理解李光耀在一九六五年八月三十一日對美國那著名的謾罵，他在同年九月十四日再次重申了這一立場。在一九六五年八月三十一日的一次「精心策劃」的新聞發布會上，李光耀「首次公開表達了他在私下經常表達的反美觀點」。他將美國的外交行為描述為膚淺且缺乏智慧的，強調「如果英國基地撤走了，新加坡就不會有美國基地」。[24]美國官員認為，李光耀「利用了三起個人事件作為他更大目標的助力」；這是「一個計算好的策略，旨在獲得亞非俱樂部的成員資格並吸引印尼注目，同時提醒大英國協，他們在新加坡的持續存在沒有替代者」。[25]國防部常任祕書博加爾斯在李光耀的一九六五年八月三十一日新聞發布會後不久，與美國領事館官員會面並傳達了以下幾點。他希望美國「理解」李光耀對美國的反感言論背後的動機，這是為了「獲得亞非諸國的接受」，並預計為副總理與外交部長即將到來的亞非之旅「打下基礎」。李光耀還認為，有必要「明確表明」新加坡掌握了這些基地的控制權。李光耀還希望「制止」反對黨（社會主義陣線）利用基地問題。博加爾斯認為，李光耀將繼續「對美國發出反感的聲音」，尤其是關於使用新加坡基地的事宜。值得

* 譯注：經查指的是 Barisan Sosialis 而非馬來西亞的 Barisan Nasional。

注意的是，在一九六五年八月十五日，李光耀告訴美國駐馬來西亞大使詹姆斯·貝爾（James Bell），他在英國基地方面「受到一些壓力」。他還要求私下會見貝爾，以討論新加坡的外交政策。李光耀表示，考量到他們之前的友誼，他寧願與貝爾而不是總領事交談。貝爾於次日開車前往新加坡與李光耀會面。[26]

博加爾斯重申國防部不會干涉現有的英美協議，即將南越軍官運送到柔佛叢林作戰學校進行培訓一事。[27]由於李光耀對美國持續抨擊的態度而「明顯感到尷尬」的國家發展部長巴克（拉惹勒南進行亞非之旅期間由他擔任代理外交部長），對美國總領事表示李光耀知道他在做什麼，同時在幕後向總領事保證，新加坡政府深知「不能威嚇美國」。[28]值得注意的是，美方選擇不回應李光耀的攻擊。

事實上，李光耀確實意識到美國在該地區的實力不可或缺。他告訴印度駐新加坡高級專員蘇倫德拉·辛格（Surenda Singh），儘管他對美國政策時常提出批評，但「任何不是共產主義者且希望看到美國離開東南亞的人都是傻瓜」。他說，像日本和印度這樣的大國可以「負擔得起在鬥爭中保持冷漠」，但小國「明白如果美國從東南亞撤退，中國將迅速填補真空」，而這將是他們「獨立的結束」。[29]

李光耀於一九六六年三月二十六日與美國駐新加坡特命全權大使詹姆斯·D·貝洛

（James D. Bello）會面，這是「李光耀自一九六五年八月以來第一次要求會見美國官員」。據李光耀表示，他之所以要會見大使，是出於「讓過去成為過去」的精神，並發出美國與新加坡關係要開啟「新時代」的信號。[30]在一九六六年四月四日，美國駐新加坡總領事館終於升格為大使館。當天同時發布的新聞稿宣布建立全面的外交關係。[31]與此同時，兩國已於一九六六年三月十九日就在新加坡進行越南休養與娛樂計畫的方式達成了協議，第一批含七十四人的小組於三月三十一日抵達新加坡，並於四月五日順利離開。[32]從此以後，除了所有關係都會出現的定期波動以外，新加坡與美國的關係一直都很順利。儘管如此，在卡特（Carter）政府時期（一九七七年至一九八一年）是一個低谷，因為卡特總統專注於人權並對東南亞缺乏興趣，這是一個在新加坡領導人看來兩國利益並未一致的相當短暫的時期。

III〈亞洲水域中的大小魚〉：小國如何縱橫捭闔

李光耀在新加坡獨立後或許最令人難忘（如果不是最重要）的一篇早期演講，就是於一九六六年六月十五日，在對美國關係開啟「新時代」不久之後所發表的〈亞洲水域中的大小魚〉（Big and Small Fishes in Asian Waters）。這篇演講是在印馬對抗結束前不久進行的，之前李光耀回應了一個有關新加坡被視為「胡桃」，而馬來西亞和印尼合在一起就像「連貫的胡桃鉗」的疑問。李光耀在回答中憶起在米洛萬・吉拉斯《與史達林的談話》（*Conversations with Stalin*）一書中讀到一段關於史達林和狄托（Tito）之間的對話。史達林問狄托：「為什麼不吞下阿爾巴尼亞呢？」但精明的狄托沒有這樣做，因為根據吉拉斯的說法，如果南斯拉夫這樣做了便可能不再存在。李光耀談及一個有關魚的寓言：「大魚問中等大小的魚：『為什麼不吞下小魚呢？』如果中等大小的魚足夠愚蠢，就會去做。然後，大魚將不僅是吞下中魚，還可一併吞下小魚！這將是一頓比較令人滿意的餐點，因為能一口氣吞下兩條魚。」[33] 顯而易見，李光耀所指的小魚、中魚和大魚是指那些國家。

美國官員等人非常仔細地閱讀了這篇演講：「隱喻的方式表達，既清楚傳達了他的意思，又讓那些反感他演講的人難以攻擊。」[34] 這是一篇範圍廣泛且散亂的演講，概述了李光耀對國際關係本質的理解。[35] 關於新加坡的大戰略，值得強調兩個相關的觀點：

1. 據李光耀表示，雖然對小魚來說最好的辦法是「與中魚和大魚保持友好」，但他警告我們永遠不應該對未來抱有樂觀的態度，或相信去殖民化意味著回歸「某種田園詩般、浪漫的過去，在白人來之前，我們都是亞洲人，彼此相愛，和平共處，互相幫助，所有人都很幸福」。事實上，在白人來之前，「有更大的魚在追逐小魚，小魚追逐蝦子」（來自中國諺語，「大魚吃小魚，小魚吃蝦米」）。他雖然沒有直言，但暗示著新加坡作為該地區最小的國家，其實只是一隻蝦子。「不過有各種各樣的蝦子。有些蝦子能夠存活下來……大自然的物種自身發展了防禦機制。有些蝦子是有毒的，會使人刺痛，吃了會消化不良。」因此，新加坡必須「發展出自己的生存技巧」；

2. 這個地區需要建立一個新的權力平衡結構，且必須是非種族或多種族的，並由一些外來的大國所支持，例如美國、英國等。如果該地區的問題是以種族為基礎來處理，那麼「大魚將主宰亞洲水域，因為最終的人口邊界將由亞洲的大魚所決定」。因此，應該出現的是「一個新的權力結構，其中既承認了大國的合法利益，也尊重中小國家的合法利益」。李光耀擔心美國和英國可能無法在該地區保持承諾超過十年，並且將面臨促使西方離開亞洲的壓力。

英國人從地區撤離（請參閱前一章）的決定提高了美國在新加坡大戰略中的重要性，並加速了新加坡與美國之間的合作。李光耀於一九六七年十月首次訪問美國，他表示此次訪問的主要目的是「試圖說服美國政府在東南亞地區需要他，該地區的各個國家無法單打獨鬥」。[36]一九六八年，拉惹勒南在一次演講中陳述了李光耀的觀點，他指出美國這樣規模和實力的國家不能選擇退出亞洲，如果美國不再去擔心亞洲，其他國家將因為這個地區「太大、太富有，太重要及不可能被遺忘」而這樣做。[37]李光耀認為該地區需要權力平衡，這也解釋了新加坡對馬來西亞所提出的「和平、自由和中立區」並不支持，儘管新加坡為了東協團結的名義簽署了這份「志向性」的宣言。

根據已解密的美國和澳洲檔案文件，我們現在知道美國有興趣使用新加坡的海軍基地設施，並利用澳洲作為協商的中間人。澳洲人顯然不確定新加坡「是否願意接受直接的美國參與」。他們指出，新加坡到目前為止表現出「相當願意接受美國的存在與接洽，前提是這要謹慎且不引人注目」。澳洲人認為，如果新加坡能夠在某種聯合控制的形式下實現美國人的存在，尤其是在具有大英國協色彩的情況下，這將更容易被接受。[38]與此同時，新加坡還希望從美國購買軍事裝備，不過並非新加坡的所有要求或願望都能立即得到批准。[39]

儘管李光耀認為權力平衡對於新加坡和該地區的安全至關重要，他對允許美國使用新加坡海軍設施和與美國建立更緊密商業關係的興趣都很大，但他明確表示，出於該地區的長期利益，不應該有任何「美國占領軍或武裝力量在南亞與東南亞的永久占領或駐紮」。即使在一九七一年，他與美國之間的關係已經大幅改善，他仍斷言：「我們不希望在新加坡有一個美國基地……我不希望有一個俄羅斯基地，也不希望有一個美國基地。」[40]

在討論美國在新加坡大戰略中所起的作用時，我們不能不提及越南戰爭。李光耀自一九六五年至一九七五年戰爭結束期間經常談及這場戰爭。他的觀點很複雜。他曾批評美國進行戰爭，但他基本上支持美國的立場，[41]然而他並不希望失去他的不結盟信譽。對李光耀來說，美國參與越戰是為了爭取包括新加坡在內的東南亞國家的發展時間。這也有助於加強非共產主義的東南亞國家抵制共產主義的決心。

然而一九六六年，在其〈亞洲水域中的大小魚〉演講的對話環節當中，他曾警告人們不要認為美國將始終認為南越對其聲望和東南亞的安全至關重要，因此，相信美國將無限期地繼續投入軍隊與資源是不現實的。他估計，如果詹森（Johnson）政府在一九六八年之前不因內部壓力而撤軍，一九七二年的選舉可能會決定此事。「即使在一九七二年沒有發生，也將在一九七六年發生，而這只有十年的時間。」因此，有必要保持現實，並想遠一點。他總結道：「但在我們爭取時間的同時，如果我們只是坐下來相信人們會永遠為我們爭取時間，那麼我們就應當滅亡。」[42]

IV 新加坡遊走兩岸的外交策略

我們現在轉向中華人民共和國*，或簡稱共產中國。在一九六五年十二月十六日的演講中，新加坡外交部長拉惹勒南指出，雖然新加坡「一般而言」是「真誠希望與所有願意與我們成為朋友的國家友好，但在國際現實的世界中，國家之間的友誼程度必然會存在差異」。最親密的自然是那些「外交政策原則和行為與我們的國家利益和基本願望相一致」的國家。[43] 中國在這段時期顯然不屬於這一類國家。但拉惹勒南繼續表示，事情是可以改變的，「在國際政治中，基於永久的敵人來制定外交政策是不明智的」。[44]

新加坡從很早開始就意識到對中國的戰略重要性。李光耀曾說：「整個世界都不得不與你們所稱之為『中國大陸』的地方共存……東南亞各國的規模都不足以單獨與中國達成協議。未來必須由主要大國來達成一些協議……然後東南亞各國才能在聯合國框架內與中國達成協議，我希望如此……」。[45] 在李光耀的分析中，中國是永遠不會對東南亞失去興趣的大國，我們「承擔不起忘記這一點的後果」。環繞中國的邊境地區「對中國而言至關重要，這些邊境地區即使不積極友好也應該是中立的。一旦變得衰弱和不穩定，那麼就有可能會被操縱，不必透過任何軍事行動，僅靠經濟操縱以及……意識形態的顛覆，（東南亞）便會形成一種相當巴爾幹化的局面」。[46]他認為中國是「決心統一並建立一個現代、富有的民族國家」。當中國變得繁榮時，「我的好運就來了，因為那時我將會安全得多」。[47]在一九六七年十月的一次美國電視訪談中，李光耀表示，丟掉中國之後，他們就「必須與之共存」。中國現在由一群想讓中國成為一個大國的人所統治。「他們為什麼不能偉大呢？」他問道，「你不能阻止他們。」[48]

吳慶瑞在一九六七年對中國的評論值得引述，因為甚具先見之明：「中國對我們亞洲所提出的最大問題，且至今尚未有解決方案的就是，如果到了一九九〇年代或二十一世紀初，中國的共產制度能夠產生出一個擁有所有進步技術的現代工業國家，那些無法取得類似進展的其他亞洲國家將會發生什麼事呢？」[49]

中國對於新加坡的重要性還有另一個未公開表述的原因：「有一種非常長期的可能性，中國最終可能為新加坡提供應對馬來民族主義的某種保護。」然而，在短期和中期內，由於中國提倡共產主義意識形態以及內部顛覆的持續風險，因此仍被視為一種「威脅」。[50]澳洲於一九六八年的一份報告中指出，雖然李光耀及其部長知道「一個沙文主義和親北京的新加坡無法生存很長時間」，但「他們並不排除未來的一代可能在選擇東南亞的權力平衡中轉過來反對

＊譯注：為對應上下文有共產中國 Communist China 和中國大陸 Mainland China 的用法，PRC 和 China 一律譯為中國。

西方的情況下，與中國緊密結盟的可能性」。報告進一步觀察到新加坡的做法是「對北京採取正確的（但不承認它）政策，避免公開批評中國的政策，且事實上盡可能避免對共產中國做出任何聲明」。值得注意的是，中國外交部的檔案文獻顯示，在一九六五年之前的短時期內，李光耀「利用海外華人的忠誠贏得了北京的支持」。[51]

李光耀表示，新加坡與中國建立外交關係因此是「絕對不可避免的」，但考慮到新加坡鄰國的擔憂，新加坡將等到其他東南亞諸國先行動之後再與中國建交。[52]正如威萊拉特所指出，「新加坡需要非常謹慎和敏感地處理與中國建立起正式聯繫的問題。不可低估這一舉措可能帶來的內外潛在影響，尤其是對於一個過去被稱為第三個中國，並且其東南亞身分曾受到鄰國質疑的國家而言」。[53]事實上，據報導，印尼「極度擔憂」北京「在新加坡獲得主導的地位」，這被比喻為是「指向印尼心臟的一把匕首」。[54]

北京顯然曾想承認新加坡，但「因顧及到印尼而被說服不要承認」。美國官員認為，中國的戰略是培養李光耀和人民行動黨的一些元素，以「鼓勵他們發展與雅加達某種形式的關係」。[55]拉惹勒南認為，有關中國外交部長陳毅試圖說服印尼承認新加坡的報導是「捏造的以贏得這裡的好感」。在他的分析中，中國可能希望避免「在情勢有利的哪一天可以試圖增加中國在該島上的影響力時」，激怒了新加坡人。[56]

我們現在可以從中國外交部的檔案文獻中知悉，在新加坡獨立後曾與中國有過「至少兩次重大外交來往」，以促使北京正式承認新加坡的獨立。第一次是在一九六五年八月十八日，當時新加坡首任駐馬來西亞高級專員高德根（Ko Teck Kin），在香港與新華社副主任齊風（Qi Feng，音譯）會面；第二次是杜進才、拉惹勒南和新加坡教育部長王邦文（Ong Pang Boon）在肯亞和坦尚尼亞，分別與中國大使王玉田（Wang Yutien，音譯）和何英（He Ying）會面。[57]當印尼於一九六六年六月承認新加坡獨立的時候，中國的外交政策已經變得極左，而新加坡則轉向了美國。正如劉曉鵬（Philip, Hsiaopong Liu）所指出的那樣，「從北京的角度來看，李光耀已經站在對中國『最嚴重危險』的一方，而不再是親中或反殖民主義者了」。[58]

在一九六五年九月十五日的新聞發布會上，在拉惹勒南和副總理杜進才前往紐約參加聯合國大會之前，杜進才表示，如果新加坡被允許加入聯合國，也「將支持（共產）中國加入聯合國」。[59]一九六五年十一月十七日，李光耀指出，新加坡對共產中國之政策「仍然是一個懸而未決的問題」。新加坡唯一決定的事情是，將支持中國「只需成員簡單投票」的「無條件加入」聯合國。自一九六五年以來，新加坡一直都一致反對美國提出將中國代表權問題定義為需要三分之二多數票決的「重要問題決議」（Important Question Resolution）。華府透過這種設計成功使北京在聯合國外滯留了十年（直到一九七一年）。李光耀否認新加坡正在追求「兩個中國」政策，並對這種政策是否「正確」或符合新加坡的利益表示懷疑，台灣地位的問題可以待北京在聯合國就位以後再決定。[60] 李光耀正在進行損害控制，以進一步澄清新加坡的立場。

一個月之前，即十月十七日，政府就新聞的報導發表聲明，具體來說是一篇題為〈阿布・巴克爾採取兩個中國立場〉的報導，摘錄了阿布・巴克爾・賓・帕萬奇（Abu Bakar bin Pawanchee）於十月十四日聯合國演講中對中國與台灣的談話。[61] 巴克爾是新加坡外交部第一位常任祕書，後來成為新加坡駐聯合國的第一位常駐代表。新加坡政府顯然對有關新加坡中國政策的這兩段文字感到「尷尬」。政府聲明指出，雖然新加坡的外交政策是不結盟，但在現階段對「長期存在之重大問題」的任何聲明僅僅是代表態度而不是固定的政策。在新加坡是否支持一個還是兩個中國的問題上，還需要「更仔細地進行檢討」。[62] 在一九六五年九月的聯合國大會上，作為聯合國第一百一十七名新成員，新加坡投票支持阿爾巴尼亞的提案，將聯合國席位從「中華民國台灣」轉移到「中華人民共和國」。美國和其他國家將此解釋為一種戰術舉措，旨在鞏固與不結盟國家的聯繫。[63] 在接下來的一年及直到一九七一年，新加坡棄權投票反對將中華民國驅逐出聯合國的提案。新加坡顯然認為此時還不是中國代表權在聯合國問題的最終解決時機，駐新加坡的美國官員指出：「像許多其他亞非國家一樣，新加坡陷入了希望被共產中國承認或至少被接受為一個國家的願望，以及不願因否認台灣自決的權利而創下危險先例。新加坡的立場也由於害怕共產中國可能積極尋求阻止新加坡入場（一九六五年）十一月的亞非會議而複雜化。此外，這個主要由華人組成的國家有一個長期政治要求，即新加坡政府應避免採取可能會讓左翼勢力指控政府正在遵循美英反中路線的任何行動或聲明。」[64]

在新加坡獨立近一年後，北京仍未對此承認，但也沒有譴責這個國家。中國表示希望與新加坡進行貿易，對此李光耀並沒有異議。[65]新加坡對任何希望與其進行貿易的國家都感興趣，無論是台灣還是中國。他在一九六八年提及台灣時說，台灣有一個繁榮的小經濟體，比新加坡的還要大，「我們非常渴望增進與他們之間的合作」。[66]一九六九年，台灣在新加坡建立了一個具有領事職能的貿易辦事處。一九七〇年，北京仍然將新加坡歸類為大英馬來亞的一部分，因此，與中國之間的經濟關係雖然「非常好」，但政治關係卻相反。[67]但在李光耀看來，雖然台灣在經濟上有影響力，但卻不像中國那樣，其戰略重要性取決於美國的戰略目標。[68]至於中國，李光耀和拉惹勒南都引起了人們對北京「作為世界力量和區域大國的日益重要性」的關注。李光耀還重申了馬來西亞第二副首相敦依斯邁的觀點，認為「東南亞如果沒有中國的同意，就不可能有持久的和平」。[69]

根據一九七一年六月紐西蘭高級專員與拉惹勒南之間的談話紀錄，我們可以一窺新加坡對於中國加入聯合國的看法，或至少是外交部長的看法。拉惹勒南顯然已有一段時間拒絕在公開場合談論中國。當被問及新加坡打算在一九七一年中國代表權問題上怎麼投票時，拉惹勒南指出新加坡「將等到最後一刻才做出決定」。當時主要關切的是不冒犯任何「大國」。拉惹勒南表示，他認為最佳解決方案是支持北京的人提出阿爾巴尼亞提案的前半部分。在他看來，這將確保「非常可觀的多數」票。目前的困難在於，包括新加坡在內的許多國家都不想面臨投票支持阿爾巴尼亞提案的尷尬，因為這意味著開除台灣。但如果僅就阿爾巴尼亞提案的前半部分進行投票，北京肯定會接管中國的席位，「福爾摩沙人（Formosans）發現他們沒有席位後便會悄悄消失……不需要福爾摩沙人在聯合國，但如果我們希望共產中國在世界上的這一部分能有更好表現的機會，我們就需要它在裡面」。在詳細說明他的觀點時，拉惹勒南建議，對於所有希望台灣在退出聯合國以後保持獨立實體的人，也許應該由某人，譬如日本，去告訴蔣介石讓他放棄所有尋求收復大陸的豪語，並宣布福爾摩沙為一個獨立的國家。已有美國充分的保證可以阻止北京試圖武力接管台灣——「台灣的安全已經達到這個地區的人們所合理期望的程度」。在宣布獨立以後，台灣可以開始爭取加入聯合國的活動。在這種情況下，拉惹勒南認為台灣有很好的機會在數年後成功獲得聯合國的席位；北京可能會視而不見，因為它已經實現了成為聯合國中唯一代表中國的主要目標。北京不會喜歡也永遠不會承認獨立的福爾摩沙，但知曉他們無法用武力接管福爾摩沙，更何況當還有更重要的事情要處理時，他們將默許其他國家可以同時與北京和台北保持關係。在勾勒出上述解決方案之後，拉惹勒南同意說，要說服蔣介石從這一角度看待這個問題的機會不大，「這真可惜，一旦那老人死了，事情還是會演變成那個樣子的」；台灣的外省人（mainlanders）是一群正在老化的人，他們的影響力將日益減少。第二代對於與大陸有任何牽連的渴望不大。他希望蔣介石能展望未來，意識到現在是福爾摩沙爭取長期獨立的時候，「如果他搞砸了這一次，未來要得到任何合理的解決方案將變得更加困難」。[70]

不久後全世界，於一九七一年七月十五日得知美國總統尼克森（Richard Nixon）將在翌年二月二十一日至二十八日期間訪問中國。華府還表示將不反對北京在聯合國安全理事會的席位，並準備讓聯合國成員國就中國代表權進行票決。但華府希望讓台灣留在聯合國大會中，而這實際「在法理上是站不住腳的」。[71]一九七一年十月二十五日，新加坡自一九六五年以來第二次投票支持阿爾巴尼亞提案。值得注意的是，在東南亞只有菲律賓投反對票，泰國和印尼則棄權。在「重要問題決議」上，泰國、菲律賓、印尼和柬埔寨都投贊成票。美國主張分開接納中華人民共和國與中華民國，簡言之就是雙重代表，但這一提議被否決。聯合國大會第二七五八號決議案承認中華人民共和國為「中國對聯合國之唯一合法代表」，以七十六票贊成，三十五票反對和十七票棄權的結果通過。

如果我們對冷戰時期新加坡與中國關係的認識有限，那麼我們對新加坡與中華民國關係的了解可能更少。新加坡投票支持阿爾巴尼亞提案有助於將台灣逐出聯合國這一做法，看來並未對雙邊關係產生負面影響。根據一九七三年的一項協議，台灣顧問首次被派往新加坡訓練其軍事飛行員，隨後並協助建立新加坡海軍。新加坡首位空軍和海軍司令原本就在台灣軍隊中服役。眾所周知，新加坡武裝部隊在「星光計畫」（Project Starlight）下曾在台灣接受過訓練，「星光計畫」是「一項允許在台灣進行營規模以上的步兵、砲兵和裝甲兵訓練的總體協議」。[72] 祕密討論始於一九六七年，星光計畫最終於一九七五年獲得批准。毫不意外的是，台北（實際上，如果台灣沒有這樣做才令人感到意外）試圖或希望從新加坡獲得一個交換條件：以訓練設施來交換在聯合國支持台灣，而這是新加坡既無法也不願意提供的。無論如何，星光計畫「在缺乏正式外交關係的情況下，形成了雙方早期防務合作的基石」。[73] 李光耀本人從一九七三年起開始定期訪問台灣，並與台灣行政院院長（後來是總統）蔣經國保持良好關係。正如謝笠天（Pasha L. Hsieh）所指出，「作為『公開的祕密』，台灣與新加坡之間防務合作的規模在非外交關係中很罕見」。[74] 也正如拉惹勒南所回憶，美國和台灣都對新加坡施壓「以加入他們一起排斥中國」。但新加坡必須「制定（自己的）政策……我們不是反台灣，但我們也不想親台灣。因此，我們決定在不激怒任何一方的情況下，以低調的方式與台灣和中華人民共和國保持良好關係」。[75]

如果說一九六六年標誌著新加坡與美國建立關係的開始，那麼鄧小平於一九七八年十一月訪問新加坡則常被譽為新加坡與中國建立關係的開始，儘管這兩個國家直到一九九〇年十月才正式建立外交關係，是排在印尼之後東南亞最後一個這樣做的國家。與美國的案例一樣，除了一些偶發性的波折外，這段關係通常是順利的。正如李光耀在一九六五年三月十一日在紐西蘭威靈頓維多利亞大學的演講中所說，世界上的小國只有透過找到與「大國之間巧合的利益」才能生存下去。[76]

V 成立亞洲的多邊安全協定

印馬對抗的結束為東協於一九六七年八月成立鋪平了道路。這裡正是描述新加坡在其形成初期對多邊主義態度的適當之處。拉惹勒南和吳慶瑞最初對於該地區是否準備好進行任何區域合作結構持懷疑態度。雖然拉惹勒南呼籲「扭轉目前將區域努力基於政治合作的趨勢」，將焦點轉向經濟合作，然後再轉向其他領域，他表示他所指的不是東南亞聯盟（東盟）或任何其他概念，因為在未透過實際合作培養區域主義的情況下創建繁瑣的結構只會導致失敗。[77]當被問及為什麼新加坡如此不願考慮該地區的政治聯盟時，拉惹勒南解釋說，新加坡無法負擔政治關係，因為這可能被該地區的其他國家視為對其不友好的態度。例如，馬來西亞可能會懷疑新加坡與泰國之間，甚至更加懷疑新加坡與印尼之間的更緊密聯繫。根據拉惹勒南的觀點，新加坡的安全未來是在「經濟和非政治領域中尋找聯繫」。沒有人會反對這一點。但即便如此，他覺得新加坡「不能冒著受到不利關注的風險而去尋求主動採取行動」。他對於所談及的區域組織發展的進度「持懷疑態度」。事實上，在該地區可能發生的政治衝突中，他顯得「對新加坡的前景感到相當悲觀」。[78]

吳慶瑞在一九六六年九月十九日與國務卿彭岱的談話中，對於東南亞國家是否能形成類似美洲國家組織（Organization of American States）的區域組織，以及美國是否可能參與此類組織提出異議。他認為除了泰國和或許是柬埔寨之外，東南亞國家缺乏「形成和維持這種組織所需的必要經驗」。他說：「東盟在工作人員的工作上失敗了。」此外，由於該地區的共產主義威脅主要來自本土勢力，他認為區域組織要知道何時達到了需要介入和採取行動的危險程度將非常困難。[79]

另一方面，李光耀更加樂觀，儘管他仍持謹慎態度。前一章曾提及的雅加達和吉隆坡之間的和平談判於一九六六年五月開始，同月，雅加達和馬尼拉就成立一個取代失敗的馬菲印聯盟概念的區域組織進行了磋商，這在新加坡看來，預示著馬來西亞與印尼之間的和解可能比預期的更早。[80]一九六六年六月，印尼軍方的友好使團「意外」訪問吉隆坡，在新加坡引起了一些擔憂。好幾位新加坡官員私下對於在友好訪問期間，吉隆坡所蔓延的「單一種族，單一宗教」氛圍表達擔憂，他們「擔心可能預示著馬菲印聯盟或某種泛馬來亞主義的復興」。[81]同樣在六月，雙方原則上同意和平協議，最終於八月十二日簽署。

李光耀在一九六六年六月十五日的〈亞洲水域中的大小魚〉演講中清楚地表達了新加坡對該地區多邊主義的態度。在該演講中，有一部分內容值得詳細引用。李光耀表示，他支持「一個大的東南亞聯合（Southeast Asia Union）……如果你能將相對而言，亞洲規模的多元民族聯合在一起」，但並不支持馬菲印聯盟，因為「這意味著馬來性，這意味著印尼性，因為他們是東南亞裡最大的部分。這意味著伊斯蘭，這意味著馬來語……而且東姑就完全正確地說過，不是我這麼說的，是東姑說的：『忘掉吧，這是浪費時間』。他為什麼這樣說？這就好像來自北京的中國外交部長宣稱，『讓我們建立一個中國、台灣和新加坡的大聯盟』……基於什麼？基於華人性！」簡而言之，李光耀凸顯了玩弄種族牌的危險含義。他繼續說：「但如果你說，『看，讓泰國也參與進來……這給了東南亞合作更廣泛的範圍』……然後我們可以展望更廣泛的地平線——泰國、印尼、菲律賓，沒錯。緬甸、寮國，所有的佛教國家，這樣我會說，這對於經濟、文化、社會合作形成了一個很好的混合體。我們最終想要做的，是在十年之內嘗試建立起可在最低限度的外部支持下維持一種平衡的樣子。」[82]

對李光耀而言：「國家個體的自我封閉與自給自足已經過時了。除非你是一個真正龐大的陸地國家，像美利堅合眾國或蘇聯那樣，否則這是行不通的。」因此，透過區域合作，「你將三十億人聚在一起，每個人都各有所得」。他想像新加坡「可以在地區內成為能夠加速經濟發展進程的催化劑」，並且可以充當經濟進步與發展的「火星塞」，但首先所有國家都必須同意：「沒有人能獨吞一切，我們必須合作。」[83]李光耀認為地理相鄰性是「如果盲人聚在一起，你不太可能走得遠」的必要但非充分條件；經濟發展的區域合作需要領導力，而這在這段時期是一個敏感的問題。[84]

除了經濟方面，李光耀還設想在東南亞建立某種形式的多邊安全協定。他所指的不是支持外國軍隊入駐新加坡，儘管正如我們所注意到的，在一九六六年，新加坡的安全仰賴於「魁梧的英國人」和「粗壯的廓爾喀人（Gurkhas）」。李光耀對「為該地區的小國提供保護所可能提供的合作」感興趣，這一點是他在一九六六年九月訪問印度時所提出。據報導，印度人「禮貌地聆聽，但對於做出這一區域性方案的承諾則非常謹慎」。《印度斯坦時報》（*Hindustan Times*）的一篇文章主張，印度應該更認真地對待李光耀有關多邊安全協定的觀點，因為「當美國決定停止對抗中國時，那時亞洲的國家將需要認識到安全是有其軍事的一面，而自由的亞洲遲早必須為自己的防禦提供支持」。[85] 李光耀在表達他的想法時，顯然不是特別去考慮中國。當被問及對一九六九年區域防務合作的看法時，李光耀回答說，「當（美國人）談論東南亞的防務協定時，他們通常指的是提防中國」，但李光耀並不認為中國有「掠奪性擴張政策」，也不預期「中國人民解放軍在東南亞的擴張」。[86]

李光耀所提及的多邊安全協定的觀念超前於時代。這在東協內除了印尼，並沒有獲得太多支持。蘇哈托總統的想法是，除了經濟、社會與文化方面的合作之外，東協還可以透過增加軍事合作來提高效能。不過沒有任何實質上的進展，印尼人通常繼續強調區域合作上「非安全的面向，同時尋求避免在將來排除防務上的合作」。正如一九七〇年十月美國對東協的研究所指出那樣，「東協未來在防務上所起的作用仍然是成員國之間最敏感的問題之一」。[87] 與此同時，成員國可以自由地在彼此之間進行軍事合作。新加坡對東協的政策是，東協應首先集中於其現有成員國的經濟與社會的項目，然後考慮擴大其成員資格的問題，最終才考慮擴大其討論的範圍。[88] 新加坡的長期目標是建立一個東協的「共同市場」。[89] 事實上，在一九六七年八月曼谷舉行的首次東協外長會議上，拉惹勒南在回答有關問題時表示，「共同市場」是新加坡的目標之一，而東協是「一個經濟合作計畫」而不是軍事計畫。[90]

在亞洲開發銀行的成立中起關鍵作用的尤金・布萊克（Eugene Black），於一九六六年十一月擔任林登・詹森總統的東南亞經濟與社會發展特別顧問一職時訪問新加坡。在他一九六九年的著作《東南亞的替代方案》（*Alternative in Southeast Asia*）中，布萊克這樣寫到新加坡：「李光耀知道新加坡未來的安全和繁榮取決於亞洲內的區域合作。『我希望看到一個亞洲，』他最近說，『特別是我緊接亞洲的這一部分，基本上是自給自足的……以最低限度的來自外部的支持或干預，交織著貿易、商業與工業化計畫，經濟成長與相互安全保障。』但正如他的一位主要副手最近對我說的那樣，『我們有太多可以取得的，以致於我們不能走在最前面』」。布萊克對此印象深刻，儘管新加坡是東協五個創始成員國之一，「鑑於馬來西亞和印尼的敵意……李光耀的影響力很小，而且很難發揮建設性的作用」。「我懷疑，」布萊克補充道，「他〔李光耀〕很高興東協已經成立，即便是為了泰國與菲律賓的參與，這在一定程度上減少了其他兩個成員國的影響。」[91]

第三章

新加坡國防戰略的轉型與形成——李光耀時代（一九六五年——一九九〇年）

沒有這種國防建設，
世界上所有的經濟成長最終都將對我們不利。

——林金山

I 新加坡武裝部隊的全面升級

本章將引領讀者至一九八〇年代，李光耀執政的最後十年（任期由一九五九年至一九九〇年）。作為這一主題的引言，本章深入探討了新加坡的國防戰略與「全面防衛」（Total Defence）的引入。這種國防戰略的引入表明，新加坡或許終於將其大戰略的所有要素都放到了正確的位置上。本章進一步解釋了新加坡對越南入侵柬埔寨的堅定回應，是次入侵被視為對新加坡的存在構成威脅。

有關新加坡國防的一系列英國報告，為我們提供了一九七〇年代新加坡國防戰略與發展的一瞥。儘管沒有任何軍事傳統，新加坡加快發展其防衛能力的努力正在取得良好的進展。根據一份一九七二年英國的評估，「新加坡軍隊可以抵擋潛在敵人的第一波進攻，但無法持久」；[1] 這是可以理解的，因為徵兵制度是在一九六七年才引入的。讓我們回想第一章，李光耀在一九七五年曾表示，新加坡不再需要來自外國的地面部隊。

以下是一份一九七四年的專業研究中一些主要發現，該研究被英國駐新加坡高級專員的國防顧問形容為「非常全面且有價值」，涉及新加坡武裝部隊（SAF）於一九七四年至一九八〇年間的組成與能力，值得在此強調：

1. 引入國民服役的一個主要目標是培養「一種國家意識與認同感」。部長和高級官員們都普遍坦承，SAF之所以會受到重視，「是作為國家建設的手段，而不僅僅是防禦侵略與維護內部安全的傳統目的」。

2. 進度「相當可觀」，考慮到新加坡缺乏任何軍事經驗的土生土長人員以及華人傳統對軍事生活的鄙視。報告指出，「對於一個小國來說，SAF是一個擁有廣泛能力的大型組織」。

3. 吳慶瑞博士被形容為「能幹且充滿活力」，並且「在軍事主題上閱讀了大量書籍，並有時以他對某一特定主題的知識使他的外籍顧問以及來訪的高級軍官感到困惑」，他因此在SAF的發展中獲得了極大榮譽。吳慶瑞「對科技深感著迷」（我們將在下文描述）。

4. 然而，SAF在後勤支援方面存在不足，其作戰能力仍然有限。在新加坡遭受襲擊的情況下，新加坡人「可能會進行一場艱苦的戰鬥」。根據英國的評估，「在目前的情況下，新加坡受到鄰國襲擊的可能性似乎是不現實和不可信的，儘管有流言聲稱雙方中的一方制定了祕密計畫，以及新加坡或馬來西亞的政治家偶爾會發表一些威脅性的言論」。

5. 有兩種觀點：樂觀和悲觀。雖然雙方都可能針對遙不可及的可能性制定應急計畫，但「在吉隆坡、雅加達和新加坡有穩定和負責任的政府，特別是在東協提供了增進諮詢和合作的論壇的情況下」，無需進一步發展SAF的「傳統軍事能力」。悲觀主義者則認為，東南亞的局勢可能惡化，《五國聯防協議》[2]無法提供真正的保障，因此新加坡必須發展自衛能力。

6. 英國的評估是，考慮到新加坡的規模與地理位置的限制，「沒有任何勢力能夠無限期地抵禦來自鄰近領土的強大攻擊」。新加坡所能做的「只能進行阻擊行動，而新加坡似乎已經擁有這方面所需的力量和設備」。如果嚇阻（deterrence）失敗了，SAF就「有軍事能力阻止外國的占領」。因此，英國的觀點是進行「一段時間的鞏固」，這「將使新加坡人能夠積累經驗，從外國人手中取回控制，並改善SAF的後勤與指揮組織」。[3]

上述研究中有兩點觀察需要進一步闡述。首先是吳慶瑞對於科技的興趣。如果李光耀於一九六六年的演講〈亞洲水域中的大小魚〉是理解新加坡大戰略及其背後思想的關鍵演講，那麼吳慶瑞在一九七一年的演講〈何種戰爭？〉（What Kind of War？）則是理解該戰略軍事層面的演講。[4]吳慶瑞在此次演講中探討了「在新加坡對抗比自己大得多的國家的戰爭中，新加坡可以採取的選擇」。由於新加坡的實際大小，「使他更迫切地需要在國外進行防禦性戰鬥」，這意味著海洋「必須被視為軍隊移動的重要手段」。此外，「必須在持續的時間內實現空中優勢」。在吳慶瑞看來，如果新加坡能實現「空中優勢並擁有海上運輸的手段」，「群島的地理位置」將賦予新加坡「決定性的優勢」。考慮到新加坡的人口規模，它應該盡一切努力避免「步兵戰爭」，因為與擁有龐大人口的國家相比，新加坡將無法承受人力損耗。因此「科技」很重要。吳慶瑞提及以色列作為例子，以顯示一個擁有「高水準的科技與科學標準的小國」，可以對超過其規模五十倍的國家造成嚴重的軍事打擊。科技之所以重要還因為現代武器，即便是簡單的武器，「只需要最低限度的科技與訓練來進行操作和維護」。從一九七一年的角度來看，吳慶瑞指出新加坡的軍事建設一直是「相當不平衡」的。雖然陸軍正在「取得良好進展」，但他承認空軍和海軍的發展速度要慢得多，因為「這兩種兵役特別難以建立」，因為「他們對科技的要求非常嚴格」。

吳慶瑞堅稱ＳＡＦ所需要的優勢在於「科技」，而「公開的戰爭只是一場真正在祕密實驗室中進行的戰爭的外在表現」。[5]我們現在知道，吳慶瑞於一九七〇年成立了一個祕密小組以進行電子戰的研究，這是國防科技研究院國家實驗室（Defence Science Organisation，簡稱ＤＳＯ）的前身，它如今是新加坡最大的國防研究與發展機構。據當時ＤＳＯ主席雷普權（Lui Pao Chuen）教授於二〇〇二年所言，吳慶瑞「擔心僅是進口設備是不足的，必須進行內部修正，以確保新加坡在戰鬥中具有優勢」[6]。ＤＳＯ小組所要匯報的對象，曾擔任保安與情報司司長納丹指出，將設備出售給新加坡的那些人可能是洩密其能力的最糟糕源頭。[7]值得注意的是，吳慶瑞並不是唯一強調科技重要性的領導人。拉惹勒南也曾在一次超越國防範疇的脈絡中預言性地宣稱：「我願意在這個所謂不確定時代（Age of Uncertainty）中擔保的唯一確定性，是未來只屬於那些準備成為新科技社會擁護者的國家，這些擁護者正在從第一次工業革命的崩潰結構中崛起。」[8]

在馬來西亞發生了一九六九年五月暴動，以及越南發生的戰爭和其後果，都強化了悲觀主義者的觀點，即新加坡需要迫切升級其武裝部隊。即便ＳＡＦ已在持續不懈地追求進步，吳慶瑞在〈何種戰爭？〉演講中警告，新加坡需要「避免採取可能被我們的鄰國視為挑釁的措施」。他以軍購法國AMX-13輕型坦克為例，這引起了新加坡鄰國的極大關切。吳慶瑞表示，還有「其他更敏感的武器系統我們想採購……但我們在現階段不能忽視鄰國對我們增強軍備所激起的反應，因為這樣做可能意味著放棄了明確的優勢，我們將不必要地給他們時間來計劃、生產與訓練如何使用反制手段」，不必要地引發軍備競賽可能會意外地導致「那些我們希望保持和平關係的，相對理性的政府之間的軍事衝突」。因此，引入新武器和武器系統的時機，「是新加坡政府必須做出的較為重要的決定之一」。事實上，新加坡所尋求軍購的國家（如美國和澳洲）也擔心會間接引發軍備競賽。吳慶瑞重申，新加坡的軍事準備是「針對我們的一個或兩個（鄰國的）政府（被）非理性的政權所取代的情勢」。

最後還有成本的問題，即獲得防衛能力的經濟面向。吳慶瑞提醒他的聽眾，由於大多數武器都必須從「現代工業國家」購買，並不便宜。一個國家需要擁有購買能力，尤其是如果想獲得科技先進的武器。「因此，具備這種能力是一個重要的軍事資源」。當問及他的政治信仰與經濟理論是否基於「經濟成長的首要地位」時，吳慶瑞堅定回答：「是的！除非你有經濟成長，否則你會死。」[9]

李光耀曾表示，國防和經濟同等重要。[10] 政治領導層的早期觀點是，國防對經濟成長方面略占優勢。林金山（接替吳慶瑞擔任國防部長）於一九六八年指出：「沒有這種國防建設，世界上所有的經濟成長最終都將對我們不利，因為我們將被抓緊，而到時再去後悔我們本應優先考慮的國防建設也來不及了。」[11] 這絕不是一個簡單的選擇。李光耀對其「國防和安全與貿易和工業皆不可分割」的前提進行了修飾，他補充說這一前提「將不得不保留一段時間，直到該意義逐漸被領會」。[12]多年以後，他將這種聯繫描述為同一問題的兩面，因為「如果沒有強大的國防，就不可能有強大的財政。而且，除非有一個強大、統一，受過良好教育並日益凝聚的社會，否則將不可能擁有強大的國防和強大的財政。他們都是整體的一部分」。[13]

由於英軍即將（實際上是加速）進行撤離，新加坡於一九六九年一月一日至一九七〇年三月三十一日期間的國防支出呈指數級成長，以致於吳慶瑞（他於一九六七年擔任財政部長）覺得有必要於一九六八年十二月三日在國會提出年度預算報告時，花費大部分時間來解釋這一預算部分。[14]事實上，他開場第一句就是關於國防預算。吳慶瑞指出，國防支出預測將占國民生產總值（GNP）約百分之十，這將不可避免地需要增加稅收。公眾「有權知道我們花錢在做什麼，他們可以期待得到什麼作為回報，以及是否物有所值」。吳慶瑞隨後詳細描述了三軍（海軍、空軍和陸軍）在接下來的幾年內，直到一九七一年的國防建設。此處無需多談細節。對本研究而言，這次演講的關鍵訊息是：對於國防建設存在兩種觀點，根據吳慶瑞的說法，這兩種觀點都是不正確的。第一種觀點認為，新加坡太小，無論是在土地還是人口規模上，都難以抵禦比其更大的國家的武裝攻擊。對此，吳慶瑞的回應是，新加坡的國民服役人員接受了「最高專業標準」的良好培訓，並且「裝備了有錢就可購買到的最好武器」。此外，在完成兩年的國民服役後，還有十年的備役義務，總計為十二年。再加上全職軍隊雖然規模上「相對較小」，但按任何標準來說都構成了一支「可觀的力量」，並且「應該足以保護新加坡免受任何可預見的軍事威脅」。

第二種觀點是，政府在「以急躁且奢侈的方式進行武裝」方面過度支出。對於這一指責，吳慶瑞的反駁是，即使以當前的速度，還要「等到一九七九年，也就是下一個十年結束時，我們才會達成戰鬥序列的全部潛力」，這還假設新加坡能夠繼續「為每一個備役營提供武器、彈藥、裝備和運輸」；新加坡還必須能夠保持其「在必要時加快建設的選擇權」。

毫無疑問，新加坡在國防上花了很多錢。吳慶瑞於一九七二年的一次演講中承認了這一點：「這是必要的，如果歷史教給我們一課，那就是只有保持強大的國防，我們才能有望生活在和平之中。小國通常只希望維持和平以發展其潛力，但在創建一個新的國際秩序使小國能夠確保其領土和獨立始終受到保障以前，除了瑞士和瑞典的例子之外，別無選擇。」[15] 吳慶瑞於一九七四年的一次演講中說，正是因為這些支出，「友好國家軍事存在的進一步減少，對於我們的經濟或信心氛圍都不會產生不良影響」。在一九七一年至一九七二年的財政年度中，有百分之二十五點二的預算皆用於國防。在一九七四年至一九七五年的財政年度，國防支出則下降到百分之十五點六。「這是合理的，」吳慶瑞解釋說，「在整個東南亞相對平靜穩定的情況下，繼續在國防上花費更多的錢是沒有意義的。」就國防支出占國民生產總值的百分比而言，吳慶瑞指出多年來一直都在約百分之十左右，「且一直在穩步下降，直到現在（一九七四年），目前只略高於百分之五，這是許多國家保持其國防支出的水準」，除了例外情況。[16]正如陳建華（Chin Kin Wah）所指出，由於多年來新加坡的經濟表現良好並積累了財富，使新加坡「免受國防與經濟發展之間的嚴峻抉擇」。[17]

II 全面防衛政策與多元種族主義入憲

何樹煌和陳靈偉在對新加坡國防的描述中指出，到了一九八〇年代初，SAF已經成為一支「可靠的戰鬥力量」。事實上，軍事史學家約翰．基根（John Keegan）於一九八三年將SAF描述為「東南亞最優秀的部隊之一，訓練有素，裝備精良」。[18]一九八四年，領導層準備引進「全面防衛」的概念，儘管李光耀早在一九六六年就已經指出，安全問題超越了保護邊界的範疇，用他的話說，「這是一個多層次的問題」。[19]

「全面防衛」是從一九六七年國民服役開始與SAF成立後自然的發展。新加坡人花了好幾年的時間將國民服役內化為一種生活方式，之後政府開始專注於下一個合乎邏輯的領域——預備役的作用，這是新加坡整體軍事實力的關鍵組成部分，吳慶瑞在上述一九六八年預算演講中就已經提到了這一點。正如國防部長吳作棟（Goh Chok Tong，任期為一九八二年至一九九一年）於一九八四年三月十六日在國會上的國防預算演講中所解釋的那樣：「在花費了多年的時間來教育公眾有關軍事防禦的事宜之後……現在是時候關注新加坡安全的其他潛在弱點了。因此，大規模的民防工作始於一九八三年，並更加努力地教育公眾全面防衛的重要性。否則，我們……可能會措手不及，新加坡可能會在侵略者甚至不用發動軍事行動的情況下就倒下，因為我們連在心理、社會、經濟與民防方面都沒有做好準備。」[20] 首次引入的「全面防衛」因此包括了五個主要支柱和面向：

1. 軍事（「保護新加坡免受外來襲擊」）；
2. 民事（「管理本地災害與危機」）；
3. 經濟（「建設強大而有韌性的經濟」）；
4. 社會（「促進不同族群、社會、文化或宗教差異之間的和諧」）；
5. 心理（「培養民族韌性」）。

如國防部長張志賢（Teo Chee Hean，任期為二〇〇三年至二〇一一年）於二〇〇五年的一次演講中所言，這後來成為了「新加坡國防戰略的關鍵組成部分」，因為「我們需要的不僅僅是軍事力量的強大國防」，而是「每位新加坡人都應有能力參與其中，使我們更有韌性，增強國家保護自身免受並克服各種形式威脅的能力」。[21] 拉惹勒南在一九八二年對一群軍官學員所曾說過的話：「歸根究柢，是『人』而不是武器贏得了戰爭。」對於相對繁榮的新加坡來說，獲取硬體並非無法克服的問題，但「如果沒有軟體，硬體就是毫無用處的垃圾。只有在具有必要的決心，高尚的目標感，清晰的個人榮譽的人手中，他所使用的武器才具有無懈可擊的魔力」。[22]

我們在此先暫停一下，介紹新加坡大戰略的一個關鍵組成部分和因素，藉用吳佩松（Daniel Goh）的辭語，那就是「多元文化主義（multiculturalism）與團結問題」。[23] 已有政治學家、社會學家和其他學者寫了不少關於多元文化主義及其在新加坡的各種表現形式，沒有必要追溯學術文獻中所說所寫的一切。對於本研究，有三點是相關的：

1. 「種族」作為新加坡的一個存在問題；
2. 政府有意創建基於新加坡不同種族之團結的獨特身分；
3. 政策意圖和結果之間的差異。[24]

當新加坡於一九六五年八月九日獨立時，李光耀向新加坡人保證：「我們將在新加坡建立一個多元種族的國家。我們將樹立一個榜樣。這不是一個馬來國家；這不是一個華人國家；這不是一個印度國家。每個人都將有一個平等的位置，在語言、文化、宗教……」在同一次新聞發布會上，李光耀特別對馬來人說：「我請馬來人不用擔心。這是一個相信多元種族主義（multiracialism）的政府，是多元種族主義使新加坡遠離了沙文主義，很可惜事實證明我們無法在馬來西亞實現多元種族主義與融合，但我們將在新加坡將之實現。」[25]多元種族主義被寫入新加坡憲法，這是屬於內部及國內的層面。

在實現新加坡多元種族主義的願景或方法上顯然存在兩種看法，有人將之描述為一種「現實主義」相對於「理想主義」的方法。[26]吳佩松指出了新加坡多元種族主義的三個階段：

1. 「熔爐模式」（Melting Pot，一九五〇年代至一九七〇年代），與拉惹勒南密切相關；
2. 「馬賽克方法」（Mosaic Approach，一九八〇年代至一九九〇年代）；
3. 「多元文化主義」（千禧年）。最後一項結合了前兩者。[27]

根據吳佩松的觀察，隨著新加坡人在全球化時代的發展，他們已經培養出一種「與宗教聯繫密切的種族認同感」（由前二十年的「馬賽克方法」所帶來），「當與種族宗教分歧相關的情感和基於機械式團結的情感之間的平衡，被全球性事件破壞時，問題就出現了」。[28] 一個例子就是二〇〇一年九月十一日的九一一事件。近年來，中國的崛起引起了擔憂，擔心新加坡的華裔公民（新加坡的多數人）「對中國表示同情與感傷」，可能「破壞新加坡的多元種族與多元文化的特性」。新加坡前外交部常任祕書考斯甘認為新加坡的社會凝聚力已經受到壓力，[29] 儘管必須說，新加坡人整體而言仍然重視種族和諧以及政治秩序。

如果對多元種族主義的管理不善，將成為新加坡大戰略的致命弱點。政府承認種族主義存在於新加坡，但否認是體制性的。雖然在加強社會凝聚力方面還有很多工作要做，政策也需要隨著時代的變化進行調整，但自一九六五年以來已獲得很大的進展。[30] 正如新加坡前首席大法官陳錫強（Chan Sek Keong）所指出：「新加坡的成就在於能夠利用多元文化來促進社會的凝聚力，作為新國家的基石……多元文化主義是不可避免的，因為我們沒有也無法擁有一種占主導地位或同質的文化。對於任何種族或宗教社群的擁護將摧毀新加坡。」[31]

最後，多元種族主義的外在方面經常在相關討論中被忽略。李光耀於一九六六年六月十五日的〈亞洲水域中的大小魚〉演講中闡明了這一點，他表示該地區需要一種新的權力平衡，且必須是非種族或多種族的，並由一些外部大國所支持，例如英國、美國和其他國家。如果該地區的問題按種族劃分解決，這將是「大魚最終將在亞洲水域中占主導地位，因為最終的人口界線將由亞洲的大魚所決定」。[32]

每年二月十五日，新加坡以「全面防衛日」來紀念一九四二年新加坡在二戰中被日本攻陷的週年紀念日。我將在後續章節中回到「全面防衛」這一主題。我只想在此說，「全面防衛」就像「全面戰爭」（Total War）一樣，是一個「無一例外、全體人民都參與的行動」，並且「必將動員所有資源與整個人口」，[33] 成功實施「全面防衛」的前提是一個統一的公民社會（因此上述多元種族主義具有相當的重要性）。

III 對於越南入侵柬埔寨的堅定反對立場

一九七八年十二月，越南入侵赤柬，表面上是為了拯救該國免受波布（Pol Pot）政權的恐懼。新加坡在一九八〇年代，尤其是一九七九年至一九八八年近十年中，花費了大量時間、精力和資源去處理柬埔寨問題。現在我們轉向這個問題，以了解新加坡對越南入侵柬埔寨的回應及其與新加坡大戰略的聯繫。[34]

柬埔寨問題在東南亞國際政治史上是一個非常重要的議題，對於新加坡的生存以及新加坡外交服務的成長與發展具有重要的影響。前外交部長丹那巴南（S. Dhanabalan）於一九七〇年代和一九八〇年代將柬埔寨問題描述為「該部門的關鍵問題」與「東協外交的核心」。[35] 前副總理吳慶瑞將柬埔寨問題描述為「一場生死鬥爭，其結果將對共和國產生深遠影響」。[36]

為什麼赤柬問題對新加坡如此重要呢？當時的外交部長納丹清楚解釋了這一問題：「赤柬問題對新加坡的政策至關重要。其中涉及的原則是不應允許外國軍事干預推翻合法構建的政權。如果違反了這一原則，就會創造一個危險的先例。外國軍力可以進入泰國推翻目前的泰國政府，並在泰國共產黨的領導下建立政權。新加坡必須努力應對最壞的結果……因此，新加坡不能妥協。」[37]

人們本來預期像新加坡這樣的小國，會「在對外政策上採取低調的方法」。然而，新加坡在柬埔寨問題上採取了非常「高調」的立場，如拉惹勒南所解釋的那樣，並非是因為這具有「誇張的影響蘇聯政策的能力」。實際上，拉惹勒南揶揄道，「新加坡說什麼……對蘇聯都毫無影響」，但是「只有高調立場的政策才能讓小國有可能對強大的國家產生影響」。如何實現？不是單獨行動，而是「公開大聲地表達出他們的擔憂……小國的集體聲音」，以讓新加坡能「對大國的政策產生影響」。事實上，在他一段令人難忘的演講中，拉惹勒南說：「即使是對歷史不感興趣的學生也會告訴你，那些溫順者不僅無法繼承任何東西，還往往早已從地球上消失。」[38]新加坡對俄羅斯於二〇二二年二月入侵烏克蘭的譴責，無論是在言辭還是行動上，都讓人聯想起四十年前對越南入侵的回應。透過對俄羅斯實施制裁——作為東南亞唯一這麼做的國家，新加坡並不幻想這樣能改變俄羅斯的行動，但這對新加坡來說卻很重要，因為這背後要表達的是，就像在一九八〇年代一樣，「不能接受一個國家無故攻擊另一個國家……毫無正當理由」。[39]

二〇〇八年，距離入侵柬埔寨已有三十年，成為了新加坡總統的納丹在新加坡外交部外交學院（MFA Diplomatic Academy）*首屆拉惹勒南講座中回憶說：「新加坡外交官如何與其他東協代表攜手合作，十年來在區域及國際論壇上共同領導對越南及其盟友立場的挑戰。」新加坡的許多職業大使，如許通美（Tommy Koh）、馬凱碩和托尼・席迪克（Tony Siddique）等人，以及高級外交部官員在這一時期都鍛鍊了他們的技能。用新加坡外交官巴里・德斯加（Barry Desker）的話來說，柬埔寨衝突是「一代外交官的核心問題，有助於建立強烈的團隊精神」。[40]納丹進一步回憶道：「在不結盟運動與聯合國大會上，我們和東協同仁的立場使我

* 譯注：原文無此機構，但經查證，此事件指的是該學院首屆講座。

們能夠將這個問題推動到『柬埔寨的巴黎會議』上，並幫助恢復柬埔寨的獨立。」[41]

研究新加坡外交政策的萊佛爾指出：「柬埔寨衝突……是東協的一個關鍵時期。這是東協取得與展示自己作為國際行為者的外交共同體之品質的重要時刻。同樣重要的是，新加坡在東協內不斷增強其在維護企業團結方面的積極外交作用，以挑戰越南對柬埔寨的軍事占領，以及由其軍隊的鐵蹄帶入金邊的政權合法性。」[42]

的確，在一九七九年一月十二日，越南入侵赤柬後不久，曼谷召開了一次特別的東協外交部長閉門會議。這次會議是由泰國總理克利安薩・差瑪南（Kriangsak Chomanan）所召集來討論越南的入侵，但是由新加坡外交部長拉惹勒南所發起。[43] 根據納丹的說法，這次會議事實上非常重要，因為「這不僅僅是關於東協對越南入侵柬埔寨的具體回應的問題，儘管這也很重要。這還標誌著新加坡外交部在反對占領方面進行更長時間的密集活動的開始」。[44] 新加坡外交官陳勝才（Tan Seng Chye，音譯）將之描述為「非常重要的會議」，因為正是在這次會議上，東協決定如何應對越南的占領。[45] 泰國對於是否與越南妥協存在不確定性。[46] 拉惹勒南鼓舞了他的東協同事。泰國人因此重視新加坡對於鼓勵國際支持並鼓舞所有東協成員繼續反對越南的支持。[47] 新加坡對越南持強硬態度，因為這對柬埔寨有一種「情感的親和力」，因為「柬埔寨的問題在未來可能會成為新加坡的問題」。[48]

柬埔寨問題的解決通常被視為東協外交上的一場勝利，但在一九七八年至一九九一年期間，這也是對東協團結的一次考驗。[49] 在這些年裡，東協內部雖然有普遍共識，但也有深刻的分歧。根據李光耀在一九八二年中期的說法，新加坡對於泰國的目標有百分之九十的共識。新加坡成功說服馬來西亞共享其約百分之八十的目標，印尼給予約百分之五十的支持，而菲律賓則給予約百分之五十五到六十的支持。[50] 隨著問題在未解決的情況下持續拖延，尤其是印尼和馬來西亞對泰國的僵化立場感到不耐煩，開始各自追求自己的倡議，這主要是由於對中國的擔憂所驅使。事實上，在一九八五年，吉隆坡和雅加達競相獲得各自倡議的支持。根據典型的東協方式，東協接受了印尼對越南的雙軌政策，一邊是嚴格的雙邊政策，另一邊則與東協政策一致。東協還同意，印尼在一九八四年以及馬來西亞在一九八五年可以在與越南的討論中充當東協的「對談者」（interlocutors）。印尼和泰國之間長期存在的分歧在一九八六年變得更加明顯，但正如馬凱碩所強調的那樣，不應該誇大東協內部的分歧。他在回應有人觀察到東協的眾多聲明而證明了該組織內存在分歧時，反駁說「不滿到處都有，甚至在河內也有。重要的是東協的官方立場保持不變」。[51] 正如維吉．梅農（Viji Menon）所解釋：「所有東協國家在柬埔寨問題上都有共同的目標：越南軍隊從柬埔寨撤出，柬埔寨人民自決。然而，對於應該如何解決這個問題存在著細微差異與重點的區別。要六個不同的國家完全同意一種方法是困難的。

必須考慮地緣政治、歷史、文化和其他因素的差異。然而，這些因素並未阻止東協的共同行動。」[52]

與其他東協成員一起行動，新加坡對柬埔寨問題的回應實際上展示了新加坡外交政策的兩個原則，如當時的外交部第二常任祕書考斯甘所描述：「我們可以，我們必須，我們確實與我們的鄰國合作。這是必然的。然而，我們必須邁向沒有幻想的合作。問題會不可避免地不時發生，關係也會有起伏，我們必須接受這一點並加以管理。我們應該以一定的心理平衡來看待事件，在事情好的時候不要變得狂喜或自滿，在事情不好的時候不要驚慌或沮喪。我們需要耐心、耐力、穩定的神經和遠見卓識，一步一步地處理事情，堅持基本原則……我們不可避免且永遠是東南亞的一部分，但我們也不能受到東南亞的限制或困境……我們必須始終超越我們的即時區域，保持與整個世界的聯繫。」[53]

柬埔寨事件還展示了新加坡對中國和美國這兩個地區以外最重要國家的態度。

東協國家（包括新加坡在內）與中國之間存在著根本差異。東協國家對北京持續支持該地區的共產黨，以及其對海外華人之特殊關係的態度感到不安，他們認為這是「危險的顛覆」。[54]對於東協來說，柬埔寨不應受到中國的影響與控制。[55]曼谷和北京的目標並不總是一致的。正如納丹所解釋那樣，與中國不同，東協的目標並不是羞辱越南。[56]新加坡從一開始就意識到，最終必須考慮到越南的利益。正如馬凱碩於一九八一年的一次談話中所指出：「新加坡不希望越南因流血至崩潰，進而淪為中國的附庸國。這對東協而言將比目前的情況更為災難性。」[57] 新加坡希望有一個強大、獨立和繁榮的越南。正如馬凱碩在另一次談話中所言，對越南的擔憂僅僅是由於其入侵赤柬，一旦河內撤回軍隊，越南將不再被視為威脅。[58]

中國於一九七九年二月十七日對越南發動襲擊，「給越南一個教訓」以報復其入侵赤柬。[59] 雖然東協國家認為不能讓越南逍遙法外，但出於與不支持越南入侵赤柬相同的原因，任何國家也不能正式支持中國的行動。[60] 納丹回憶說，在強烈反對越南入侵柬埔寨之後，東協國家在「接受」中國的入侵方面遇到了問題。東協「無法合理地支持」中國的行動。但幸運的是，中國軍隊在襲擊後一個月便撤退了，「因此東協免於受到牽連」。[61]

至於美國，新加坡相信美國是唯一對非共產陣營的援助能與蘇聯對越南或中國對赤柬的支持相匹敵的國家。[62] 新加坡希望達成一種協議，即中國支持赤柬（既成事實），而美國與東協支持非共產主義者。李光耀在一九八九年接受《紐約時報》採訪時表示：「我們會有一種模糊的理解，即當越南還在柬埔寨的時候，我們不應該互鬥。但結果是『中國收買了赤柬和非共產主義者』，而東協『投入支援非共產主義者，卻沒有一位更強大的支持者』。」[63]

人們在最初階段對於美國所起的作用幾乎沒抱有太多期望。美國尚未克服「越戰症候群」，美國官員不僅對非共產主義者的能力存疑，而且對東協能否堅持下去也持懷疑態度。儘管新加坡一再主張美國應該為增加泰國的選擇並減少曼谷對中國在其安全上的依賴而付出更多努力，但華府也不想讓美中關係更進一步複雜化。一般來說，卡特政府時期（一九七七年至一九八一年）對東南亞並沒有太多興趣。

一九八一年以後（在新的雷根政府時期），新加坡開始遊說增加美國對非共產主義者的援助。當務之急是啟動資金的流動，然後試圖獲得華府的承諾。在他們訪問美國首都期間，拉惹勒南和丹那巴南都向美國領導人與官員，強調了美國在柬埔寨建立可信的非共產主義力量所起的至關重要作用。[64] 在一九八一年六月與雷根總統的一次一對一會談中，李光耀告訴他，蘇聯一直在東南亞製造麻煩，而鄧小平的觀點是，中國不希望在其周圍有衛星國，並且準備接受柬埔寨在自由選舉中獲勝的任何黨派。根據李光耀的說法，這有助於贏得雷根的支持，後者「絕對反對越南和傀儡政權」。然而，與國務院東亞暨太平洋事務助理國務卿何志立（John Holdridge）於十一月的一次談話中，使李光耀得出結論，認為由河內支持的韓桑林（Heng Samrin）獲勝對於美國與中國都同樣不可接受。[65] 一九八一年十二月，雷根政府首次同意向非共產主義的高棉人提供「行政和財政宣傳及其他非致命援助」。然而，與美國對世界其他地區的援助相比，這筆金額微不足道。[66] 華府也不想直接提供援助。當民主柬埔寨聯合政府

（Coalition Government of Democratic Kampuchea）於一九八二年組建時，華府對此表示歡迎，但未予以承認。總的來說，華府在柬埔寨問題上一般持較為冷淡的態度。負責東南亞事務的美國國務院官員更傾向於對柬埔寨採取被動和最低限度的參與，以及低風險的政策。[67]

在一九八四年七月雅加達正舉行東協部長級會議間隙，美國國務卿喬治・舒茲（George Schultz）與外交部長丹那巴南進行會談，前者確認了美國對為非共產主義高棉抵抗運動提供非致命援助的承諾。[68]但美國的政策直到一九八五年才開始略微轉變。[69]雷根於一九八六年五月與蘇哈托總統訪問峇里島時重申了對東協的支持，這鼓舞了此前對於東協努力使柬埔寨擺脫越南占領的冷淡支持。[70]當他們於一九八六年六月二十七日在馬尼拉會面時，美國國務卿舒茲告訴丹那巴南，目前美國對柬埔寨的政策是向泰國提供廣泛的安全援助，以及向非共產主義抵抗運動（Non-communist Resistance）提供不超過百分之五十援助的支援計畫，東協應提供另外百分之五十。華府將繼續把柬埔寨問題交給東協管理。[71]一九八六年十月，新加坡駐美大使報告說，華府對於非共產主義抵抗運動本身並不投入，「而只將支持非共產主義抵抗運動作為支持東協的手段」。[72]

新加坡對越南—柬埔寨衝突的積極參與，正如時任外交部長黃根成（Wong Kan Seng）在二〇一一年所言，並不涉及新加坡與越南之間的關係。在解決柬埔寨問題後，雙邊關係很快得到改善。這是一個原則問題：「越南對柬埔寨的入侵顯然是對國際邊界的侵犯與對外侵略的行為，如果任由其自行發展，這將建立一個不良的國際關係先例。這是基於內部發展的外部干涉。」因此，新加坡「必須做出回應」，「否則會削弱我們的可信度，對我們的安全產生嚴重的影響」。[73] 這一直是新加坡的一貫立場。譬如當俄羅斯於二〇一四年吞併克里米亞並於二〇二二年入侵烏克蘭時，新加坡外交部宣布「新加坡反對任何國家或領土的吞併，因為這違反了《國際法》。我們還反對在任何藉口下對主權國家進行無端的入侵」。[74] 的確，新加坡是東南亞第一個公開對俄羅斯入侵表示明確擔憂的國家。[75]

在此還必須提及新加坡對印尼於一九七五年十二月入侵東帝汶的回應，這發生在越南入侵赤柬僅三年以前。已解密的英國檔案來源顯示，新加坡與印尼一樣擔心東帝汶可能成為蘇聯和中國共產主義者的操縱工具。據稱新加坡駐印尼大使告訴英國，李光耀給予蘇哈托「絕對的自主權」（carte blanche），因為「東協的團結是值得閉一隻眼的」。拉惹勒南雖然「認同印尼擔心東帝汶可能變得『像古巴一樣』」，但告誡蘇哈托要避免「公開的軍事干預」，因為這可能造成「外交上的困擾」。拉惹勒南認為「隱蔽的顛覆」與耐心將是一種更有效的方法。維基解密的電報顯示，新加坡外交部副祕書陳文成（Tan Boon Seng，音譯）解釋說棄權投票的決定是「在最高級別」所做出，其中有三個原因：新加坡基本上反對任何國家的武力干預，並認為在這種情況下不應該例外。強行併吞東帝汶，可能會為馬來西亞對汶萊，甚至是敵對新加坡的政權上台後，對新加坡採取同樣的行動提供先例。新加坡希望向印尼強調，不會支持「印尼外交的每一次變動和突如其來的轉折」。[76]

一九七五年聯合國有關印尼和東帝汶的投票中，新加坡的棄權「被印尼視為東協的一次重大背叛」，短暫影響了印尼與新加坡之間的關係。到了一九七七年，新加坡改為對印尼投支持票。[77]這一事件證明了拉惹勒南於一九六五年十二月十七日，在國會上關於新加坡外交政策的基本原則中所說的話：「在國家獨立的事實必須和國與國之間相互依賴的現實相平衡的世界中，追求國家利益不能是絕對的……因此，相互依賴不能只基於國家利益，而不考慮我們夥伴與朋友的國家利益。屆時將出現有些場合，是我們必須為國家的長期利益做出一些犧牲的。」[78]

IV 改善印、馬關係：馬哈地、蘇哈托訪新加坡

一般認為，柬埔寨問題是「東協成立以來最大的外交成功」。[79]這只能在五個東協成員國密切協作與協調的情況下實現。也許有人會認為，考慮到我們對新馬印三國關係的了解（參

見第一章和第二章），它們如想要好好合作，就會面臨很大的挑戰。實際上令人驚訝的是，如果我們看一下新加坡與其兩個最重要鄰國之間的關係，從一九六〇年代到一九九〇年代（第四章將會討論），我們可能會得出結論說，一九八〇年代可能是他們關係中最有前途的十年。在一九八一年七月接替胡先翁（Hussein Onn）成為馬來西亞首相的馬哈地（Mahathir Mohamad），於同年十二月訪問了新加坡。李光耀在歡迎馬來西亞首相的演講中表示，由於這兩個國家深深交織的過去，李光耀那一代人難以完全視自己與馬來西亞人不同。馬來西亞與新加坡花了接近十年，才建立起一種公平而不情緒化的相互對待方式，並開始更好地理解彼此的差異：「如果我們知道如何利用我們在各自領域享有的比較優勢來補足對方的經濟發展，這些差異是可以管理的，甚至可能帶來互惠互利，那麼我們將提升兩國人民的整體福祉。」[80]

這次訪問被描述為「碩果纍纍」。雙方就柔佛海峽的領海劃分達成了協議。馬哈地甚至對新加坡的經濟成功以及新加坡對馬來西亞經濟的貢獻表示讚揚。副首相慕沙希淡（Musa Hitam）於一九八三年二月訪問新加坡，雙方簽署了一系列合作協議。一九九〇年十一月二十七日，在李光耀卸任總理之前，雙方簽署了一份協議，解決了馬來西亞政府在新加坡擁有鐵路土地的問題。儘管雙邊關係仍存在問題，其中最明顯的是以色列總統哈伊姆・赫佐格（Chaim Herzog）於一九八六年十一月訪問新加坡，引起了馬來西亞的強烈抗議。[81] 另一個問題是國防部次長李顯龍（Lee Hsien Loong）在國會中，提及了馬來人在ＳＡＦ中的忠誠與愛國主義的敏感議題，導致馬來西亞人指控新加坡軍人在柔佛進行間諜活動。[82]

無論與鄰國之間的關係有多大改善，新加坡的思維方式都受到這樣一種觀點的影響，即在外交關係中，「你最好的朋友永遠不是你直接的鄰國」，這是李光耀多次重申的觀點。李光耀在有關「國際關係」的演講中宣稱：「不論你在哪裡，你的鄰居都不是你最好的朋友。這是因為……你鄰居的圍籬生長，侵犯了你花園的一部分，他的果樹枝條遮住了你的草坪，你的玫瑰得不到足夠的陽光，所以會發生很多事情。因此，正如其他國家的情況一樣，我們最好的朋友是那些離我們較遠的國家，我們可以與他們客觀地交談。」[83]於是，他認為對於馬來西亞，雙方應該忘掉感情，只管彼此做生意，因為「如果我們陷入感情、情緒、感受，就會有很多反感情緒……你會陷入真正的仇恨與憎恨的狂歡之中」。[84]

在新加坡與印尼關係方面，一九八〇年代也見證了重大的改進與合作，例如開發巴淡（Batam）與其他貿易相關的協議。[85]蘇哈托總統於一九八三年訪問了新加坡。新加坡於一九八五年開設了新的印尼大使館。新加坡三軍總長朱維良回憶說，印尼國民軍總司令般尼・摩達尼（Benny Murdani，任期為一九八三年至一九八八年）在與他的對話以及向淡馬錫學會（Temasek Society）公開表示，他不認為ＳＡＦ是一種威脅。相反，強大的ＳＡＦ對印尼有利，朱維良和摩達尼一起致力於加強軍事合作；錫亞布（Siabu）空中武器射擊場的開放就是一個例子。在朱維良的回憶中，摩達尼曾表示從雅加達到新加坡的距離，比從雅加達到印尼最遠地區的距離還要近。因此，在新加坡所發生的事情對雅加達的影響將比印尼其他地區的影響更大。摩達尼看到了SAF的專業發展，並認為向新加坡開放訓練區域也是印尼空軍向新加坡空軍學習的機會，雙方都會從中受益。[86] 新加坡與印尼之間的關係，特別是在蘇哈托統治下的印尼，可以用新加坡前駐印尼大使德斯加的一篇文章標題來概括：〈李光耀與蘇哈托：友誼天長地久〉（Lee Kuan Yew and Suharto: Friends Till the End）。[87]

V 李顯龍：〈小國的安全選擇〉

我們先前已經指出，有兩篇演講對於理解新加坡大戰略至關重要：李光耀總理於一九六六年六月十五日的〈亞洲水域中的大小魚〉演講，以及國防部長吳慶瑞於一九七一年十一月十九日的〈何種戰爭？〉演講。為了總結本章，這可能是引入第三篇重要演講的適當時機，那就是李顯龍於一九八四年十月十六日，以國防部政治祕書的身分在新加坡國際事務研究所（Singapore Institute of International Affairs）進行的演講。李顯龍在該年從軍隊退役並步入政界。在其新加坡國際事務研究所演講的一個多月前，有消息稱他將成為即將舉行的大選中，人民行動黨的候選人之一。他隨後於十二月的新加坡大選中當選為國會議員，並於二〇〇四年八月升任新加坡總理。

該演講以〈小國的安全選擇〉（Security Options for Small States）為題，[88] 提出了以下兩個關鍵觀點：

1. 國際關係類似於叢林法則，「在國際叢林中，正義和公義是激勵人心的概念，但是在操作上是無效的。這場遊戲是為了生存，賭注是生與死」；
2. 像是新加坡的小國有「無法忽視」的「殘疾」，例如在經濟上不能自給自足；在軍事上，通常人數較少，而且缺乏戰略深度，「他們的前線也將是他們的後方」；在政治上由於人才儲備較小，相對更難長期保持高素質的領導層。

總的來說，小國面臨「賭徒破產」（gambler's ruin）的危險，這是一個「計算具有固定初始資本的賭徒在賭場上能夠持續多久，以及他破產的機會有多大」的數學問題。破產往往就是結果。然而，年輕的李顯龍在演講中想要傳達的訊息是：「然而，還有希望」，小國的命運與未來「既非宿命，也非淒涼」。那些擁有「意志和智慧」的國家將生存下來。像現實叢林中的小動物一樣，小國可以在「國際叢林」中生存與茁壯成長。李顯龍的「叢林」比喻呼應了李光耀的「大魚吃小魚」的比喻。

關鍵問題是要如何實現？在他看來，生存的代價是「永恆的警覺」，但有警覺是不夠的。小國應該應用四組戰略來確保其安全「發展」，他將其定義為「國家內部的強化，建立穩定和凝聚的社會，建立社會聯繫，促進經濟成長，強化政治機構」；「外交」，即「國家與國際體系中與其他國家的所有關係的總和」；「威懾」與「國防」，因為「外交不能替代實力」，「相信和平的外交手段可以取代不道德的軍事手段是追逐幻想」。

這些戰略「並非互不相容，生存之道在於盡可能多地採用這些戰略」。然而，李顯龍在演講中花了很多篇幅來擴展對最後一個戰略的解釋。可信的威懾必須建立在可行的防衛基礎上，這意味著擁有「強大的武裝力量」：「無論威脅有多麼嚴重，國家面臨的選擇永遠不應該是自取滅亡或投降」。人不應該提前讓步，因為這樣做「等於自找麻煩。相反，如果展現出願意付出的態度，或許另一方將永遠無需真正付出。有時候保持不可預測是理性的」。希望不被攻擊的小國必須讓侵略者付出高昂的代價，表明「小國重視自己的自由，勝過屈從於侵略者」。如果一個小國必須戰鬥，那應該為勝利而戰，但這並非指要去「推翻敵人，將他們從地圖上抹去的意義上進行戰鬥」，而是「可以在戰鬥中擊敗侵略者的軍隊，從而捍衛其邊界的完整性，迫使對方達成有利的和平」。最後，小國必須學會進步地運用「知識、科技」和「戰爭藝術」。

有個微妙的變化值得留意。隨著SAF的改進，到了一九八〇年代中期，「毒蝦」威懾戰略的「宿命論」被一個新的比喻所取代，那就是「豪豬」，用何樹煌與陳靈偉的話來說，這是「一種如果不被干擾便無害的生物」，但他能「對侵略者造成傷害，並且能在攻擊中存活下來」。[89]

第四章

新加坡進入後冷戰時代——吳作棟時代（一九九〇年——二〇〇四年）

新加坡正在轉變為全球都市，世界就是其腹地。

——拉惹勒南（S. Rajaratnam）

I 全球化經濟的開始

本章記述了一九九〇年至二〇〇四年期間，吳作棟擔任新加坡總理時期的大戰略。焦點主要放在新加坡戰略的經濟—安全關係上。這一章還討論了新加坡與兩組最重要關係的國家的發展：美國和中國，馬來西亞和印尼。

到了一九八〇年代末，除了李光耀以外，構思和制定新加坡大戰略的領導人都已經離開了政治舞台。吳慶瑞和拉惹勒南在本書的前三章中占據重要地位，他們分別於一九八五年和一九八八年從積極政治生涯中退休。李光耀於一九九〇年十一月卸任總理一職，並擔任總理公署高級部長的職務。他的繼任者是吳作棟，當時年僅四十九歲，比李光耀年輕十八歲。正如何啟良（Ho Khai Leong）所評論：「關於新加坡兩代的領導人，首先要注意的是，李光耀與吳作棟上任時所處的環境大相徑庭。李光耀在一九五〇年代末與一九六〇年代初在任時，當務之急是要建立一個新的國家，這個國家在過去一百年裡一直被一個衰落的帝國所統治，以能與幾個強大的親共勢力爭奪合法性，同時要確保國家在英國殖民政權離開後的存續，並要在一個充斥著敵對和猜忌的地區中維持這個島國的競爭力。」吳作棟則「從李光耀那裡繼承了一個即將成為一流國家，亦即發達國家的國度，他將在世界進入後冷戰時期的同時成為總理」。[1] 因此，冷戰是前三章的背景，而這一章涉及一九九〇年至二〇〇四年吳作棟擔任總理的時期，與後冷戰時代的第一個十年重疊。

後冷戰時期最顯著的特徵之一是全球化。[2]當然，全球化並不是在一九九〇年才開始的，但「冷戰的結束推動了這種經濟相互依存的前進」。[3]在後冷戰時代，安全繫於貿易關係的理念成為了共識。儘管在我寫作時，這一觀點正備受質疑，但對於新加坡而言仍然是成立的。這是新加坡領導層（從第一代到現在）十分重視的觀點。正如李光耀在新加坡獨立後第一百天所說：「外交政策必須設計為確保新加坡生存與繁榮的最可靠保障」；簡言之，「貿易和工業」與「國防和安全」一樣重要。[4]他在二〇一一年重申了這一點：「沒有強大的經濟，就不可能有強大的國防。」[5]我們回想一下第三章中吳慶瑞那簡短的言論：「除非你有經濟成長，否則你會死。」因此，我們現在轉向新加坡大戰略中的經濟主題。當吳作棟於一九九〇年底成為總理時，新加坡的經濟「已經達至相對先進的階段，並準備好進一步成長」。[6]

II 以成為全球金融中心為目標

在此有必要先提供一些背景，以便將新加坡於一九九〇年後的經濟—安全戰略置於適當的背景中。正如在第一章末所提及的，在一九六七年曾提交給英國內閣的一份關於〈擬議之兵力裁減在政治、軍事與經濟方面之影響〉的報告中，有一節聚焦討論了新加坡的問題，該節內容與本書目前的討論相關。該研究指出新加坡「沒有重要的自然資源」，還指出「迄今為止，新加坡那按照亞洲標準毋庸置疑的繁榮，是有賴於其作為大部分馬來西亞國際貿易中轉站的地位；與印尼和東南亞其他國家之間的中轉貿易；以及英國基地的存在」。然而自分離以來，新加坡作為馬來西亞中轉站的未來變得「非常不確定」。例如，吉隆坡「對與新加坡建立共同市場沒有興趣」。由於印馬對抗，新加坡還「幾乎」失去了與印尼之間的整個中轉貿易，這「尚未恢復，也不清楚是否能夠恢復到以前的水準」。該報告進一步指出，開拓新加坡製造的產品市場，是不可能足以支撐一個有活力的經濟。一些「意想不到的發展」可能會改變新加坡的經濟前景，譬如與馬來西亞之間的和解與印尼經濟的迅速恢復，而這兩者的可能性都不大。因此，報告的作者得出結論，認為儘管近年來的成長率令人印象深刻，「但基本趨勢並不樂觀，使人對新加坡是否能在長期內，即便不考慮英國基地撤離的問題，也能維持現有生活水準的經濟可行性產生懷疑」。新加坡面臨的經濟問題因「勞動人口的快速成長以及已經很高的失業率」而變得更為複雜。報告總結說，如果不採取糾正措施，甚至在英國軍隊完全撤離以前，該國就可能出現經濟、社會與政治混亂。[7]

吳慶瑞於一九六七年一次演講中提出了類似的觀點。根據他的說法，亞洲城市有一個「至關重要的作用」，那就是「在其獨立的國家政府下，將自己轉變為動態的現代化進程的搶灘，以轉變鄉村」。但新加坡是一個「完全不典型的亞洲城市」，「原因很簡單……新加坡的腹地位於其他國家的城市，而不是在新加坡共和國的領土範圍之內」，新加坡因而無法承擔其經濟腹地人口現代化的作用。因此，「我們所做的就是對鄰國奉行睦鄰政策，並盡可能滿足他們的願望，繼續透過貿易關係、金融、保險、航運、通訊、銀行與發展資本等方式提供高效能服務」。然而，他指出，「如果這些政府希望並願意為自己提供服務而付出代價」，「解僱新加坡的服務也是『在他們的權利範圍之內』」，新加坡將對此束手無策。[8] 的確，在吳作棟擔任總理的年代（一九九〇年至二〇〇四年），新加坡當時目睹了其在該地區的競爭地位「被侵蝕」，因為鄰國，特別是馬來西亞，開始與新加坡更直接地競爭，正如吳慶瑞所預測的那樣。[9]

我們從第二章回顧，新加坡對東協的主要興趣在於其經濟潛力，即東協的「共同市場」。李光耀試圖強調這一點。根據馬來西亞外交部助理副部長賓．哈侖（Ben Harun）的說法：「自由貿易區在未來很長一段時間都不在考慮之內，但談論經濟事務的習慣是一個很好的開端。」李光耀在一九七七年第二次東協峰會上再次爭取對經濟合作與東協內部自由貿易的更堅定承諾，也取得了很大的成功。直到十五年後的一九九二年才在第四次東協峰會上達成一項協議，建立東協自由貿易區（ASEAN Free Trade Area），新加坡在幕後努力使這一切成為現實。吳作棟成功說服了當時的泰國總理阿南·班雅拉春（Anand Panyarachun）「支持該提案」。[10]快進到二〇一五年，東協經濟共同體（ASEAN Economic Community）成立，[11]正如石川幸一所觀察，「東協經濟一體化的評價褒貶不一」。[12]

鑑於經濟對於新加坡的安全至關重要，在新加坡大戰略中成為一個重要面向並不足為奇。上文提及吳慶瑞在一九六七年的同一篇演講中曾表示，儘管新加坡「將盡一切可能保留」與其腹地的貿易聯繫，但新加坡「應該謹慎地試圖擴大」其對外經濟關係，方法是「試圖為鄰近地區以外的國家提供服務與商品」。吳慶瑞不認為「東南亞共同市場」在「可預見的將來會是實際的建議」。[13]鑑於上述新加坡的局限性，吳慶瑞提出了四點指導性意見：

1. 新加坡的工業成長必須主要依賴發達國家市場來規劃；
2. 鄰國的經濟成長對新加坡的經濟有利，因此「在新加坡能夠協助成長的範疇內，應該要這麼做」；
3. 新加坡應該在政府間的非經濟領域進行「更大的努力」；

4. 新加坡人「必須更多地了解」鄰國（吳慶瑞觀察到新加坡人在很大程度上「對外部的看法非常狹隘」，因為他們對東南亞「極其豐富與多樣性的文化習俗、歷史和生活方式知之甚少」，對於去進一步了解也沒有多少興趣）。[14]

儘管表達方式不同，吳慶瑞的四點建議同樣也出現在拉惹勒南的演講中。在新加坡獨立後一年的國慶日演講中，拉惹勒南將新加坡描述為「一個擁擠的島嶼，沒有自己的自然資源」，新加坡的繁榮和幸福主要取決於「我們能夠與其他國家進行貿易並提供服務」。這意味著新加坡的經濟健康取決於其鄰國的經濟健康。簡言之，新加坡無法「單獨決定性地影響與其經濟狀態相關的所有因素」。因此，新加坡人需要「培養起」關於政治和經濟的「新態度」，因為該國的政治與經濟未來將「受到該地區及其他地區發展的影響」，因此新加坡人必須「擺脫以新加坡為世界的習慣」，他們必須對新加坡以外的事件，特別是東南亞地區的事件變得更加敏感。在新加坡的國家利益中，對於「促進該地區的和平、進步與繁榮的任何措施」都是至關重要的。東南亞地區變得愈是繁榮與和平，新加坡的和平與繁榮前景就愈大；簡言之，新加坡人「負擔不起只單獨考慮新加坡的利益」。[15]

在前三章中，我們凸顯了三篇對於理解新加坡大戰略相當重要的演講。第四篇必須是拉惹勒南於一九七二年所發表的演講，題為〈新加坡：全球都市〉（Singapore: Global City），該演講有意專注於經濟層面。[16] 拉惹勒南在演講中提出了一個問題：「為什麼獨立的新加坡還沒有崩潰呢？」畢竟，傳統的觀點一直認為：「一個小城邦，沒有自然的腹地，沒有國內市場，也沒有值得一提的原材料，幾乎沒有政治、經濟或軍事生存的機會。」他的回答是，新加坡正在轉變為「全球都市」。拉惹勒南像他的同事吳慶瑞一樣，預料到新加坡無法依賴中轉貿易來生存，因為其鄰國「自己就接管了大部分的貿易」。如果接受這樣一個觀點，即新加坡的繁榮是其鄰國未能實現充分經濟潛力的結果，「當他們這樣做時，他們將不再需要新加坡一直以來提供的服務。那將是新加坡的結局」。但在其分析中，「如果我們將新加坡的未來視為一個全球都市，那麼腹地的狹小、原材料的缺乏和大規模的國內市場並不是致命或不可逾越的障礙」。對於一個全球都市來說，藉著現代技術的助力，「世界就是其腹地」。拉惹勒南隨後列舉了一系列新加坡可能成為或參與的例子，包括國際海上和空中通訊與國際金融中心網絡，與國際和跨國公司建立聯繫，融入國際化的生產鏈。儘管全球化存在風險，「新加坡必須為承擔這些風險做好準備，因為不參與全球經濟體系的替代方案對於小型新加坡而言是死路一條」。拉惹勒南強烈主張全球化的必要性及其現實，他表示：「今天只有經濟上最原始的國家才能使自己免受國際經濟的影響。」[17] 這一現實包括「國際貿易的自由流動和公平競爭」以及「國家之間的相互依賴」，[18] 而這也是李光耀所提倡的。

在此，我們不妨先暫停，去關注一下新加坡向全球金融中心及樞紐的轉變。在獨立後的「擔憂與不安」感推動政府採取了許多政策以促進經濟發展，以確保新加坡的生存，而其中一個關鍵舉措是「打造金融服務中心作為成長的引擎」。[19] 此外，正如李光耀經常所說，諸如新加坡的小國必須使自己變得有意義與有用，以便「其他國家對我們作為一個主權和獨立國家的持續生存與繁榮感興趣」。[20] 正如胡君傑（J. J. Woo）所觀察，「一組特定的城市，其中大多數擁有成功的國際金融中心（International Financial Centres），已經崛起成為全球經濟中的重要節點……這些『全球都市』實際上是全球經濟的『指揮中心』，因為他們在促進全球經濟交易方面，以及在生產與市場的空間組織和銜接方面充當『基點』而發揮作用」。[21]

新加坡作為金融中心的開端可追溯到殖民時期，其中轉貿易與航運活動促使新加坡形成金融服務業。但只有隨著新加坡的獨立，其作為全球金融中心的發展才能「以更有系統的方式進行，政府積極採取措施在新加坡建立金融服務行業」。胡君傑確定了以下五個階段：一九六〇年代（起步）、一九七〇年代（成長與擴張）、一九八〇年代（國際化與整合）、一九九〇年代（自由化與整合）和二〇〇〇年代（多樣化）。顯然，在一九九七年亞洲金融危機之前，李光耀就開始了新加坡金融部門的改革動力（「以採用更加透明與負責任的監管方式」），以使其更具有「國際競爭力」。在副總理李顯龍的指導下，新加坡金融管理局（Monetary Authority of Singapore）主導了這一項審查。[22] 獨立六十年以來，新加坡被國際公認為全球領先的金融中心，這種「由國家主導與發展驅動的方法」仍在持續，並且預計不會改變。[23]

馬努．巴斯卡蘭（Manu Bhaskaran）曾回憶，李光耀「確定了突破性經濟政策的總體方向與框架」，並且在一九八〇年代末「鼓勵新加坡經濟的第二翼（又稱外部經濟）方面有先見之明，當時他意識到隨著經濟的成熟，新加坡將需要跳出其領土限制以尋找成長的機會」。巴斯卡蘭還指出李光耀的一項「標誌性成就」，就是「一九九〇年代末金融自由化的推動」，這使得新加坡成為全球金融中心。[24]

一九八七年，李光耀曾指出「世界兩極化的趨勢以及大國受意識形態影響的動機正在減弱」，他聲稱：「簡言之，我們已經進入了一個非常不同的世界。」在這種情況下，歷史上並沒有「如何維持和平穩定，以及確保能在一百六十個國家組成的世界中合作的先例；且在即時通訊與快速移動的時代，隨著科技呈指數性成長」，使「情況變得更為複雜」。李光耀採納了多邊合作的想法：「在一個唇齒相依的世界中，兩大陣營領袖相對主導地位的下降增加了世界多極化的可能性，並隨之也增加了多邊合作的難度。」多邊合作是「發展的關鍵」，「人民對更好生活的寄望是取決於世界的和平、穩定與經濟發展，我們需要避免或解決區域戰爭與衝突，需要國際與區域經濟的合作……當然，無論是發達國家還是發展中國家，都能在沒有彼此的情況下存續，但要成長、茁壯與繁榮，我們需要互相合作」。[25]

李光耀於一九八九年重申了上述兩個觀點，當時自二戰以來的共產主義與非共產主義陣營之間的對抗很明顯已結束，然而他警告說：「大國之間在多極世界中爭奪對世界的影響與權力的競爭將繼續進行。這一向如此，無論是在中國的三國時期還是在日本的戰國時期。大國希望透過變得更大來確保其至高無上，而小國則試圖透過彼此之間的結盟來阻止大國，使其變小。」國家之間的競爭有可能會集中在經濟上。[26] 當李光耀於一九八九年十月大英國協政府首長會議（Commonwealth Heads of Government Meeting）上演講，當時距離柏林圍牆的即將倒塌僅有幾週，他觀察到「隨著主要大國之間的平衡發生變化，世界上的其他國家幾乎沒有選擇，只能進行調整；但並非所有這些發展都是不利的。在東西方、南北方都有強烈的願望，集中精力與資源於經濟發展，以及抑制軍費支出。這可能會引向一個透過多邊機構來實現全球國際合作的時代」。[27]

吳作棟的經濟政策與倡議可以理解為李光耀—拉惹勒南—吳慶瑞這三人的世界觀與大戰略的延續。一九八九年十二月，時任第一副總理的吳作棟提出了新加坡—柔佛—廖內（簡稱SIJORI）成長三角的概念，旨在透過結合「新加坡的管理專業、資本、科技和基礎設施，與柔佛和廖內的豐富勞動力、土地和自然資源」，來加強「區域聯繫並優化三個相鄰地區的互補性」。[28]廖內群島是離新加坡最近的印尼省份。用歷史學家柯宗元（Kwa Chong Guan）的話來說，新加坡與柔佛「有著緊密相連的歷史」。[29]隨著愈來愈多馬來西亞與印尼的州屬加入，SIJORI於一九九四年十二月被重新命名並正式成立為印尼—馬來西亞—新加坡成長三角（簡稱IMS-GT）。[30]巴斯卡蘭回憶說，在一九八〇年代末，李光耀在印尼廖內群島推動經濟一體化，但在與馬來西亞的合作上並不成功，因為兩國之間仍然存在著分離的歷史遺產。[31]根據柯宗元的說法，柔佛蘇丹在十八世紀時期決定遷都至民丹島（Bintan）以後，新加坡作為柔佛河流域門戶港口的功能隨之衰退。因此，新加坡與柔佛之間的歷史聯繫就此結束，直至萊佛士（Raffles）與東姑胡先（Tengku Hussein）[*]啟動新一輪的歷史週期。新加坡再次成為柔佛—廖內馬來世界的首選貿易港口，直到一九六〇年代。吳作棟所提議的新加坡—柔佛—廖內成長三角，在某種程度上不僅恢復了新加坡與柔佛之間的聯繫，還與廖內群島建立了聯繫，事實上重建了舊柔佛蘇丹的經濟世界。[32]

亞太經濟合作會議（Asia-Pacific Economic Cooperation，簡稱APEC）論壇的成立最初，是由澳洲總理霍克（Bob Hawke）於一九八九年一月首次提出，當時於同年十一月由十二個國家組成非正式部長級對話組的基礎，成為冷戰結束後區域經濟日益相互依賴的重要表現。

APEC作為一個機構於一九九三年正式成立。新加坡是「東協內澳洲最堅定的支持者」。[33] 麥克・因塔爾・馬格卡米特（Michael Intal Magcamit）指出：「在APEC的監督下，安全與貿易之間的聯結強調了成員國在減少地區衝突的可能性方面健康與動態的關係。APEC社群的建構主義願景，主要根植於對透過相互依存而實現的利益與和諧的信仰。」[34]

在一九九三年一月八日的一次演講中，時任高級部長的李光耀談到了新加坡發展外部經濟的需要，給予其經濟「外部提振」的「第二翼」，就像其他成功的成熟經濟體一樣。[35] 自演講以來，阿倫・馬西茲南（Arun Mahizhnan）在隨後一年指出：「外部經濟的發展已經成為新加坡的一項主要工作。」[36] 李光耀的演講回應並贊成了新加坡政府於一九九一年發布的題為〈戰略經濟計劃：邁向發達國家〉（The Strategic Economic Plan: Towards a Developed Nation）的報告，該報告呼籲「缺乏腹地的新加坡人將整個世界視為其腹地……新加坡需要走向全球化」。這份報告將全球化視為一系列同心圓：「新加坡作為一個國家、地區、外圍世界，最後是外環內的全球經濟。」[37]

吳作棟政府因此督導了新加坡「第二翼」的發展。新加坡成為「與世界其他地方簽署自由

＊譯注：經查核一般的全稱為 Sultan Hussain Shah，東姑 Tengku 為馬來王族頭銜。

貿易協定的領先者」。[38] 在亞洲金融危機（一九九七年）爆發後，新加坡將自由貿易協定視為應對此類危機的解藥和確保新加坡經濟生存的解決方案。其第一個雙邊自由貿易協定是與紐西蘭簽署，於二〇〇一年一月一日生效。正如巴斯卡蘭所解釋，「雙邊協議的網絡」將「透過擴大國家與其他大型經濟體之間的連通性與接觸，增強新加坡的區域樞紐地位」。鑑於新加坡是世界上最依賴貿易的國家之一，這些協議還將為「可能崩潰的多邊貿易秩序」提供「一些保險」。[39] 值得注意的是，世界貿易組織（WTO）自一九九五年成立以來都未能達成任何重大貿易協議，WTO在經過十四年的談判以後，事實上結束了二〇〇一年所開始的多哈會談（Doha Talks）。[40] 在馬格卡米特的分析中：「對於新加坡這樣小而實際的國家，其生存手段是透過持續的經濟成長與自由貿易來實現進步。」這解釋了新加坡政府持續強調「強大的貿易表現作為國家安全關鍵」的原因。因此，貿易「作為一種防禦升級的機制，增強與保護新加坡在國際政治中長期的生存能力」。[41]

許通美描述吳作棟為新加坡自由貿易區（Free Trade Area，簡稱FTA）政策的「建築師」，有助於「超越新加坡小規模的限制」。[42] 到二〇〇四年八月，吳作棟卸任總理之際，新加坡已經與日本、澳洲、歐洲自由貿易區（European Free Trade Area，簡稱EFTA）[43]、約旦（與中東國家的第一次），以及最重要的是與美國簽署了自由貿易協定。其中最經常提到的故事之一，就是吳作棟如何在一九九四年麥克・費爾（Michael Fay）鞭刑案（本章稍後會論及）後克服美國官員所提出的官僚障礙。透過一九九七年十一月在溫哥華舉行的亞太經濟合作會議期間所進行的「高爾夫外交」，吳作棟成功地首次與柯林頓總統會面，就在專屬的桑拿斯（Shaughnessy）高爾夫球場上，為二〇〇三年五月簽署的《美國—新加坡自由貿易協定》鋪好了道路。儘管該協定最終由小布希（George W. Bush）總統簽署，但這個想法是由吳作棟提出，並於柯林頓的兩個任期即將結束時由他所同意。正如白勝暉（Peh Shing Huei）在吳作棟授權的傳記中所指出那樣：「新加坡最想要與之合作的夥伴是美國，這將對其他國家產生重大的示範效應，並能極大地提高新加坡獲得更多FTA的機會。」[44]

除了商業與經濟之外，FTA還有另一個面向，並意味著不僅僅是「消除參與國之間的關稅（與數量限制）的經濟一體化」。[45] FTA還可以作為「解決安全問題的工具，即合作外交、安全聯盟、競爭雙邊主義與避免孤立」。[46] 雖然我們在此的敘述已超前，但值得注意的是，這就是新加坡極力但未能說服華府批准於二〇一六年簽署的《跨太平洋夥伴協定》（Trans-Pacific Partnership，簡稱TPP）的原因。正如李顯龍在當年對美國《時代》雜誌的一次訪問中所言，「TPP不僅是一項貿易協定」，[47] 但是美國總統川普（Donald Trump）於二〇一七年一月退出了TPP。

就新加坡而言，領導層「將國家的安全需求植入其FTA的議程中，以有效地遏制對其作為主權國家生存之威脅的可能性」。[48]其中一個例子是與美國簽署的協議，那是「兩國之間利益交錯，試圖在其貿易關係中植入安全因素的產物」。[49]馬格卡米特警告說，新加坡為了克服因地理制約所引起的多層面安全複合體而進行的「聯結企圖」，可以導致諸如「未能在該地區平衡美國、中國與日本之間相互矛盾的利益」的失敗。聯結可以成為一把「雙刃劍」，因為「聯結為所指對象所提供的每一種額外安全，都會在其他所指對象上反映出相應的不安全」。馬格卡米特認為，諸如新加坡那樣採用與實施安全—貿易聯結戰略（Security-Trade Linking Strategy）的國家，「實際上是在進行安全交易，因為聯結所創造的每一種安全上的增強都會產生相應的不安全」。因此，他總結說：「新加坡保護其國防空間的目標，可能會導致其未能有效地平衡與調解其超級大國合作夥伴之間的相互矛盾的利益。」[50]這無疑是值得思考的問題，我們將在下一章中回到這一問題之上。

但就目前的脈絡而言，正如吳作棟的傳記作者白勝暉所指出，吳作棟於一九九〇年至二〇〇四年擔任總理期間，「不僅透過自由貿易協定與海外投資，以其『第二翼』戰略擴大了新加坡的國際空間，還透過諸如亞歐會議（Asia-Europe Meeting）、亞洲與中東對話（Asia-Middle East Dialogue）等多方面的多邊創舉，鞏固了這個城邦的全球地位。如果李光耀引起了世界的注意，那麼吳作棟確保新加坡在相當長的一段時間內都不會被遺忘或忽視」。[51] 張嘉松（Alan Chong）指出，亞歐會議、東亞－拉丁美洲合作論壇（Forum of East Asia-Latin America Cooperation）以及亞洲與中東對話是「吳作棟透過外交友善建立存在感的戰略最具雄心的延伸」。[52] 這呼應了拉惹勒南的建議，即新加坡應該始終努力交更多的朋友，如果可能的話，不要招惹敵人。根據張嘉松的觀點，吳作棟的倡議一方面可解釋為「李光耀－拉惹勒南外交政策團隊在一九六五年所制定的路線圖可預測的延伸，即這個資源匱乏的共和國只有透過向外定向才能生存」。同時，這些倡議還反映了吳作棟將「其熱忱的民族主義與開放、和平之社會契約的熱忱理想主義連接起來，並與新生的全球概念結合在一起」，而這是不能簡單地被歸類為「強權政治」。[53]

III 推動小國之間促成多邊合作

新加坡大力並持續提倡的多邊合作並不限於經濟領域。在冷戰結束之際，李光耀還提倡加強多邊機構，首先是聯合國及其機構。然而，李光耀知道新加坡無法改變聯合國。在一九八〇年代末，他認為新加坡需要在聯合國內擁有一個「在我們關切的問題上與我們分享共識的友好群體」。這促成了一九九二年在聯合國成立的小國論壇（Forum of Small States，簡稱FOSS）。正如周泰蘇（Chew Tai Soo）所指出，「小國論壇的形成源於一個簡單的觀察，即聯合國的多數成員都是小國，他們由於缺乏『戰略影響力』而往往處於不利位置」。[54]根據賈古瑪（S. Jayakumar）的說法，小國論壇多年以來已發展成為一個「有用的論壇，從小國視角討論共同關心的問題」，在聯合國中已經變得如此著名與備受尊敬，以致於競逐重要職位的候選人已請求新加坡常駐代表（負責領導小國論壇）召開小國論壇會議以拉攏他們的支持。這項由新加坡倡導的計畫，自成立以來，新加坡一直擔任小國論壇主席國。前聯合國副祕書長諾琳．海澤（Noeleen Heyzer）指出，新加坡理解「作為一個小城邦的重要性」，「聯合國等國際組織為小國提供了一個建立朋友圈與擴大外交地緣政治空間的平台，從而保護了新加坡」。[55]李顯龍相信，像新加坡這樣的小國，儘管對大國的影響力有限，但並非完全沒有代理權，因為「有很多機會讓較小的國家共同努力以加深經濟合作，加強區域一體化，以及建立多邊機構」。[56]

在他卸任總理一職之前後一段時間內，李光耀對冷戰結束與一九九一年蘇聯解體後的世界所面臨的戰略問題進行了評估。他將一九九〇年代視為新地緣政治局勢的脈絡，為亞洲國家帶來了新的挑戰與危險，他強調需要一種新的權力平衡，但這種平衡是基於經濟實力而非軍事事實力。他還預見隨著中國在經濟上不可避免地崛起，然後是印度的崛起，全球平衡將轉向亞太地區。李光耀認為，歷史上從未有過一個「如此有利的時刻」，使工業民主國家能夠塑造一個體系（與之伴隨的是必要的機構），讓所有國家在合作與競爭中發展。[57] 最後但同樣重要的是，他強調了美國需要維持其在該地區作為制衡力量的存在。

一個早期的例子是東協區域論壇（ASEAN Regional Forum，簡稱ARF）的形成。ARF於一九九三年在新加坡開幕，一九九四年七月正式在曼谷啟動。儘管該論壇是日本的想法，但東協從一開始就是主導力量。東協在建立ARF方面發揮了領導作用，其目標是促進「安全事務的多邊對話」。[58] 新加坡透過提供ARF結構、作用和成員的兩份重要文件的初稿，在一九九五年和一九九六年的論壇會議上被採納，發揮了一種「悄悄推動」的作用。[59]

時任新加坡外交部常任祕書的何學淵回憶說，ARF的創建「並非命中注定」，且在冷戰時期是「無法想像的」。[60] 冷戰的結束為安全局勢帶來了銳變。隨著蘇聯的崩潰，美國崛起為唯一的超級大國。東協國家對華府是否還會繼續參與該地區事務充滿不確定感。自從越戰結束以來，華府的興趣就一直在減弱。到一九九〇年代初，美軍已經撤離了菲律賓的克拉克空軍基地（Clark Air Base）與蘇比克灣（Subic Bay）。與此同時，中國逐漸崛起成為全球經濟大國。

根據何學淵的看法，這種「不確定感」激發了對「亞太地區的政治與安全框架進行深刻思考」。他透露在後冷戰時代早期，澳洲、加拿大與日本等國提出的想法都遭到了阻礙，因為主要大國的美國與中國，對由其他國家或盟友創建的任何框架都感到不安。東協也認為，外部各方的中立性不足以領導這一計畫。因此，東協幾乎是出於默許地被認為是中立的（其成員感到「有必要加強亞太地區內的聯繫網絡與建立一種可預測且有建設性的關係模式」），因此起著主導的作用。正如何學淵所言：「ARF可以被描述為近二十年以來穩健的東協外交的結晶」，始於一九七〇年代引進了與外部大國的「對話夥伴關係」。[61] 一九九三年，中國與俄羅斯成為東協部長會議的常客，而寮國、柬埔寨與ARF的建立同步成為了東協的觀察員。

新加坡也在一九九五年將印度的地位升級為東協的全面對話夥伴，以及一九九六年讓印度成為ARF的成員中起著關鍵作用。在一九七〇年代與一九八〇年代冷戰後期，新加坡與印度站在不同的陣營。由於新德里支持蘇聯與越南占領柬埔寨，東協與印度之間的關係因而變得緊張。然而在一九八七年，新德里對柬埔寨問題的態度開始傾向於支持東協解決將近十年的柬埔寨問題的非正式倡議。同為大英國協成員的新加坡與印度之間的雙邊關係，也在李光耀首次與甘地夫人（Indira Gandhi）的兒子兼繼任者拉吉夫・甘地（Rajiv Gandhi），在一九八八年三月取得聯繫而開始慢慢改善。在吳作棟與印度總理拉奧（Narasimha Rao）於一九九二年九月的不結盟運動峰會（Non-Aligned Movement Summit）上會面後，雙邊關係進一步得到加強。一九九四年九月，拉奧訪問新加坡，並首次提出了印度的「東望政策」（Look East Policy），該政策後來由其繼任者繼續實施。新加坡「一貫倡導與積極支持印度與該地區的接觸」，並在幫助印度重新與之接觸方面發揮了關鍵作用。二〇〇二年，新加坡與印度同意推動全面經濟夥伴關係。後來由吳作棟的繼任者李顯龍於二〇〇五年六月簽署了一項自由貿易區（簡稱ＦＴＡ）的協議，即《印度－新加坡綜合經濟合作協議》（Comprehensive Economic Cooperation Agreement），新加坡與印度之間還有緊密的防務關係，兩國於二〇〇三年十月簽署了防務合作協議（Defence Cooperation Agreement）。新加坡外交官哥比納比萊（Gopinath Pillai）指出，多年來，兩國「透過聯合演習在加強防務機制方面展現了互惠性」。[62]

眾所周知，東協對於東協區域論壇（ＡＲＦ）的雙重目標（儘管沒有明言），是在這個多邊組織中「圍繞」正在崛起的中國，[63]並使單極強權美國（被東歐與其他地方的事態發展所吸引）繼續在多邊框架中參與該地區的事務。正如新加坡前外交官馬凱碩所觀察，即使在一九九〇年代初亞太地區「有利且相對溫和的安全環境下」，「既要約束」美國與中國，「又要保持他們對ＡＲＦ的熱情，這本身就是一項艱巨的任務」。時任新加坡總理吳作棟警告說，如果中美關係不能穩定下來的話，勢必將引發第二次冷戰，從而影響整個地區。[64]新加坡支持ＡＲＦ的目標，是與李光耀的觀點一致的。

IV 與中國及美國的積極不結盟外交關係

現在我們轉向新加坡與美國和中國之間的關係。持續採用確保新加坡能在關鍵時刻對這兩個國家具有相關性與實用性，同時維持不結盟的戰略，使新加坡不僅是與美國安全合作的受益者，也是中國經濟成就的受益者。

新加坡自從與美國建交以來一直都忠於美國。李光耀在評論美國重新聚焦東南亞，即歐巴馬政府於二〇〇九年提出「重返亞洲」（pivot to Asia）政策時指出，美國在過去八年裡讓東亞「荒蕪」，只「專注於（美國）自己的戰爭」。實際上，華府雖然從未真正放棄該地區，但自從一九七五年越戰結束以來，其注意力就已轉移離開東南亞。在李光耀卸任總理前不久，一九九〇年，他與美國副總統奎爾（Dan Quayle）簽署了一份《諒解備忘錄》（ＭＯＵ），以促進美國在該地區的存在，新加坡認為這將為亞洲的新興經濟體提供「安全保護傘」。[65]當菲律賓國會於一九九一年投票關閉美國駐軍基地時，新加坡提案升級其海軍基地以為美國艦隊提供服務，並作為美國在該地區的海軍行動轉運點，為美國提供了在新加坡的前沿作戰設施。[66]與其他東南亞國家相比，新加坡一直堅信有必要維持美國在亞洲的存在。李光耀表達了他的理由：「大自然不喜歡真空。如果出現真空，我們可以肯定一定會有人想去填補它。我不認為日本特別希望去填補那個空間，除非日本感到自己的貿易航線與對波斯灣石油的取用受到威脅。如果美國人不在，日本人不能確定誰會保護他們的油輪。因此，他們必須自己去做些事情。這將引發韓國人的反應，他們害怕日本人，然後是中國人。印度會不會帶著兩艘航空母艦來到我們的海域呢？這可能會是一個災難性的不穩定局勢。所以為什麼不繼續遵循迄今為止有效的方法呢？美國的存在自一九四五年以來一直在維護太平洋公海的和平。在我看來，美國的存在對於《東亞國際法》與秩序的持續發展至關重要。」[67]但是，當據聞小布希總統邀請新加坡成為非北約盟國時，新加坡卻因「可能會引起其穆斯林鄰國印尼和馬來西亞之間的政治敏感性」而婉拒了。[68]

新加坡和中國於一九九〇年十月建立了正式的外交關係，正好在吳作棟於一九九〇年十一月擔任總理之前。吳作棟回憶說，在一九九〇年代初，中國才剛開始開放，但「仍然被竹簾所籠罩」，只有寥寥無幾的數個國家能與中國領導層有直接的聯繫或對中國發展的理解有限。

因此，新加坡「很適合發揮」連接西方國家與中國的「角色」，因為新加坡「與中國領導層建立了牢固的聯繫，並作為可靠的對話夥伴而受到高度評價」。[69]當鄧小平在一九八〇年代推行對外開放與經濟現代化政策，甚至當中國因一九九〇年代初天安門廣場事件而被西方排擠時，新加坡對協助中國經濟發展發揮了積極作用。吳慶瑞從政壇退休後曾擔任中國沿海地區的經濟顧問，並被委任對中國沿海經濟區域的發展提出建議。[70] 正如王約翰（John Wong，音譯）指出，「多年來所建立的政治與經濟網絡已被證明是非常寶貴」，成立於一九九四年二月的蘇州工業園區（China-Singapore Suzhou Industrial Park）是「中國與新加坡之間實質關係的具體象徵」。[71] 因此，蘇州工業園區是鄺雲峰所觀察的現實中「新加坡首選回應是與中國接觸」，而不是「遏制中國」的實體表現。[72] 最後，在此期間顯示兩國之間不僅是良好關係的明確跡象，就是中國選擇了新加坡作為一九九三年「辜汪會談」兩岸對話的舉辦地。汪道涵是中國海峽兩岸關係協會會長，辜振甫是海峽交流基金會董事長。二十二年後的二〇一五年十一月，新加坡再次成為中國國家主席習近平與台灣總統馬英九舉行兩岸會晤的地點。

儘管政治領導層致力於確保新加坡這樣的小國始終具有相關性與實用性，但領導層也非常保護其獨立行動與自主選擇的能力。吳作棟擔任總理期間發生的兩件事件，一件涉及美國，另一件涉及中國，皆說明了這一點。一九九四年，一名美國青少年麥克．費爾因涉嫌《破壞他人財產罪》與《盜竊罪》而被判處六下鞭刑。這在美國引起了轟動，美國政府向新加坡施加壓力（來自美國最高層的柯林頓總統本人）以赦免鞭刑。儘管面臨壓力，鞭刑仍照常執行，不過由於「考慮到柯林頓總統的訴求」而從六鞭減為四鞭。[73] 但是，這一減刑卻未受到感激。納丹回憶道：「新加坡不能被視為可實行雙重標準。我們以前曾鞭打過我們自己的罪犯與鄰國國民。

我們自己的公眾和鄰國政府都在密切關注著，看看美國人是否會得到特殊待遇。」[74]

下一事件發生在吳作棟總理任期結束時。原定於二〇〇四年十二月接任總理的李顯龍，於七月十一日至十三日期間「私人與非官方」訪問台灣，「以親身感受當地的現狀」。顯然，七月是他成為總理以前能去台灣的唯一「窗口」。北京對這次訪問表示強烈反感。「出於禮節」的關係，中方已被提前告知了會有此次訪問，而他們希望新加坡取消此行。正如李顯龍解釋：「新加坡與中國之間的關係是基於平等和相互尊重。新加坡是中國的好朋友。但根據中國的要求而取消這次訪問將損害我們做出獨立決策的權利與我們的國際聲譽。」[75]當時，新加坡正計劃與中國談判一項雙邊FTA。有報導稱，由於這次的台灣之行，該FTA「可能會遭受挫折」。新加坡貿易與工業部部長楊榮文（George Yeo）回應該報導時表示「如果想要延後，那也無可奈何」，「但是，」他開玩笑說，「希望不要太久。」[76]

V 堅決捍衛國家利益的雙邊關係

讀者可能還記得在前一章中提到，新加坡與其兩個最重要的鄰國馬來西亞和印尼之間的關係，已從一九六〇年代的低谷期有了相當大的改善。我們已在上文提及SIJORI成長三角，這是三國之間合作的一個例子，這只有在關係改善的情況下才能獲得實現。[77]

吳作棟對馬來西亞的外交政策，很大程度上是由他的前任對馬來西亞的經驗所塑造的（我們已在前幾章中論述過）。李光耀在任期結束時（與他的馬來西亞同行馬哈地）著力解決一些懸而未決的問題，特別是水源問題，希望能夠為吳作棟建立雙邊關係的走向打下基礎。在一九八六年八月的國慶日演講中，李光耀強調了馬來西亞對新加坡的重要性，新加坡「沒有馬來西亞就無法獨立存在。我們應該與我們的鄰國保持最好的關係，因為我們是相互依存的……馬來西亞是我們的經濟與政治穩定的擔保人。我們不能否認這一點」。[78] 回顧一九八八年六月二十八日簽署的《水源與天然氣合作備忘錄》，經過了六年的談判，李光耀將其描述為「通向新合作關係的新標誌」，是一個框架，「使跟隨我們的人能夠走上合作而不是衝突的道路」。然而他警告說，這需要時間，但「如果我們堅持這條路，我們可以扭轉一些使我們感到疑慮與警惕的思維方式」。[79] 這段關係在一九九〇年十一月《馬來亞鐵道公司在新加坡土地發展協議要點》（Points of Agreement，簡稱《協議要點》）的簽署中達到高峰，正值李光耀將總理一職交給吳作棟之際，該協議旨在解決馬來西亞政府擁有的新加坡鐵路土地問題。比爾維爾・星指出：「總的來說，吳作棟—馬哈地時代也是合作與協作加強的時期，標誌著兩國之間雙邊關係發展最迅猛的時期。」[80] 遺憾的是，在吳作棟的任期內也出現了一些問題。然而此處不是詳細討論所有出現的雙邊問題或對任何一方的是非曲直進行判斷的地方，本研究的焦點在於解釋新加坡的決策與方法背後的原因。

兩國在白礁島（Pedra Branca）的所有權上一直存在領土爭端的問題。李光耀回憶說，第一次爭端發生於一九七九年，當時馬來西亞公布了一張新的領海與大陸架邊界地圖，其中首次包括了白礁在內。新加坡於一九八〇年二月正式對一九七九年的地圖提出抗議，然後，雙方同意尋找文獻以證明所有權。由於其他優先事項，吉隆坡隨後將這一問題擱置了好幾年。李光耀向後來成為首相的馬哈地建議，如果無法透過文獻交換來解決問題，爭端應該提呈到國際法院（International Court of Justice）。吳作棟成為總理後不久，問題再次浮現。一九九四年，吉隆坡同意將問題提呈到國際法院。正如李光耀所言：「新加坡必須致力於在國家之間維護法治。如果透過談判仍然無法解決爭端，最好是將其提交給第三方的爭端解決機制，而不是讓其發酵並損害雙邊關係。這是我的方法，後來的新加坡總理也繼續支持這個方法。」[81]

其他爭端還包括位於新加坡兀蘭（Woodlands）的馬來西亞皇家海軍基地租金糾紛。該基地自一九五二年以來一直在新加坡營運。一九九一年七月，新加坡政府進一步修改並提高了租金，因為新加坡的房地產價格多年來一直在飆升。雙方在新租金或新加坡提供的替代地點上無法達成一致意見。吉隆坡隨後決定將海軍基地遷回馬來西亞，但這一事件讓雙方的關係變得不愉快。馬哈地認為新加坡提高租金是為了收回馬來西亞的土地。這一事件也可能對馬來亞鐵道（Keretapi Tanah Melayu）的土地問題產生影響，正如上面所述，在李光耀卸任總理之前，於一九九〇年十一月簽署了《協議要點》。一九九〇年《協議要點》簽署以後，吉隆坡希望進行修正，吳作棟在一九九四年更是透露說，對於一九九〇年協議的詮釋存在爭議。馬哈地認為《協議要點》還不是一份有效的文件，因為尚未獲得內閣批准，新加坡則認為這是在善意協商的情況下簽署的法律文件。一九九七年至二〇〇二年期間，新加坡駐馬來西亞高級專員凱薩瓦帕尼（K. Kesavapany）回憶說，根據《協議要點》條款，新加坡於一九九八年七月將其海關與入境設施遷至兀蘭。在對於新加坡單方面行動感到憤怒之下，馬哈地除了採取各種報復行動之外，還停止向新加坡出售沙子，並禁止新加坡軍用飛機進入柔佛州領空。這一問題久拖不決。二〇〇三年九月，新加坡提議在國際法院或透過國際仲裁來解決這一個問題。[82]

儘管一九八八年六月的協議被描述為「後分離時代兩國關係的高峰期」，水源問題再次浮現。新加坡被指責支付馬來西亞的水費過低，並在向馬來西亞出售經過處理的水時收取過高的費用。[83]吉隆坡希望重新談判供水協議中的定價，但新加坡則擔心這將在雙方關係之中設立「極其有害的先例，不僅在雙邊關係中，還會在與其他國家的外交關係中」。[84]自從獨立以來，新加坡一直就水資源的多樣化進行戰略規劃，以減少對馬來西亞供水的依賴。[85]根據阿希特・比斯瓦斯（Asit Biswas）的說法，李光耀是「世界上唯一對水感興趣的領袖」。李光耀之所以這樣做，首先是因為「在他還年輕時的日據時期，英國人炸毀了通往新加坡的堤道以阻止日軍進入新加坡，而在堤道下方，是一條運水的管道」，結果那時新加坡只剩下一週的水源供給。還有，就在新加坡獨立後不久，英國高級專員曾告訴他，如果新加坡不「完全按照馬來西亞的要求做」，東姑「將會封鎖水源」。[86] 正如威斯坦・休・奧登（W. H. Auden）所言：「成千上萬的人曾生活在沒有愛的情況下，但沒有人能生活在無水的情況下。」

二〇〇二年，龍仕銳提出的觀點認為，在新加坡與馬來西亞之間，「由於新加坡水源計畫的穩健性及其滿足國內用水需求儲備之實用性，水源問題成為引發戰爭之直接原因的可能性已大大降低」。水源問題曾經是懸在雙邊關係上的「達摩克利斯之劍」（sword of Damocles），但現在已經從「安全問題」轉變為「金錢考量」，可以「在國際法和輿論法庭上作為合約事宜來處理」，而不是「必須做出軍事反應」[87]（見李光耀在前幾章對水源問題的說法）。[88]

在本節最後，也許有必要強調魯斯蒂・奧馬（Rusdi Omar）的觀察作為總結。他認為從馬來西亞的角度來看，新加坡「採取了一種過於拘泥於法律的方法，給人一種這個城市國家對其所處的文化環境不敏感的印象」。然而，馬來西亞認為這種方法是「敵意且對抗性的，並且不符合基於協商（musyawarah）與共識（muafakat）的一般協商一致法」，而新加坡「更願意堅守從談判中出現的正式承諾」[89]。正如賈古瑪所言：「我們不應該對被指責為拘泥於法律而感到沮喪。如果不承認國際協議的神聖性，一個小國要基於相互信任和尊重與其他國家進行關係將是非常困難的。這就是為什麼我們堅持認為誠信地遵守以善意立足的協議是必要的。就我們來說，我們應該始終努力履行我們已經成為當事方的協議下的義務。」[90]正如吳作棟所建議：「我們應該堅決捍衛我們的利益，有時甚至要以雙邊關係的短期緊張為代價。」[91]

凱薩瓦帕尼回憶說，從一九九七年到二〇〇三年，由於未能就一些問題達成協議，這些年充滿了高度緊張的戲劇性，雙邊關係降至最低谷之一。[92]與新馬關係不同，正如前一章所述，與印尼之間的關係在一九八〇年代顯著改善，一直保持了基本無風波的狀態（可以說是幾乎沒有事件），[93]直到一九九七年亞洲金融危機導致蘇哈托下台，尤其是在其一九九八年至一九九九年間的繼承者優素福・哈比比（B. J. Habibie）任內。領導人來來去去，但哈比比臭名昭著的言論是對新加坡脆弱性的鮮明提醒：「看看那地圖，所有綠色（區域）都是印尼，而紅點是新加坡。看看那個。」[94]繼哈比比之後，於一九九九年至二〇〇一年成為總統的瓦希德（Abdurrahman Wahid）與新加坡之間的關係也相當冷淡。瓦希德批評新加坡「不關心南邊的國家，只關心獲利」。然而，時任內閣資政的李光耀接受了瓦希德的邀請，參加雅加達的國際諮詢小組（International Advisory Panel）會議，表示他對雅加達的關係持有「長遠的看法」。[95]在梅嘉娃蒂（Megawati）二〇〇一年至二〇〇四年的總統任期內，新加坡與印尼之間的關係有所改善，正如副總理李顯龍在訪問雅加達期間所說：「我們愈能合作，對我們雙方愈好。」[96]

VI 新加坡武裝部隊的威懾戰略

新加坡與其周邊鄰國的經驗，如前文所述，讀者可能會想起吳慶瑞在一九七〇年代初所提過的建議（見第一章）。首先，儘管新加坡與鄰國之間實際上不存在「任何現實的戰爭危險」，除非其中一或兩個鄰國建立了「瘋狂的政權」，但新加坡無法確定這種情況不會發生；因此「我們有必要繼續發展我們的軍事實力」[97]。其次，在真正的問題上，「這實際意味著與我們的兩個鄰國馬來西亞和印尼建立起更好的關係」。

在國防方面，我們回顧了一九八〇年代中期，威懾戰略「毒蝦」被「豪豬」戰略所取代。從一九八二年到一九九一年六月，吳作棟擔任國防部長，監督新加坡的軍事轉型。在一九九〇年成為總理時，SAF已經從獨立後初期的狀態（如前幾章所述）取得了重大進展，成為「該地區可能是最強大的軍隊」，新加坡空軍則被描述為「無疑是東南亞最強大」以及「東南亞最大和最有影響力的」。[98] SAF的發展一直嚴格遵循吳慶瑞在其一九七一年演講中所闡述的原則（如前一章所述）：專注於科技。正如《亞洲國防雜誌》（*Asian Defence Journal*）一期有關SAF的封面報導中所指出，「對於戰略規劃者或國防公司而言，沒有比軍事科技習得方向更相關的問題了」。[99] 引述當時陸軍總長韓瑛元（Han Eng Juan）准將所說的話：「在未來的高科技數位戰場上，資訊可能比彈藥還更重要。」硬體只是其中一方面。根據國防部常任祕書何學淵（二〇〇〇年至二〇〇四年）的說法：「SAF正致力於創造新一代有科技意識和能幹的人員，能清楚地了解他們複雜的系統和裝備，以更好地在實戰中利用它們。」[100] 赫胥黎的著作《保衛獅城：新加坡的武裝部隊》於二〇〇〇年初出版，此書基於二十年的研究，是第一本揭開SAF與國防部面紗的著作（該書對於所釋放的資訊非常謹慎），他承認SAF在該地區是最令人印象深刻的。事實上，他認為新加坡在數小時內就能在一場軍事衝突中擊敗馬來西亞，但他也強調SAF是一支威懾力量的軍隊，並不是為了「對任何鄰國進行侵略」。[101]

《商業時報》記者大衛．博伊（David Boey）在二〇〇三年一篇關於赫胥黎著作的評論中強調，SAF曾經是（現在仍然是）一支威懾力量，在當時正值新加坡與馬來西亞的緊張關係時期中成為了焦點。博伊指出，當該書首次出版時，「在馬來西亞媒體或學術界幾乎沒有引起任何注意」。該書的內容也不是新的，因為自首次出版以來，它已經再刷了五次，每次兩千本。此外，赫胥黎於一九九一年的文章中早已發表過有關新加坡有能力入侵柔佛並在數小時內擊敗馬來西亞武裝部隊的論述。該書的「關鍵點」是「關於ＳＡＦ的威懾戰略。赫胥黎博士在書中從未得出結論認為，ＳＡＦ將被用作為一支征服用的占領部隊」。因此，提出相反的說法是「惡毒且知性上不誠實的」。[102] 正如李光耀所言，「ＳＡＦ是在不確定的世界中的一種保險」。[103]

最後，在常規安全之外，正是在吳作棟任期內，新加坡於一九九九年建立了國家安全祕書處（National Security Secretariat），這是一個協調機構，負責監督預計將是冗長的安全相關問題。何學淵回憶說，成立的契機是在一九九七年。他對於當時決定的具體背景有所保留，但提到了一九九七年和一九九八年「該地區的氛圍」（讀者可能還記得這是亞洲金融危機時期）。[104] 以他的話來說：「這不算是一種威脅，但確實是非傳統的，我們評估認為這對於我們各機構來說將是一個巨大的安全挑戰……但是由於設立該機構所要針對的不測並未發生，所以沒有人把它當一回事。」一直到二〇〇一年九月的九一一事件，然後是在新加坡發現了伊斯蘭祈禱團（Jemaah Islamiyah）組織網絡，「引起了另一輪更加嚴肅的思考，因為這次是一個真實的威脅，這是明顯且現成的危險」。國家安全祕書處後來變成國家安全協調祕書處（National Security Coordination Secretariat），設立在總理公署之下，下設聯合反恐中心（Joint Counter-

Terrorism Centre）與國家安全協調中心（National Security Coordination Centre）。[105] 透過這些機構之間的協調工作，安全概念變得更加全面，因為採取整體社會（whole-of-society）參與的方法已被認為是不可或缺的，與「全面防衛」概念相關的是，國家安全協調中心的設立將各個部分整合成一個協調一致的國防戰略。

第五章

新加坡與全球化——李顯龍時代（自二〇〇四年以來）

新加坡的立場是我們不能忘記歷史，
但同時我們不應被其所困。

——李顯龍

I 三個影響新加坡未來發展的要素

本章探討李顯龍執政時期的新加坡大戰略，他於二〇〇四年接任吳作棟，並在本文正在撰寫時仍擔任總理。本章聚焦於與前一屆政府的變革與延續，並將繼續討論新加坡如何應對兩組最重要的國家關係：美國和中國，馬來西亞和印尼，及對其中起伏所採取的對策。本章同時會進一步檢視新加坡的「多元種族主義政策」，這是大戰略的重要支柱。

李顯龍於二〇〇四年八月接替吳作棟成為新加坡第三任總理。吳作棟成為國務資政，而李光耀則擔任內閣資政。在對吳作棟執政十四年的評估中，許通美指出，吳作棟「鞏固了李光耀的遺產，並在此基礎上進一步擴大……實現了經濟的穩健成長，保持了國內和平與和諧，啟動了新的外交政策倡議，擴大了新加坡的經濟與政治空間」。[1] 李顯龍也承認吳作棟的成就，並承諾「繼續建設在前人奠定的基礎上」。[2] 事實上，在吳作棟政府時期所規劃並執行的許多倡議，都在李顯龍任內得以實現，他本人在吳作棟擔任總理期間一直擔任副總理。

正如前一章所述，吳作棟是新加坡自由貿易區政策的「建築師」，也對區域間合作與諒解做出了「重大貢獻」。[3] 正如盧福偉（Bernard Loo Fook Weng）所指出，吳作棟政府「仍然是」將ＳＡＦ轉變為「東南亞最為現代化與訓練有素之武裝部隊」的「最重要時期」。[4]

在李顯龍政府時期，新加坡大戰略可以從他的多次演講與訪談中提煉出來。我們不妨重溫他於二〇〇二年九月發表題為〈新加坡的明天，明天的新加坡〉的演講以展開討論。[5] 雖然當時他還是副總理，但這篇演講對於了解冷戰結束十年後的新加坡所面臨的戰略挑戰外部環境，以及強調新加坡未來的發展軌跡非常重要。李顯龍是在兩起事件之後上任的。第一件事是一九九七年的亞洲金融危機（雖然危機發生得更早，但其後續很長），「繁榮的亞洲突然」陷入「痙攣」。雖然危機帶來的直接創傷已經過去，甚至新加坡所受到危機的影響比其他國家要小，但李顯龍認為「形勢」已經發生了「巨大的變化」。他雖然樂觀地認為新加坡將繼續「成長與進步」，但「環境」將「更難以預測」，「競爭」將「更加激烈」。第二件事是二〇〇一年九月十一日（九一一事件）伊斯蘭極端分子對美國的恐怖襲擊，李顯龍認為這「改變了我們生活的世界」，因為「我們生活在一個全球化的世界，而恐怖主義是一個全球性問題」，在新加坡發現的伊斯蘭祈禱團恐怖組織就證明了這一點。

李顯龍在演講中強調了三個在未來幾年將會影響新加坡的問題。首先是全球化，李顯龍預計在未來十年內將「比以往任何時候都更快地進展」，尤其是在科技進步的推動下。新加坡「完全依賴全球經濟……沒有全球經濟，我們將無法生存」。儘管全球化將創造機會，但「震盪與危機」也將比以往更快地傳播和感受到，這可能使反應與應對變得困難，「我們愈是連結，就愈難以隔絕」，其次是東南亞的重要性。儘管新加坡與美國，歐洲和東北亞之間有著密切的聯繫，「我們仍然位於東南亞，我們鄰國的穩定與繁榮對我們來說至關重要」。李顯龍在演講中明確提到了馬來西亞與印尼。根據他的說法，馬來西亞是以巫統的世俗化現代方式發展，還是以馬來西亞伊斯蘭黨的宗教與保守方向發展，都會對新加坡產生影響。至於印尼，「一個穩定的印尼對於東南亞更為重要」。一個分裂、政治不穩定與經濟薄弱的印尼「將對新加坡和該地區產生深遠與廣泛的影響」。第三個問題是「反恐戰爭」，李顯龍預計這將是「一場拉鋸戰」。新加坡對伊斯蘭原教旨主義和恐怖分子威脅的態度是要超越對恐怖分子的打擊與殺戮，「因為你殺得愈多，就會有愈多人被煽動，並站出來自願參與下一次的自殺任務」。因此，正如李顯龍在後來的訪談中所提及，新加坡的反恐戰略是「更深入」[6]地在「戰略與哲學層面」之上，從而「讓人們不願意成為恐怖分子或像他們一樣思考」。[7]

在其於二〇〇二年九月三十日展望未來十年的演講中，李顯龍表示「某些基本的現實」將不會改變。新加坡的位置意味著它「將不可避免地受到其鄰國的影響」。由於它是「一個小城邦」，該國仍將「容易受到外部威脅的影響……主要超出我們的控制範圍」。在新加坡的控制範圍內，加強社會凝聚力以「萬眾一心」應對外部問題是可以實現的。

李顯龍在二〇〇五年英國國際戰略研究所亞洲安全峰會（IISS Asia Security Conference，

又稱香格里拉對話）上表示，由於新加坡是「一個小國，容易受到我們無法控制的全球力量的影響」，「小得無法左右亞洲的重大事件」，這個國家假設世界是一個「危險之地」，透過幫助「在區域內促進和平與安全」來「減少對我們自己的危險」。[8] 因此，新加坡強烈支持後冷戰時期努力「促進區域合作」。在李顯龍看來，「有一個宏偉的政治計畫，將整個亞洲整合進一個和平的世界。這符合一個小國的自然利益」。[9] 李顯龍在亞洲安全峰會上重申了四十年前新加坡首任外交部長拉惹勒南在一九六五年所曾表達過的話語：「我們尋求與所有國家成為朋友，同時在國際上維護我們的權利與利益」。[10] 就近而言，新加坡希望看到「更具凝聚力的東協」。在二〇〇七年的一次採訪中，李顯龍預想東協將擁有「兩翼，中國和印度」，這將有助於該地區「起飛」，但「如果沒有身體卻只有兩翼……我們會散架」。因此，東協需要「在經濟、安全、政治等方面做出合作的政治決定」。[11]

II 在中美競爭之間的平衡外交

我們現在轉向討論美國與中國，李顯龍於二〇〇四年曾描述為「在亞洲中，也許在未來不久會是在世界上最重要的雙邊關係」；[12] 到二〇一二年，這雙邊關係可能「對雙方以及整個世界都是最重要的」。[13]在二〇一二年，李顯龍將中美關係形容為「未來幾年對全球最重要的雙邊關係」。[14]新加坡一直能夠堅持保持與這兩個超級大國之間關係的平衡（如前一章所述）。在二〇一三年的東京演講中，李顯龍表示新加坡希望兩國保持「有建設性與穩定的關係」。那樣一來「我們就不用選邊站」。[15]李顯龍敦促各國不要透過「我們對他們」的鏡頭來看待國際關係。「我會非常小心地說，『讓我們在所有害怕中國的國家中建立友誼』，我認為這不是一種建設性與有益的方式。」相反，李顯龍主張在「多面向與其他國家建立有建設性的關係」。[16]然而，從二〇一七年開始，李顯龍的觀點變得愈來愈難以實現。稍後再詳述這一點。

當李顯龍於二〇〇四年成為總理時，亞洲的國際政治動態在新加坡看來是由「卓越」且不可或缺的美國所支撐。正如李光耀所指出，那些「對美國的卓越地位與一些政策感到不安的國家」仍然希望與美國保持「最好的關係」，因為「他們知道無法挑戰美國的卓越地位，而且在沒有與美國合作的情況下是無法解決該地區的任何問題」。其中也包括中國在內，中國的「基本關注點」一直到至少二〇一〇年代中期仍然是內部問題。除了其核心利益以外，尤其是台灣，北京「知道與美國保持良好關係對中國也有好處」。華府也需要中國的合作來應對許多後冷戰時期的挑戰。[17]雖然雙邊關係存在問題，但正如李顯龍於二〇〇五年所指出，「我們不應該過分強調雙方關係中的問題」，因為「雙方都有充分的理由合作並管理關係以互惠互利」。[18]小布希政府（二〇〇一年至二〇〇九年）已將中國視為一種挑戰，但對於管理美國與該國之間的關係採取了低調的方式。歐巴馬政府（二〇〇九年至二〇一七年）表示華府有意挑戰中國在該地區崛起的影響力，但一直都未能全力以赴。[19]到二十一世紀初，中國仍然奉行鄧小平的「韜光養晦」原則。

新加坡對美國的態度眾所周知。李顯龍在二〇一二年接受《澳洲人報》（*The Australian*）外事主編謝利丹（Greg Sheridan）的採訪時表示：「我們對美國人在該地區的存在感到高興。」李顯龍進一步說明：「就我們而言，我們為美國空軍與海軍部隊訪問新加坡提供了便利。他們在這裡沒有基地，但經常來訪，這裡有一個後勤支援單位為他們的軍艦提供支持。我們會幫忙為他們的艦艇在該地區展開行動時提供補給。我們認為，美國在該地區的持續存在，包括安全部署和第七艦隊，是一件好事。我們是多麼狹小的地區，有很多限制，但只要能有助於美國人繼續存在，我們就會去做。」[20]在隨後一年，當被問及對歐巴馬政府向亞洲「轉向」的看法時，李表示：「我們都贊成美國在亞洲積極且有建設性的參與，我不確定是否會將之形容為轉向……你真的希望有一個長期的、不可阻擋且無法撼動的存在，而我不確定轉向是否傳達了這種細微的差別。」[21]

李顯龍承認，「新加坡一直在鼓勵美國與東協互動」。[22]新加坡還表示支持美國海軍陸戰隊每年在澳洲達爾文輪換二千五百人的政策。在李顯龍任內，新加坡和美國於二〇〇五年更新了一九九〇年李光耀總理與老布希（George H. W. Bush）政府簽署的合作備忘錄，成為《戰略框架協議》（Strategic Framework Agreement），承認新加坡是美國的主要安全合作夥伴。二〇一五年，兩國簽署了一項《加強防務合作協議》[23]，二〇一九年，李顯龍總理與川普總統續簽了防務協定，允許美國軍隊使用新加坡的空軍與海軍基地至二〇三五年。新加坡國防部表示，續約「強調」新加坡「對美國在該地區存在的支持，這對於區域和平、穩定與繁榮至關重要」。[24]二〇二二年，據《海峽時報》（*The Straits Times*）報導，新加坡國防部長黃永宏（Ng Eng Hen）的看法是，「新加坡相信」美國將「仍然是全球最大的經濟體與全球軍事大國」，即使中國對所有亞洲國家來說都是更大的貿易夥伴。[25]

李顯龍於二〇〇五年的北京演講中表示，新加坡預期中國的崛起與成長最終將「改變不同國家的相對實力，並改變全球的戰略平衡」。然而，新加坡對於中國的崛起持積極態度，認為這是「亞洲乃至世界的一大利好」。新加坡像其他亞洲國家一樣將從中國的成長中受益。[26]對於新加坡而言，中國的「持續繁榮」是一件好事。用李顯龍的話說，「其他任何情況」都會產生「很大的問題」。

讀者可能還記得前一章中新加坡領導人具有與中國領導人建立早期友誼的遠見，因為他們了解這樣的聯繫「對於雙邊關係的持續成長非常重要」，儘管必須說「鑑於中國政治的不可預測性和不透明性」，要找到合適的政治家並不容易。[27]中國—新加坡關係的現代歷史淵源意味著兩國關係的發展軌跡很大程度上是屬於經濟領域。二〇一四年，兩國正在考慮在蘇州工業園區與天津生態城（Tianjin Eco-City）之後的第三項合作計畫。正如當時東亞研究所副主任黎良福（Lye Liang Fook）所指出，「新加坡的一個主要目標是保持與中國的成長之間的關聯……不斷尋求與中國合作的機會以實現雙贏，符合新加坡的利益」。[28]最後，重慶被選為第三項計畫的地點。李顯龍與其他新加坡領導人定期宣傳新加坡是中國企業探索東協市場的「好跳板」。[29]

此外在二〇一四年，新加坡和中國採取了將其關係從主要的經濟與文化領域擴展到軍事領域的一步。雙方簽署了一項四點共識「以透過實際面對面的互動而加深相互之間的理解與信任」，即「增加聯合作戰演習的規模與頻率，擴大訓練方案，以此作為採取具體措施擴大軍事聯繫的新舉措的一部分」。[30]這四點共識是建立在SAF與中國人民解放軍於二〇〇八年所簽署的協議基礎上，該協議正式確定了雙方之間的雙邊防務活動。

由於他曾親身經歷中國對他二〇〇四年台灣之行的反應（在前一章中已論述），李顯龍明瞭新加坡不能僅依賴北京的善意。[31]現任內閣資政的李光耀於二〇〇九年的拉惹勒南講座中告訴聽眾，中國總是說所有國家，無論大小，都是平等的。但當你讓他們不悅時，他們總是不忘提醒你得罪了十三億人口。[32]二〇一六年十一月，香港港務局扣押了九輛SAF的泰瑞克斯裝甲運兵車（Terrex Infantry Carrier Vehicles），這些運兵車在台灣受訓後正要運回新加坡。在台灣進行的軍事演習（自一九七五年開始）和經由香港港口轉運軍事裝備的情況並不新鮮。北京當時尚未公開將其視為問題，但中國政府現在表示，他們「一直堅決反對與中國有外交關係的國家與台灣進行任何形式的官方交往，包括軍事交流與合作」。在香港當局已完成所謂的調查以後，泰瑞克斯裝甲運兵車最終在二〇一七年一月底歸還給新加坡。

就在泰瑞克斯事件發生一年前，即二〇一五年十一月，為紀念新加坡與中國建交二十五週年，習近平主席與李顯龍總理在新加坡簽署了一份有關「與時俱進的全方位合作夥伴關係」的協議。同月，新加坡也是習近平與台灣總統馬英九會面的地點。新加坡外交部形容新加坡為雙方的「好朋友」，並表示新加坡一直是「中國與台灣之間關係的堅定支持者」。[33]

政治與安全分析人士對於中國在二〇一六年十一月泰瑞克斯事件中的行為提出了種種猜測。其中的觀點包括北京對新加坡感到不滿，認為新加坡與美國走得太近，以及新加坡支持常設仲裁法院（Permanent Court of Arbitration）關於中國對南中國海之主張的裁決。[34]事實上，儘管與中國的關係因習近平的訪問而達到高峰，但符祥文（Hoo Tiang Boon）等分析人士們強調，新加坡面臨在中美之間取得微妙平衡的挑戰。[35] 正如符祥文所指出，儘管「這並不是新因素……新加坡必須時刻警惕『新』的動態，這些動態表明美國與中國之間正在形成嚴重的競爭關係。」[35] 無論實際原因是什麼，重要的是，如果中國確實利用扣押泰瑞克斯運兵車以向新加坡施壓，包括中國學者在內的分析人士認為，中國會發現新加坡「比軌道上的其他國家更難對付……因為它不受制於中國的安全與經濟壓力」。[36] 二〇一五年，中國—東南亞專家許利平（Xu Liping）在評論中國對新加坡與美國簽署加強防務合作協議的反應時指出：「中國（也）知道批評新加坡並不會阻止該部署，而且還可能會傷害雙邊關係，從而製造問題。」[37]

III 新的戰略格局與夥伴關係

現在或許是我們討論新加坡大戰略時，引介日本、印度與澳洲的適當時機。在新加坡的觀點中，日本被視為（至今仍是）「亞洲另一個重要角色」，與美國和中國一起「形成了鞏固該地區穩定的戰略三角」。早在一九八〇年代，新加坡希望日本「增加其國防預算，更積極地參與自身的領土和海軍防務以便釋放美國資源用於其他地方」。李光耀曾多次公開表示，新加坡歡迎「日本在該地區擁有更大的海軍存在」，不過不是在東南亞駐紮日本軍隊。[38] 二〇〇五年，在李顯龍的評估中，日本仍然是亞洲最大、最先進的經濟體。李顯龍指出，新一代的日本人希望他們的國家「再次變得正常，並在世界事務中發揮更大的作用」。[39]新加坡的立場是「我們不能忘記歷史」，但同時「我們不應被其困住」。正如李顯龍所言：「我們應該向前進，而不是不斷重新提出舊問題。因為如果我們一直重新提出舊問題，要發展我們在二十一世紀中的繁榮所需的關係與合作就會變得更加困難。」[40]在回應媒體詢問關於新加坡對日本首相安倍晉三參拜靖國神社的看法時，新加坡外交部一位發言人表示，新加坡的一貫立場是「此類訪問重新開啟了舊的爭端，對於在該地區建立信任和信心是不利的」。[41]在二〇一四年，李顯龍描繪了三國之間的互動可能產生的「新戰略格局」的兩種情景。積極的情景是，如果美國繼續參與亞洲事務，中國堅持「國際形式，與其他大國保持建設性關係」，而日本「恢復信心」，這將形成一個「新的戰略格局」。消極的情景將是該地區「充滿緊張與貿易糾紛」。在這種情景下，東南亞（包括新加坡）將被迫選擇一邊，該地區將再次變成「一個代理人的戰場」。[42]

接下來是印度，「中國之外的另一個龐大經濟體」。李顯龍認為，如果印度在一九九〇年代開始的經濟改革成功，中印關係保持友好，那麼這兩個國家將「改變亞洲的面貌」。[43]在二〇〇五年，李顯龍將印度描述為未來亞洲中的「非常重要的參與者」。李光耀在擔任總理時曾表示，新加坡的對外事務涉及「為該地區找到戰略平衡，與那些能夠在我們的經濟和安全方面幫助我們的國家建立特殊關係」。在新加坡的估計中，印度是這樣的國家之一。因此，新加坡一直「堅定主張並積極支持印度參與該地區」，儘管還指出，由於其「混亂的民主秩序」，印度開放經濟的過程「不如其他地方順利」。[44]

然後是澳洲。該國像美國一樣為ＳＡＦ提供訓練設施：昆士蘭州的肖爾沃特灣（Shoalwater Bay）訓練區將於二〇二四年擴建，以及二〇二八年以前在昆士蘭州的格林維爾（Greenvale）設置一個新的訓練區。這兩個訓練區加起來將會有新加坡的十倍之大。[45]正如李顯龍所言，新加坡與澳洲「在該地區和美國在其中所起的作用方面，有著非常相容的戰略觀點」。[46]兩國於二〇一五年六月簽署了一份《全面戰略夥伴關係》的聯合聲明（Declaration on a Comprehensive Strategic Partnership）。[47]

新加坡國防部長黃永宏解釋說，新加坡與其他國家的關係，例如美國或中國，都是「基於互惠」，新加坡「不依賴任何一國」。新加坡的國防與外交政策「作為一個獨立的主權國家，將繼續基於將自己定位在最佳位置以生存和發展，無論其他國家的計算或政策是什麼……我們將與追求該地區和平與穩定的志同道合夥伴合作」[48]。

我們在此先暫停，轉而討論新加坡與馬來西亞，以及與印尼的關係，然後再回到美中戰略競爭的問題上。

IV 與印尼達成雙邊關係重要里程碑

在李顯龍政府的第一個十年裡，新加坡雖然與主要大國，尤其是與美國和中國的關係一般是順利的，但這並不能用來形容其與兩個最重要鄰國，馬來西亞和印尼的關係。我們回顧上一章，儘管在吳作棟政府初期，新加坡與馬來西亞之間的關係重新開始呈現積極態勢，但雙方的關係早在其任期結束之前惡化。正如蘇瑞福（Saw Swee Hock）和凱薩瓦帕尼所述，敵意已達到了一個程度，以致於新加坡領導層得出結論，只要馬哈地繼續擔任首相，雙方的關係就會持續緊張下去。因此，新加坡決定「靜觀其變」。[49] 與上一章一樣，我們不會詳細敘述自二〇〇四年以來出現或重新出現的所有舊有和新興問題，例如更換堤道、領空、土地開發等，或者追蹤談判過程的曲折，而是強調新加坡所嘗試的做法，借用外交部長賈古瑪的話來說：「摒棄『舊時代』的敵意，推動與馬來西亞之間的關係向前發展。」[50]

新加坡支持於二〇〇三年接替馬哈地首相的阿布都拉·巴達威（Abdullah Badawi）政府所建議的方法：瞄準「可以迅速採集與處理的低垂果實」。正如馬來西亞外交部長賽哈密（Syed

Hamid Albar）所說，「我們希望避免死結，這可能損害首相與新加坡恢復關係的努力。從現在開始，談判……將在閉門的情況下進行，以避免這些問題成為新馬兩岸爭議的公開爭點」，「如果無法達成協議，我們將尋求第三方的協助」。簡言之，馬來西亞將採取「靜默外交」方法以解決分歧。[51] 如前新加坡駐馬來西亞大使凱薩瓦帕尼所寫道，新加坡「認為如果重返談判桌上而未能取得成果，則支持針對其他懸而未決的問題採取類似的裁定或仲裁程序」。[52] 巴達威於二〇〇四年一月以首相身分對新加坡進行首次正式訪問，以及李顯龍於同年八月以新加坡總理身分回訪，被視為新加坡與馬來西亞關係良好而豐富的重新啟動。

在巴達威首相任期內，即二〇〇三年至二〇〇九年間，雖然並非所有分歧都得到解決，但供水問題保持為「低調的事務」，因為新加坡表示不會尋求續簽將於二〇一〇年到期的一九六一年供水協定；巴達威還決定放棄「彎橋計畫」。土地開發的分歧於二〇〇五年四月由《國際海洋法》法庭（International Tribunal for the Law of the Sea）的判決所解決，這是馬來西亞於二〇〇三年轉交該法庭進行仲裁。[53] 土地開發問題的解決「強化了新加坡長期堅持遵守《國際法》」的政策，並信奉和平解決爭端的信念，這是新加坡外交政策的另一支柱。[54] 新加坡與吉隆坡還同意將有關白礁（包括白礁、中岩礁〔Middle Rocks〕和南礁〔South Ledge〕）的長期領土爭端提交給國際法院。李顯龍表示，如果判決有利於新加坡，他希望馬來西亞能夠接受法院的決定，他確信新加坡也將接受對馬來西亞有利的判決。[55] 二〇〇八年五月，國際法院將白礁判給新加坡，中岩礁判給馬來西亞，法院裁定南礁屬於其所在領海之所有者。雙方同意「尊重並遵守國際法院的判決，並完全實施其決定」。[56]

在其二〇〇六年所做的評估中，凱薩瓦帕尼表示：「由於可能永遠象徵著兩國之間關係的彎橋已不復存在，儘管遭到馬來西亞前首相馬哈地的反對，現在的氛圍更有利於繼續加快雙方的經濟合作。兩國之間的經濟合作規模愈大、愈成功，政治爭吵的空間就愈小。」[57] 其中一例是柔佛依斯干達發展區（Iskandar Development Region）的政府間合作，李顯龍表示，新加坡將「按照馬來西亞能接受的速度」來進行。[58]

納吉・拉薩（Najib Razak）於二〇〇九年四月接替巴達威成為馬來西亞首相。巴蘭・莫斯（Balan Moses）在拉薩成為首相後評論新加坡—馬來西亞之間關係時指出，儘管「為使雙邊關係擺脫自一九九〇年代以來所陷入的困境而做出了巨大努力，但自那時以來幾乎沒有什麼變化。這是一種……一個鄰國容忍另一鄰國的情勢，鑑於這兩個國家在地理、情感與歷史上的毗鄰關係而別無選擇」。莫斯認為，事情在拉薩任內「可能會發生變化」。「馬來西亞依斯干達計畫可能是交匯點」，因為馬來西亞首相與新加坡總理都同意「開展『一個或兩個』象徵雙邊關係的標誌性計畫」。[59] 在拉薩於二〇〇九年五月訪問新加坡時，他表示「先前殘留下來的問題不應該妨礙」兩國「向前發展」，因為「從富有成效與合作的安排中可以獲益良多……基本原則是確保這是一種典型的雙贏模式」，[60]而新加坡無疑會贊同這一觀點。正是在拉薩的領導下，兩國於二〇一〇年五月就一籃子尚未解決的問題達成了解決方案，即一九九〇年十一月二十七日李光耀總理卸任前簽署了《協議要點》。[61]許通美在評估李顯龍政府執政十年的成就時，將新馬關係視為其「最重要的外交成就」。[62]然而，當馬哈地於二〇一八年再次擔任首相（任期為二〇一八年五月十日至二〇二〇年三月一日）時，兩國的關係短暫惡化。

轉向印尼，讓我們回顧由於一九九七年亞洲金融危機導致蘇哈托下台，使新加坡與印尼之間的關係惡化，特別是在哈比比和瓦希德擔任總統期間（分別為一九九八年至一九九九年及一九九九年至二〇〇一年）。新加坡於二〇〇四年十二月印度洋大地震與海嘯之後提供的即時援助，SAF是第一支抵達亞齊特區（Aceh Province）與被海嘯所摧毀的城鎮米拉務（Meulaboh）的部隊，這點提振了雙邊關係。正如當時印尼國家情報局局長漢卓普里尤諾（Hendropriyono）在二〇〇四年的一篇文章中所承認的那樣，兩國在反恐領域中也合作良好。在提到哈比比曾說新加坡「比多巴湖（Lake Toba）中的小島還小」時，漢卓普里尤諾說：「這些惡言惡語已經過去了相當長的時間，印尼與新加坡關係在許多領域中都有了強勁的回升。也許最能體現這一點的正是在反恐戰爭之中。」[63]

蘇西洛・班邦・尤多約諾（Susilo Bambang Yudhoyono）於李顯龍擔任新加坡總理的同一年就任印尼總統，與新加坡之間的關係進一步得到改善。與馬來西亞的情形一樣，新加坡的戰略是利用「經濟紐帶將新加坡與雅加達聯繫在一起」。正如保羅・雅各布（Paul Jacob）所指出，在兩國政府執政之初，新加坡與印尼同意「以貿易、投資和其他經濟問題為核心推動雙邊關係，成為進一步鞏固兩國關係的黏合劑」。[64]在新加坡看來，一個「強大、團結且自信的印尼」對新加坡與該地區都是有利的。[65]

並不是說沒有更多問題，但正如時任副總理的李顯龍於二〇〇四年二月訪問雅加達時所說：「我們還正在處理一些雙邊問題。但要解決這些問題需要一些時間，因為這些問題很複雜。我們應該將這些問題置於我們整體雙邊關係的脈絡之下，使最廣泛的合作得以進行。」[66]在此無需詳細談論所有自二〇〇七年以來出現的問題，其中包括禁止向新加坡出口沙子，未能解決《引渡條約》以及印尼人民代表會議（DPRRI）拒絕批准兩國簽署的《雙邊防務合作協議》。在內閣資政李光耀看來，這些都是印尼國內政治的結果。「最近對其憲法的修改所帶來的新政治變化」，[67]基本上意味著印尼的「政治過程變得更加複雜」。[68]新加坡必須有耐心，讓印尼人自己解決這個問題。但兩國之間的關係也有積極的方面，例如在二〇〇九年初解決了新加坡與印尼西部海界爭端（談判始於二〇〇五年）。這一解決方案使得開始談判東部海界爭端成為可能，這一問題最終在二〇一四年獲得解決。[69]這是兩國第三次締結的協定，[70]被雙方宣稱為「雙邊關係中的一個重要里程碑」，「肯定了兩國在國際法基礎上以友好方式解決包括海域劃界在內的複雜雙邊問題的共同承諾」。[71]

新加坡與印尼的關係在佐科・維多多（Joko Widodo）總統的領導下保持良好。二〇一九年十月，兩國領導人就承認兩國核心利益與權利的框架達成一致，特別是在領空管理與軍事訓練方面。[72]《新加坡與印尼雙邊投資協定》（Singapore-Indonesia Bilateral Investment Treaty）於二〇一八年簽署，並於二〇二一年獲得了批准。二〇二二年一月，兩國終於簽署了一系列協議：領空管理（據李顯龍總理表示，這花了五十年才獲得解決）、《引渡條約》與《防務協定》。新加坡前駐印尼大使德斯加表示，兩國「幾十年來一直都在討論這些複雜的問題」，包括他在一九八六年至一九九三年擔任大使期間。[73]幾乎所有分析人士都對這些協議表示歡迎，但總是告誡說「前方的路可能不會那麼平坦」。[74]下一階段將是協議的批准。[75]在此可回顧早前曾描述的二〇〇七年的經歷。

最後，在結束對新加坡最重要的兩個關係的討論時，不妨引述時任外交部長尚穆根（K. Shanmugam）在二〇一四年所言：「在新加坡與印尼和馬來西亞之間的關係之中，是貿易、投資與人流等方面的緊密聯繫……每天都可能發生一些事情，可能會有爭論，可能會有爭吵，但是……各方都有理智的人。」新加坡每次都會挺過去，「因為我們知道這是一種更為重要的關係」。[76]

V 全面增強數位防衛

新加坡環境及水源部長維文（Vivian Balakrishnan）於二〇一三年霧霾問題期間在國會發表了以下言論，值得在此複述。他說：「讓我坦白對這個議會說……印尼的部長有時在他們沒有防備的時刻……他們只告訴我們，看……印尼有兩億四千萬人，我們的國內生產總值是你們的好幾倍。所以那種評論……如果只是幾美元，留著吧，我們不需要——這不太符合外交禮儀，但新加坡人應該從這一事件中汲取正確的教訓。我們是小的，我們是開放的，我們是脆弱的。我們被周圍有著自己政治議程與優先事項的更大國家所包圍。」[77]維文並不是建議新加坡要用戰爭來解決霧霾問題。但他的言論與上文提到的尚穆根的言論，都讓人想起吳慶瑞早期所提及的，新加坡克服其規模與脆弱性所需的戰略（請參見前一章）。

我們現在先將作為一種戰略的經濟合作擱置在一邊，轉向防務。在二〇一四年，在標誌著全面防衛三十年的演講中，李顯龍總理勸說道：「如果我們是小而不成功，小而軟弱，我想人們可能會對你有禮貌，人們可能會對你說正確的話，但你可以肯定人們也會利用你。」[78]新加坡繼續關注科技與武器現代化，在國防與安全領域保持領先地位；如國防部長黃永宏於二〇一九年全面防衛日演講中所說，應加強網絡安全，「自由的代價是對抗舊有和新威脅的不懈警惕」。[79]二〇一五年引進無人機（UAVs）就是一個例子。SAF的目標是「將其所有的武器整合到一個網絡之中，以增加火力使其具有更致命的打擊力」。[80]前內閣資政李光耀表示：「沒有強大的SAF，就沒有經濟未來，就沒有安全。」[81]當李光耀於二〇一五年去世時，新加坡已擁有「世界上最強大的軍隊之一……擁有的戰機比西班牙、波蘭或瑞典的更多；陸軍擁有和義大利一樣多的坦克……海軍則擁有該地區唯一的隱形艦艇。詹氏資訊服務集團（IHS Janes Information Services）稱SAF為『東南亞裝備最優的軍隊』」。[82]

但正如國防部長黃永宏於二〇一五年所解釋的那樣，「科技降低了透過這種方式發動戰爭的障礙。武器現在來自於政治、經濟、資訊甚至人道主義領域」。黃永宏提請注意「混合戰爭」的概念「由國家和非國家行為者對常規和非常規戰爭手段進行整合」，他認為這凸顯了「全面防衛的及時性與時效性」。展望未來，黃永宏表示「必須對全面防衛的所有五個支柱進行等額的投資」。[83]三年後，二〇一八年，黃永宏指出，雖然新加坡在對應物理威脅方面有很好的準備，但作為一個社會，它在應對來自數位領域的威脅方面準備相對不足，儘管「其中一些來自網際網絡領域的威脅的影響可能具有同樣或甚至更大的破壞性」。[84] 二〇一九年，數位防衛（Digital Defence）成為新加坡全面防衛戰略的第六個支柱。正如賈古瑪在幾年前所指出，「大多數國家安全戰略現在將網絡安全置於優先事項之一」。[85] 的確，「科技」現在是由科技驅動的世界中備受關注的辭語。科技無所不在，當然不僅僅局限於國防領域。[86] 在二〇二二年十月底，SAF國防數碼防衛與情報軍部隊（Digital and Intelligence Service）正式成立，被形容為「下一代SAF的重要里程碑」。[87] 這將「更好地協調與改進新加坡的網絡防禦與情報蒐集」。[88]

正如上一章中所述，九一一事件強化了應對恐怖主義威脅的迫切性與重要性。李顯龍政府繼續努力加強各機構之間的協調以應對非常規戰爭與跨國恐怖主義。鑑於我們現在處於數位時代，網絡安全是國防部、內政部以及SAF的關切事項。[89] 與此同時，新加坡也「意識到全球反恐戰爭的長期意識形態本質需要採取贏得人心的戰略」。[90] 總的來說，新加坡對安全問題採取了整體政府（whole-of-government）的方法，SAF也已經變得更加一體化，反映了其行動的多服務與多機構性質。[91]

VI 在危機時刻保持全球聯繫

二〇一五年三月，新加坡開國總理李光耀離世。李光耀在二〇〇四年（當時李顯龍成為總理）正式成為內閣資政（Minister Mentor）。正如牛津辭典所定義，Mentor是一位「經驗豐富且值得信賴的顧問」。雖然他於二〇一一年已從該職位卸任，但毫無疑問直到他四年後去世為止，人們仍在尋求並認真考慮他的建議。正如格雷厄姆・艾利森（Graham Allison）和羅伯特・布萊克維爾（Robert Blackwill）所描述的那樣，李光耀是一位「大師」。[92] 李顯龍在二〇一五年曾回憶道：「我父親於一九九〇年卸任總理，已經過去二十五年了，因此我不是他的繼任者，而是他繼任者的繼任者。然而他的影響力長存，即便到了老年，他仍然提供給我們明智的建議，但他也為逐漸淡出做好了充分的準備。對他的其中一個偉大致敬就是，在他去世那天，股市沒有動搖。人們充滿信心，他們知道新加坡會繼續往前進。」[93]

自從李光耀離世以來，特別是從二〇一七年開始，中美關係急劇惡化。二〇一九年底，新冠肺炎疫情席捲全球。在本書撰寫之際，我們可以同意瑪莉哈・洛迪（Maleeha Lodhi）對當今世界的描述：「毫無疑問，世界正處於其最不安定的時期之一。」疫情「在世界處於變動之中——全球權力轉移」，以及多邊主義面臨挑戰的情況下，「只會增加不確定性」。[94] 曾與李光耀共同撰寫其最後一本書的韓福光回憶說，李光耀「沒有預見」二〇一五年以後所發生的一切，但「雖然他沒有預測到隨後發生的重大事件，但他對塑造世界的更大力量的判斷大多是正確的」。[95] 一個例子足以說明他的先見之明。

二〇一〇年，李光耀在接受《朝日新聞》（*Asahi Shimbun*）主編船橋洋一（Yoichi Funabashi）採訪時曾說：「沒有美國，你可以拉攏日本，把南北韓結合起來，把整個東協團結起來，甚至加上印度——但你無法制衡中國。印度離得太遠，無法將軍事力量投射到太平洋，但美國可以。」[96] 這與他十年前在雪梨演講時的觀點不謀而合，即南韓、日本、澳洲、紐西蘭、菲律賓、新加坡和印尼都認為，需要美國充當「平衡者」，他說馬來西亞持有「相反觀點」。東南亞大陸的國家也有「不同看法」。[97]

的確，李光耀相信，隨著中國成為一個強大的經濟大國，美國在該地區存在的重要性並不會減弱，反而會增強。正如他所說，「一個像美國那樣崛起到世界之巔的國家，不會輕易放棄其超級大國的地位」。美國希望「在盡可能長的時間內保持世界第一的領先地位」。[98] 與此同時，中國知道美國會「不情願地屈服於中國影響力的任何擴展，而且只有在迫不得已的情況下」。[99] 在另一個場合，他更加明確地表示：「作為一個正在崛起的大國，不能指望中國會默許違背自身利益的現狀。作為卓越的全球大國，美國的利益在於維持現狀。這種基本利益的差異不能被忽視。」[100] 中國非常清楚自己受到美國及其盟友的限制，但李光耀並不認為中國有意挑戰美國的軍事地位，因為他們意識到自己與美國之間存在著廣泛的科技差距。中國的近期戰略是「建設在他們（中國）決定必須對台灣使用武力時，足以讓美國想要進行干預的代價變得昂貴的軍事能力……不是為了取勝，而是為了威懾美國人……五十年以後會發生什麼，我不知道」。[101] 預計中國和美國將是對手，但「不一定是敵人」，[102] 因為「世界的貨幣和政治問題要求兩國走上平行之路」。兩國之間的合作與競爭將持續下去，雖然偶爾會發生衝突，但兩國的關係將繼續向前發展。[103]

新加坡的領導人（尤其是二〇〇〇年以後的領導人，包括當前所謂的「第三代」和尚未完全接手現任領導層的「第四代」）最近的行動、評論與演講都表明，自李光耀在二〇一五年去世以來，新加坡的大戰略一直都沒有改變。新加坡繼續堅定不移地關注與追求全球化。正如李顯龍所言：「儘管全球化可能面臨壓力，但仍然有很大的發展空間，各國之間合作的必要性並沒有消失。」[104] 新加坡認為「鑑於共和國與美中這兩個超級大國的廣泛聯繫」，共和國不可能在美中之間做出選擇，「一般來說，我們（新加坡）希望與兩者都保持友好關係，但我們必須找到自己往前進的道路」。[105] 國務資政兼國家安全統籌部長張志賢在二〇二二年的一篇文章中分享了他的信念，認為過去幾年的教訓是「各國需要出於開明而非狹隘的自身利益共同努力，才能使世界變得不那麼功能失調」，雖然包括新加坡在內的各國都希望看到美國與中國管理好自己的問題，但「小國也有透過代理挺身而出，透過夥伴關係來為自己做些事情……幫助塑造全球秩序……維護與更新全球安全架構或貿易體系，即便主要大國在短期內無法做到這一點」。[106]

「第四代」領導人曾在他們的言論中表達了類似的觀點。例如教育部長陳振聲（Chan Chun Sing）於二〇二一年曾指出，新加坡的「傾向是仔細考慮每一問題」，並根據其「維護國際法在全球秩序中的地位的長期利益，以便使強權不等同於權利」。[107] 在張志賢的文章發表幾天後，衛生部長王乙康（Ong Ye Kung）重申了拉惹勒南於一九七二年關於新加坡作為「全球都市」的演講。[108] 在新冠肺炎疫情期間，新加坡一直致力於保持其作為主要物流、運輸與能源樞紐的地位，[109] 同時應對冠狀病毒（COVID-19）所造成的健康影響。因應疫情的多部委工作組共同主持人黃循財（Lawrence Wong）解釋說，新加坡的規模與資源缺乏意味著該國「不能長時間封閉其邊界」：「必須開放，保持開放……（對）新加坡生死攸關」。[110] 這是一個微妙的平衡，正如王乙康所說：「平衡的支點因國家而異……實際上，從第一天起，在我們作為一個島嶼的七百年歷史中……我們就一直依賴於與世界保持聯繫，以求生存與發展，並作為一個實體而繁榮昌盛。」[111] 陳振聲指出，新加坡的全球聯繫「在危機時刻為國家受益」，使它能夠維持其供應鏈的韌性。[112]

讀者可能還記得，我們早些時候曾指出了對於理解新加坡大戰略至關重要的四篇演講。在這四篇演講之外，我們現在本章中增加第五篇演講，即李顯龍總理於二〇一五年十一月二十七日第八屆拉惹勒南講座上所發表的〈選擇與信念〉，他在演講中強調了小國的現實，新加坡雖然小卻拒絕將其「視為命運」，以及該國是如何透過在國際上成為「一個積極和建設性的參與者」來擁有和超越其固有的局限性，始終預測事態的發展以「保護我們的利益，無論會發生什麼事」。最後但同樣重要的是，這一戰略能確保新加坡保持其重要地位。[113]總之，這五篇演講構成了新加坡大戰略的核心理念與主旨。

結論

I 小國更應有大戰略

前面各章試圖追溯新加坡大戰略從一九六五年至今的演變。撰寫本書有兩個目的。首先是為有關「大戰略」的學術討論與文獻做出貢獻，迄今為止這些研究主要以大國為焦點。本研究表明，小國也能擁有大戰略，[1]而新加坡，一個缺乏自然資源，人口有限，且經常被描述為「力量超過體量」的小國，是一個很好的個案研究。與此相關的第二個目的是填補有關新加坡於一九六五年後的外交、國防與安全歷史的文獻空白，這方面的研究都是由政治學家而非歷史學家所進行。

「大戰略」一詞一般不用於新加坡的背景下。更常見的是談論或閱讀有關新加坡的外交政策或國防政策，偶爾也提及新加坡的國家戰略或國家安全戰略。從本質上來說，這些所指的都是與「大戰略」相同的一系列討論與關切。[2] 新加坡在這方面並不例外。例如，中國也沒有正式使用這一術語，儘管中國學者自一九八〇年代以來就一直在使用它。[3] 有人認為「大戰略」不是一個有用的概念。那些認為這個術語有用的人，包括筆者在內，認為領導人在「應對新情勢時會借鑑一些有關世界運作方式的概念」，[4] 即使有時他們必須在短時間內以有限的資訊做出反應。如果沒有一個大戰略，「政策制定就是被動的，常常是無計畫的，並且總是危險的」。[5] 布蘭茲引述過往美國總統艾森豪的話提醒我們，「大戰略」不是「政策絕不能偏離的永恆不變的藍圖」，它「需要目標以及對未來的展望」，同時「還要求相當大的戰術靈活性」。[6]

正如在本書引言中所描述，「大戰略」有許多有用的定義。雖然在重點、焦點和術語上存在差異，但研究這一概念的學者之間也有相當多的重疊與共識。克里斯多夫．萊恩（Christopher Layne）將大戰略定義為「國際體系的地緣政治制約，與一個國家的國內政治文化及其認同感的交匯點」。[7] 本書採用了費佛所提供的相當簡單、清晰與簡明的描述，他將「大戰略」定義為「一系列構成國家運用政治、軍事、外交與經濟工具，共同推動國家利益的深思熟慮的努力計畫與政策。」[8] 本研究還贊同金駿遠（Avery Goldstein）的觀點，即戰略不僅是「首選政策的集合」，而是「一種認識到國家政策必須在相互依存的國際背景下實施的願景」。「大戰略」必須「涉及一份經過精心制定的、詳細的政府計畫」。[9] 在此情況下，就可以用「新加坡」來替換「國家」。

研究大戰略需要分析原則、戰略規劃與行為。[10] 因此，本書按時間順序對新加坡大戰略在三屆內閣與兩屆領導層更迭期間的成因、意識形態與實踐進行了解釋性分析。首三章涵蓋了李光耀（一九六五至一九九〇年），第四章涵蓋了吳作棟（一九九〇至二〇〇四年），第五章涵蓋了李顯龍（二〇〇四年至今）；本書跨足了冷戰和後冷戰時期。

為了解新加坡大戰略，有必要重新審視它從馬來西亞分離（一九六三年起曾是馬來西亞的一部分），並於一九六五年八月獨立的經歷。這雖然是一場沒有流血的獨立，但在大多數人看來，這即使不是突然發生，也是迅速的。國家的敘事是，獨立是「被迫」加諸於新加坡的。[11] 藉用一位歷史學家的話，作為一個「意外的國家」，[12] 政策必須即時制定，且大戰略的基本原則在一九六五年八月九日之後的歷史中被塑造、形成與鑄造。正如本研究所示，新加坡的大戰略自一九六五年國家成立以來一直都相當一致。

II 小國不作任何國家的附庸

新加坡自一九六五年以來一直擁有一個獨特而明確的戰略重點或目標：確保其作為一個民族國家的生存與獨立。正如其開國總理李光耀所言，新加坡「不能成為任何國家的附庸」，除非這個國家能夠「維持自己的觀點」，否則「將在新世界秩序中失去所有效力」。[13] 這一目標在李顯龍總理於二〇一五年的〈選擇與信念〉演講中，以提出一系列問題的形式進行了重新表述。[14] 其中包括：「我們如何確保自己的生存，並在陽光之下保有一席之地？」和「新加坡如何推動國家利益？」

這一戰略優先事項源於對小國無法長期生存的信念，正如李光耀所言：「在二十世紀下半葉的背景中，東南亞島國是一個政治笑話。」[15] 一夜之間，一個獨立的新加坡是不可行的，因此成為馬來西亞的一部分是一種存在的必要性（這是一九五〇年代末與一九六〇年代初支持一九六三年合併形成馬來西亞的主要論點），這樣的一種敘事不得不被突然修正。對於新加坡成為馬來西亞的「紐約」的期望也煙消雲散。

一九六五年八月八日，這個新國家的面積為五百八十一點五平方公里，人口僅一百八十八點七萬，是一個沒有腹地且無法自我防衛的貿易港口。在過去五十六年（截至撰寫本章時）

的外交、國防與經濟領域所做的一切，都是為了應對這一確保新加坡能夠生存與繁榮的戰略優先事項。這是基於這樣一個前提，即新加坡與其更大的鄰國不同，「對任何已發達國家都沒有內在利益」。小國幾乎沒有能力改變所在的地區，更不用說整個世界了。因此，為了生存，新加坡需要切合實際、有用和成功的發展策略：「新加坡必須不斷自我重建，保持與世界的關聯性，並創造政治與經濟空間。」[16]由於新加坡取得了成功，世界關注著它，因為沒有人會認真看待一個失敗的國家。[17]儘管新加坡的實際面積已增加到七百二十八點三平方公里，人口已增長到五百六十九萬，但這一信念自獨立以來一直保持不變。[18]正如賈古瑪所言：「一天是小國，第二天仍然只是一個小國。」[19]

本書經常提到李光耀、拉惹勒南與吳慶瑞，尤其是李光耀，其影響力直到他去世以前依然不減（有人可能認為甚至直到他去世後仍然如故）。任何有興趣了解和分析新加坡大戰略的人都必須了解他們的信念與前提，因為這些理念是「一面稜鏡」，塑造了他們對國際政治的「看法與診斷」，並為新加坡「提供了規範、標準與指導方針」，影響著新加坡對「戰略和戰術的選擇，以及對替代行動方案的構建與權衡」。[20]

正如本研究所示，對大戰略的研究是「與脈絡密切相關的」。[21]不過我們可在此簡要地將上述三位人物的世界觀與國際關係理論和戰略思想家聯繫起來，這是國際關係和戰略研究專業的學生所熟悉的內容。海因里希・馮・特賴茨克（Heinrich von Treitschke）和弗里德里希・馮・伯恩哈迪（Friedrich von Bernhardi）認為，為了在敵對的環境中生存，國家需要依靠菁英階層的和一定的階級制度，既要在國內應對非理性的公民群眾，也要在國外面對敵對勢力。科林・格雷（Colin Gray）和赫爾曼・卡恩（Herman Kahn）認為，為了生存，一個國家需要一支裝備精良的軍隊與一個專注於國家安全的外交政策。卡爾・馮・克勞塞維茨（Carl von Clausewitz）指出，雖然政治家不會積極尋求戰爭，但他們必須將其視為一種理性的手段，並在必要時願意且準備好使用它。羅伯特・吉爾平（Robert Gilpin）認為，政治與經濟是不可分割的，因為經濟是國家權力的重要基礎之一，反之亦然。根據肯尼思・沃爾茲（Kenneth Waltz）和斯蒂芬・克拉斯納（Stephen Krasner）的觀點，國際經濟交流是有用但脆弱的。合作可以是短暫的，今天的朋友可能會成為明天的敵人。[22]在最近的一篇關於烏克蘭危機的評論中，史蒂芬・華特（Stephen Walt）寫道：「在最基本的層面上，現實主義始於認識到戰爭的發生是因為沒有機構或中央權威能夠保護國家之間的安全，並在選擇戰鬥時阻止他們這樣做……國家無法確定其他國家將來會做什麼，這就使得各國不願相互信任，並促使它們防範未來某個時候可能出現強國的威脅。」[23]

讀者可能會從閱讀本書中得出這樣的結論，即新加坡領導人儘管從未被認為「執著於」理論，但與上述現實主義思想家持有相同觀點。事實上在冷戰結束後，雖然許多西方菁英放棄了現實主義，並認為自由主義的理念應指導外交政策的制定，但李光耀並不贊同這種觀點。

拉惹勒南和吳慶瑞分別於一九八六年與一九八八年退出政壇。由於健康狀況不佳，他們在一九九〇年代逐漸淡出舞台。李光耀於一九九〇年卸任總理後，於一九九〇年至二〇〇四年擔任總理公署高級部長，[24]二〇〇四年至二〇一一年擔任內閣資政，至二〇一五年去世為止他一直都是國會議員。因此，與他的另外兩位同事不同，李光耀在冷戰和後冷戰時期都是新加坡大戰略的重要制定者與形塑者。李光耀的繼任者和新加坡的第二位總理吳作棟曾說他「從拉惹勒南、李光耀先生那裡學到了在外交事務的波濤洶湧中游泳的技能……」他回憶說，他「讀了他們的演講」，被「帶著參加了很多會議，並觀察了他們如何與其他領導人互動」，以及「受益於他們的建議」。吳作棟指出：「他們共同制定了新加坡外交政策的基本原則，即維護我們的主權與行動自由，保持相關性，贏得最大數量的朋友，並且（如果可能的話）不樹敵，在與其他國家打交道時尊重《國際法》與規範。這些原則迄今仍然非常重要。」[25]

透過親身經歷與潛移默化的過程，新加坡的四代決策者擁有共同的戰略文化，「影響著他們在最高政治層面（就手段與政治目標的關係而言）和在作戰或戰術層面上的軍事選擇」。[26]以施奈德（Jack L. Snyder）的說法，「戰略文化」產生於「指導和限制戰略問題的一套態度和信念，影響戰略問題的制定方式，並設定戰略辯論的詞彙與感知規範」。[27] 這套「態度和信念」參照了「新加坡的傳統、價值觀、態度、行為模式、習慣、符號、成就，以及在面對武力威脅和使用時，適應環境並解決問題的特殊方式」。[28]

雖然華裔人口占多數，新加坡迄今仍能維持一個具有凝聚力的多元種族社會，這是一項有利條件。這一點以及執政政府自一九六五年以來的持續當權，使新加坡的大戰略具有連貫性和延續性，進而實現了對其大戰略的整體政府方法的有效推動。根據時任國務資政兼國家安全統籌部部長賈古瑪於二〇一〇年的一次演講，需要「作為一個無縫的整體有效地展開工作」，在應對「確保新加坡在國際舞台上繼續取得經濟成功，並發揮重要作用的多方面挑戰變得愈來愈重要」。[29] 正如李顯龍所指出，政治穩定對於「保持對國家利益的清晰認識並貫徹長期追求」至關重要。政治穩定可以「彌補」新加坡「所缺乏的分量」。[30] 政治應「止於水邊」的觀念自一九六五年以來一直是新加坡政治的不成文原則。

III 提倡多邊合作與重視法治

安全研究的學者們相當關注戰略的制定與內容。雖然這是適當的，但如果不對同樣重要的戰略實施進行深入考慮，這樣的關注就是不完整的，即應深入考慮結果如何與手段相關聯，意圖如何與能力相關聯，目標如何與資源相關聯。[31]正如本書所顯示，新加坡的大戰略是透過以下方式實現或體現的。首先，透過精心管理，新加坡與馬來西亞和印尼，以及超出周邊和地區，如與美國和中國之間的關係。其次，是透過支持與促進經濟和安全的多邊主義。早在一九六六年，李光耀就呼籲該地區展開「多邊合作」（儘管多邊安全協議的想法遠超其時）。對李光耀來說，「封閉的國家單位，國家自給自足，是陳舊且過時的。除非你像美國或蘇聯那樣是個泱泱大國，否則這是行不通的」。因此，透過區域合作，「你將三億人總合在一起，每個人都有利可圖」。他設想新加坡「可能是加速經濟發展進程的催化劑」，並且可以作為該地區經濟進步和發展的「火星塞」。但首先所有國家都必須同意「沒有人可以獨吞一切，我們必須合作」。[32]地理相鄰性是達成這點的必要條件但非充分條件，新加坡大力並繼續提倡的多邊合作與多邊主義並不局限於經濟領域，一個早期的例子就是於一九九三年七月成立的東協區域論壇。

新加坡大戰略的以下兩個展示領域是國防和國際法。新加坡非常重視法治，因為相信「如果互動受制於相對權力，小國就無法生存」。[33]新加坡在某些情況下曾因其互動過度拘泥於法律而受到批評，但正如賈古瑪教授所言（他曾擔任外交部長、法務部長和國家安全統籌部部長等多個部長職務），「我們不應為被指責過度拘泥於法律而感到沮喪」。[34]新加坡一直主張透過《國際法》解決爭端，例如與馬來西亞的領土爭端，以及南中國海的類似問題。在二〇一四年俄羅斯吞併克里米亞的案例中，新加坡外交部宣布：「新加坡反對對任何國家或領土的吞併，因為這違反了《國際法》。新加坡也反對以任何藉口無端入侵任何主權國家。」[35]這與新加坡於一九七八年十二月越南入侵柬埔寨時所採取的態度如出一轍。新加坡採取了非常一致的立場。正如新加坡首席大法官所言：「對於新加坡而言，法治與其說是一種理想的追求，不如說是生存的需要。」[36]

李顯龍引述一名芬蘭外交官所曾說過的話：「作為一個小國，我們唯一的武器就是言辭與條約。」雖然新加坡認真對待國際規範與協議，「最終，言辭必須在行動和結果、後果中得以實現。因此，我們必須擁有強大的防務能力，以便在一切都失敗時能夠保護新加坡」。[37]因此，SAF的主要作用是「新加坡主權的最終保證者」。[38]一九六五年時，當國家元首尤索夫在第一屆新加坡國會開幕致辭中，承認新加坡不得不「接受英國基地存在一段時間」，因為當時仍無法自我防衛，自那時起直到今天，新加坡確實走過了漫長的道路。[39]

IV 大戰略的未來

在撰寫本書之際，新加坡預期在未來幾年內會實現領導層的交替。下一次大選預計將於二〇二五年十一月二十三日前舉行。大戰略的制定一直且仍然集中於政府最高層級之間。即使在近年來觀察到「外交政策在新加坡國內的論述中更加突出」，[40]這在可預見的將來不太可能改變。當被問及為什麼「國防」未包含在二〇二二年中葉，由第四代領導層所發起的「新加坡攜手前進運動」（Forward Singapore）談話中時，國防部長黃永宏回答說：「遺漏並不意味著不重要。同樣未列入的還有國土安全與外交事務。這三者並不總是適合公開討論。」[41]然而，本書從一九六五年至今的五篇演講中所提煉出的新加坡大戰略的精髓：李光耀的〈亞洲水域中的大小魚〉（一九六六年六月十五日）；吳慶瑞的〈何種戰爭？〉（一九七一年十一月十九日）；拉惹勒南的〈新加坡：全球城市〉（一九七二年二月六日），以及李顯龍的〈小國的安全選擇〉（一九八四年十月十六日）和〈選擇與信念〉（二〇二二年十一月三十日）。

迄今為止，還沒有證據表明，除了上述一系列演講所記載的戰略之外還出現任何變革或不同的替代戰略。[42]第四代領導層中最傑出成員，即王瑞杰（Heng Swee Keat）、黃循財、陳振聲和王乙康的公開聲明、演講與訪談均表明，所有人仍然秉持著相同的立場。第二、第三和第四代領導人都與李光耀的觀點相呼應。

儘管如此，「大戰略是隨著國際體系的變化而改變」的觀點值得反思。[43]然而，在過去的五十多年裡，儘管經歷了冷戰及其後的時期，新加坡似乎並未見有改變其大戰略的必要性。米貞（Jennifer Mitzen）指出：「任何國家的大戰略都不可能在孤立的情況下取得成功，每一大戰略都需要一個有利的國際環境。」[44]到目前為止，美國、中國、馬來西亞和印尼都動機不一地默許與新加坡之間的合作。

新加坡的大戰略迄今為止是成功的。當前美中之間的戰略競爭是否會導致或迫使新加坡做出改變還有待觀察，正如新加坡總理李顯龍於二〇一七年時所言：「作為美中兩國的朋友，如果……兩大巨人之間發生摩擦，新加坡可能會陷入困境。」[45]假若真的如地緣政治未來主義者，加拿大多倫多未來創新中心（Center for Innovating the Future）共同創辦人阿比舒爾・普拉卡什（Abishur Prakash）所預測的那樣，當前的全球化世界會重新回到「垂直世界」（vertical world）：「各個國家將彼此隔絕」，世界將被劃分為「新的小帝國與新的集團」，這一困難可能會加劇。[46]

或許就以李光耀於一九八一年所說過的一段話作為本書結尾，這既有益又恰當：「在一個不完美的世界中，我們必須盡可能尋求最佳的調適，沒有一種調適是永恆的。如果這種調適能夠持續足夠長的時間，以便在下一組安排制定好以前取得進展，那就讓我們對它心存感激。」[47]

at https://www.researchgate.net/publication/315117360_Ontological_Security_and_Foreign_Policy, accessed 9 Jan. 2023. 在「本體安全」方面，「非傳統」的安全威脅（如煙霾、SARS、冠狀病毒、海平面上升）顯示了整體社會方法與「全面防衛」的相關性。

45 Charissa Yong, "PM: S'pore's Position Will Become Tougher if US-China Tensions Rise", *The Straits Times*, 2 March 2017.

46 Abishur Prakash, "New Mini-empires, New Blocs Will Divide the World", *Asia Times*, 20 Dec. 2021.

47 Transcript of the extempore remarks made by Prime Minister Lee Kuan Yew at the Commonwealth Heads of Government meeting (CHOGM), Melbourne, Australia, 1 Oct. 1981.

Singapore Democratic Socialist Club at the University Campus", 15 June 1966; "Interview, Hugh D.S. Greenway, *Time/Life* Bureau Chief, Southeast Asia with the Prime Minister, Mr. Lee Kuan Yew", 10 June 1969.

33 S. Jayakumar, "Reflections on Diplomacy of a Small State".

34 Ibid.

35 Singapore Ministry of Foreign Affairs, "MFA Spokesman's Comments in Response to Media Queries on the Russian Parliament's Ratification of a Treaty Joining Crimea to Russia on 21 March 2014", at https://www.mfa.gov.sg/Newsroom/Press-Statements-Transcripts-and-Photos/2014/03/MFA-Spokesmans-Comments-in-response-to-media-queries-on-theRussian-Parliaments-ratification-of-a-tr, accessed 25 Nov. 2022.

36 The Honorable Chief Justice Sundaresh Menon, "The Rule of Law, the International Legal Order, and the Foreign Policy of Small States", S. Rajaratnam Lecture, 15 Oct. 2019, Singapore: MFA Diplomatic Academy, 2019.

37 Lee, "Choice and Conviction" .

38 Teo Chee Hean, "New Challenges and Strategies for a More Secure World", S. Rajaratnam Lecture, 30 Nov. 2012, Singapore: MFA Diplomatic Academy, 2012.

39 "Yang Di-Pertuan Negara's Policy Speech on the Opening of Parliament on 14 December 1965", Singapore Parliament Reports (Hansard), at https://sprs.parl.gov.sg/search/email/link/?id=004_19651208_S0005_T0015&fullContentFlag=true, accessed 25 Nov. 2022.

40 Dr Tony Tan, "The Domestic Context of Singapore's Foreign Policy", S. Rajaratnam Lecture, 28 Nov. 2017, Singapore: MFA Academy, 2017.

41 "On Why Defence Was Not Included in the Forward Singapore Conversation", *The Straits Times*, 1 July 2022.

42 See William D. James, "Grand Strategy and the Challenge of Change", in *The Oxford Handbook of Grand Strategy*, ed. Balzacq and Krebs, Chapter 32. James 認為，如果沒有災難性的衝擊，大戰略的變化雖然可能發生，但卻很少見。See also Rebecca Lissner, "Re-thinking Grand-Strategic Change: Overhauls versus Adjustments in Grand Strategy", Chapter 33 in the same book.

43 Michael Clarke, *American Grand Strategy and National Security*, London: Palgrave Macmillan, 2021, p. 27.

44 Jennifer Mitzen, "Illusion or Intention? Talking Grand Strategy into Existence", *Security Studies* 24, no. 1, March 2015: p.65. Jennifer Mitzen 和 Kyle Larson 將「本體安全」——「其具體直覺是，所有社會行動者都認為他們需要一種穩定的自我意識，以便在世界上生存並實現一種能動性」——與「物質」或「物理」安全區分開來，後者是安全研究更為常見的關注點。"Ontological Security and Foreign Policy", *Oxford Research Encyclopedia of Politics*, 2017

oxfordbibliographies.com/view/document/obo-9780199743292/obo-9780199743292-0218.Xml , accessed 30 Jan. 2022.

22 See Jürg Martin Gabriel, *Worldviews and Theories of International Relations*, London: St. Martin's Press, 1994.

23 Stephen M. Walt, "Liberal Illusions Caused the Ukraine Crisis", *Foreign Policy*, 19 Jan. 2022, at https://foreignpolicy.com/2022/01/19/ukraine-russia-nato-crisis-liberal-illusions/, accessed 30 Jan. 2022.

24 一九八五年至一九八八年，拉惹勒南擔任總理公署高級部長，這也是該職銜的首次啟用。

25 Goh Chok Tong, "The Practice of Foreign Policy for Sustained Growth—the Singapore Experience", S. Rajaratnam Lecture, 17 Oct. 2014, Singapore: MFA Academy, 2009.

26 Chin Kin Wah, "Reflections on the Shaping of Strategic Cultures in Southeast Asia", in *Southeast Asian Perspectives on Security*, ed. Derek de Cunha, Singapore: ISEAS, 2000, Chapter 1, p. 5.

27 Snyder, quoted in Borgwardt, McKnight Nichols and Preston, eds., "Introduction", *Rethinking American Grand Strategy*, Oxford: Oxford University Press, 2021, p.11. Snyder 在其為美國空軍所撰寫的報告《蘇聯戰略文化：對有限核行動的影響》（*The Soviet Strategic Culture: Implications for Limited Nuclear Operations*）中，以蘇聯核威脅為背景闡述了他對「戰略文化」（「觀念、條件反射與行為模式的總和……」p. 8）的定義。Santa Monica, CA: Rand Corp., Sept. 1977, pp. 8-9, the quotation, cited here, from Borgwardt et al. appears on Snyder's p. 9. 該報告可查閱於 https://www.rand.org/pubs/reports/R2154.html, accessed 15 Dec. 2022.

28 Ken Booth, "The Concept of Strategic Cultures Affirmed", in *Strategic Power: USA/USSR*, ed. Carl G. Jacobsen (London: Macmillan, 1990), p. 121.

29 S. Jayakumar, "Reflections on Diplomacy of a Small State"; see also Goh, "The Practice of Foreign Policy for Sustained Growth". 關於「網絡安全的整體社會方法」，見 Shashi Jayakumar, ed., *State, Society and National Security: Challenges and Opportunities in the 21st Century*, Singapore: World Scientific, 2016, Chapter 15.

30 Lee Hsien Loong, "Choice and Conviction-The Foreign Policy of a Little Red Dot".

31 John Lewis Gaddis, *Strategies of Containment: A Critical Appraisal of Postwar American National Security Policy*, Oxford: Oxford University Press, 1982, p. viii.

32 "Transcript of at Talk Given by the Prime Minister, Mr. Lee Kuan Yew, on the Subject 'Big and Small Fishes in Asian Waters' at a Meeting of the University of

Policy, 8 April 2009, at https://foreignpolicy.com/2009/04/08/what-is-grand-strategy-and-why-do-we-need-it/ , accessed 11 Jan. 2023.

9 Avery Goldstein, "China's Grand Strategy under Xi Jinping", *International Security* 45, no. 1, Summer 2020: p.166.

10 See Thierry Balzacq, Peter Dombrowski and Simon Reich, eds., *Comparative Grand Strategy: A Framework and Cases*, Oxford: Oxford University Press, 2019.

11 See for example, S.R. Nathan, "Singapore's Foreign Policy: Beginnings and Future", The Inaugural S. Rajaratnam Lecture, 10 March 2008. Singapore: MFA Diplomatic Academy, 2008; Lee Kuan Yew, "The Fundamentals of Singapore's Foreign Policy: Then & Now", S. Rajaratnam Lecture, 9 April 2009, Singapore: MFA Academy, 2009, at https://www.pmo.gov.sg/Newsroom/speech-mr-lee-kuan-yew-minister-mentor-s-rajaratnam-lecture-09-april-2009-530-pm-shangri , accessed 9 Jan. 2023.

12 Edwin Lee, *Singapore: The Unexpected Nation*, Singapore: ISEAS, 2008.

13 Clarissa Oon, "MM Lee: We Cannot Be a Satellite of Any Nation", *The Straits Times*, 30 Dec. 2009.

14 Lee Hsien Loong, "Choice and Conviction—The Foreign Policy of a Little Red Dot", S. Rajaratnam Lecture, 27 Nov. 2015, Singapore: MFA Academy, 2015.

15 Lee Kuan Yew speaking at the Singapore Legislative Assembly on 5 March 1957, quoted in Bilahari Kausikan, "A 'Happy Mistake': Bilahari Kausikan on Singapore's Biggest Foreign Policy Blunder", *The Straits Times*, 21 Jan. 2020.

16 Lee Kuan Yew, "The Fundamentals of Singapore's Foreign Policy: Then & Now", S. Rajaratnam Lecture, 2009; Lee Hsien Loong, "Choice and Conviction—The Foreign Policy of a Little Red Dot", S. Rajaratnam Lecture, 27 Nov. 2015.

17 Lee Hsien Loong, "Choice and Conviction - The Foreign Policy of a Little Red Dot".

18 這些是二〇二〇年的資料。See also S. Jayakumar, "Reflections on Diplomacy of a Small State", S. Rajaratnam Lecture, 19 May 2010, Singapore: MFA Diplomatic Academy, 2010; ST Graphics in *The Straits Times*, 9 Aug. 2015; Microfilm Reel NL 33598 and Lee Hsien Loong, "Choice and Conviction".

19 Irene Ng, "How to Make Friends and Advance Interests of Singapore", *The Straits Times*, 28 Oct. 2000.

20 Alexander L. George, "The 'Operational Code': A Neglected Approach to the Study of Political Leaders and Decision-Making", *International Studies Quarterly* 13, no. 2 (June 1969): pp. 190-222.

21 Paul van Hooft, "Grand Strategy", Oxford Bibliographies, at https://www.

112 "'S'pore's Global Ties have Benefitted it in Times of Crisis': Chan", *The Straits Times*, 10 July 2021.

113 Lee Hsien Loong, "Choice and Conviction—The Foreign Policy of a Little Red Dot", S. Rajaratnam Lecture, 27 Nov. 2015, Singapore: MFA Academy, 2015.

結論

1 See Anders Wivel, "The Grand Strategies of Small States", in *The Oxford Handbook of Grand Strategy*, ed. Thierry Balzacq and Ronald R. Krebs, London: Oxford University Press, 2021, Chapter 30.

2 See for example Andrew Preston, "National Security as Grand Strategy: Edward Mead Earle and the Burdens of World Power", in *Rethinking American Grand Strategy*, ed. Elizabeth Borgwardt, Christopher McKnight Nichols and Andrew Preston, Oxford: Oxford University Press, 2021, Chapter 11.

3 Wu Chunqiiu, "Dialectics and the Study of Grand Strategy: A Chinese View", Chinese Aerospace Studies Institute, 2002, at https://www.airuniversity.af.edu/Portals/10/CASI/documents/Translations/2021-12-09%20Dialectics%20and%20the%20Study%20of%20Grand%20Strategy-%20A%20Chinese%20Perspective.pdf?ver=6iCNZjxKfbGYulHZ7CpCaA%3d%3d , accessed 30 Jan. 2022. 這篇文章是由中國人民解放軍軍事科學院所發布。See also David B.H. Denoon, ed., *China's Grand Strategy: A Roadmap to Global Power?*, New York, NY: New York University Press, 2021; Andrew Scobell et al., *China's Grand Strategy: Trends, Trajectories, and Long-Term Competition*, at https://www.rand.org/pubs/research_reports/RR2798.html, accessed 14 Feb. 2022; Kanti Bajpai, Saira Basit and V. Krishnappa, eds., *India's Grand Strategy: History, Theory, Cases*, London: Routledge, 2016 and Bernhard Beitelmair-Berini, *India's Grand Strategy and Foreign Policy: Strategic Pluralism and Subcultures*, London: Routledge, 2022.

4 Paul C. Avery, Jonathan N. Markowitz and Robert J. Reardon, "Disentangling Grand Strategy: International Relations Theory and US Grand Strategy", *Texas National Security Review* 3, no.1, Nov. 2018: p.30.

5 Robert Wilkie, "America Needs a Grand Strategy", *The Heritage Foundation*, 3 Nov. 2021, at https://www.heritage.org/defense/report/america-needs-grand-strategy, accessed 30 Jan. 2022.

6 Hal Brands, "Getting Grand Strategy Right: Clearing Away Common Fallacies in the Grand Strategy Debate", in *Rethinking American Grand Strategy*, ed. Borgwardt, McKnight Nichols and Preston, pp. 32-4.

7 Christopher Layne quoted in *Rethinking American Grand Strategy*, p. 220.

8 Peter Feaver, "What is Grand Strategy and Why Do We Need It?", *Foreign*

Strategic Studies Asia Security Conference, 31 May 2002, Singapore.

101 "Will Japan Fall behind China?", *The Straits Times*, 13 Aug. 2005.

102 "I Saw it Coming…", *The Straits Times*, 12 Aug. 2005.

103 "China and the US Need Each Other", *The Straits Times*, 8 April 2010.

104 Hariz Baharudin, "Globalisation has Benefited Everyone in S'pore, says PM", *The Straits Times*, 15 March 2021, at https://www.straitstimes.com/singapore/politics/globalisation-has-benefited-everyone-in-spore-says-pm , accessed 15 Dec. 2022.

105 Tham Yuen-C, "Not Possible for S'pore, Many Countries, to Choose between US and China' PM Lee Tells BBC", *The Straits Times*, 15 March 2021, at https://www.straitstimes.com/singapore/not-possible-for-spore-many-countries-to-choose-between-us-and-china-pmlee-tells-bbc , accessed 15 Dec. 2022.

106 Teo Chee Hean, "Whatever Happened to the Middle Way?", *Fulcrum*, 6 Jan. 2022, at https://fulcrum.sg/whatever-happened-to-the-middle-way/ , accessed 11 Jan. 2023.

107 Chan, as reported in Justin Ong, "Singapore Takes Principled Positions not Sides in US- China Rivalry: Chan Chun Sing", *The Straits Times*, 10 Nov. 2021, at https://www.straitstimes. com/singapore/politics/singapore-takes-principled-positions-not-sides-in-us-china-rivalry-chan-chun-sing, accessed 15 Dec. 2022; see also Chan Chun Sing, "Singapore amid Great Power Rivalry", *The Straits Times*, 10 Nov. 2021, at https://www.straitstimes.com/opinion/ singapore-amid-great-power-rivalry, accessed 15 Dec. 2022.

108 Ong Ye Kung, "Singapore - Lessons from the Rise and Fall of Great Cities", *The Straits Times*, 14 Jan. 2022. 在王乙康的觀點中可見到有一個可比較的觀點是，「儘管我們在資源和戰略規模上有所匱乏，但我們可以以靈活性和一致的目的與行動來彌補這一點」。

109 MFA Press Statement: Minister for Foreign Affairs Dr Vivian Balakrishnan's written reply to parliamentary question on Singapore's contributions to global efforts to combat COVID-19, 10 Jan. 2022.

110 "Working at Keeping Economy Open amid Covid-19 Fight", *The Straits Times*, 8 May 2021.

111 Ong, cited in Justin Ong, "4 Ways to Travel Safely with no Quarantine: Ong Ye Kung", *The Straits Times*, 7 May 2021, at https://www.straitstimes.com/singapore/transport/4-ways-to-travel-safely-with-no-quarantine-ong-ye-kung, accessed 22 Dec. 2022; see also Justin Ong, "S'pore's Reopening Balances Business, Health Needs: Wong", *The Straits Times*, 21 Aug. 2021; Linette Lai, "'S'pore Committed to Staying Open to World': Ong Ye Kung", *The Straits Times*, 21 Aug. 2021.

Opportunities in the 21st Century, Singapore: World Scientific, 2016, pp. 30-1.

86 See "Staying Relevant in a Tech-driven Global Economy", *The Straits Times*, 27 Jan. 2022.

87 Mindef Singapore, "Establishment of the Digital and Intelligence Service: A Significant Milestone for the Next Generation SAF", at https://www.mindef.gov.sg/web/portal/mindef/ news-and-events/latest-releases/article-detail/2022/October/28oct22_nr2, accessed 30 Dec. 2022.

88 Clement Yong, "Hiring for SAF's New Cyber Service to Start this Month", *The Straits Times*, 1 July 2022.

89 See Wong Yu Han, "Singapore's Approach to Cybersecurity", in *State, Society and National Security: Challenges and Opportunities in the 21st Century*, ed. Shashi Jayakumar, Chapter 15.

90 Andrew T. H. Tan, "Singapore's Approach to Homeland Security", in *Southeast Asian Affairs 2005*, Singapore: ISEAS, 2005, p. 360. See also *The Fight Against Terror: Singapore's National Security Strategy*, Singapore: National Security Coordination Centre, 2004.

91 See for example Michael Raska, "Modern War - How to Win without Fighting", *The Straits Times*, 2 Dec. 2021; "3G Soldier has Whole SAF in his Backpack".

92 See Graham Allison and Robert D. Blackwell, with Ali Wyne, *Lee Kuan Yew: The Grand Master's Insights on China, the United States, and the World*, Cambridge, MA: MIT, 2012.

93 Lim Yan Liang, "Growth in Region, Skills, Key to Economic Future", Dialogue with PM Lee Hsien Loong at the Singapore Summit, 19 Sept. 2015, *The Straits Times*, 20 Sept. 2015.

94 Maleeha Lodhi, "Geopolitics in Unsettled Times", *Dawn*, 19 Jan. 2022, at https://www.dawn.com/news/1658194 , accessed 24 March 2022.

95 Han Fook Kwang, "In Post-Lee Kuan Yew World, is his Strategic Vision still Relevant?", *The Straits Times*, 10 April 2019.

96 "On Power and Stabilising Forces", *The Straits Times*, 17 May 2010.

97 Address by Senior Minister Lee Kuan Yew to the Asia Society Australasia Centre Annual Dinner, 20 Nov. 2000, Sydney, at https://www.nas.gov.sg/archivesonline/data/pdfdoc/2000112004.htm , accessed 28 Nov. 2022.

98 "US Presence in E. Asia will Become more Vital, says SM", *The Straits Times*, 23 Jan. 2001.

99 "Senior Minister Lee Kuan Yew's Interview with Arnaud de Borchgrave, UPI International's Editor-at-large, on 11 May 2001", *The Business Times*, 19 May 2001 and *The Sunday Times* [Singapore], 20 May 2001.

100 Address by Senior Minister Lee Kuan Yew at the 1st International Institute for

good-progress-on-key-bilateral-issues-mfa, accessed 15 Dec. 2022; Aristyo Darmawan, "Resolving Indonesia and Singapore's UNCLOS dispute", East Asia Forum, 7 April 2021.

73 Barry Desker, "'Renewed' Deal for New Age: View of a Former Envoy", *RSIS Commentary*, Number 007/2022, 26 Jan. 2022.

74 See for example Leonard C. Sebastian and Dedi Dinarto, "Indonesia-Singapore Ties: Timely Breakthrough", *RSIS Commentary*, Number 006/2022, 26 Jan. 2022; "Singapore-Indonesia Pacts Draw Critics, and a Staunch Defence", *The Straits Times*, 12 Feb. 2022.

75 關於二〇二二年底的最新情況，見 Arlina Arshad, "Indonesia Ratifies Longstanding Extradition, Defence Deal with S'pore", *The Straits Times*, 16 Dec. 2022.

76 Qtd. in Leonard Lim, "Small Tiffs but Deep Ties", *The Straits Times*, 29 March 2014.

77 "Lessons from Haze Talks", *Today*, 9 July 2013.

78 Qtd. in Andrea Ong, "S'pore Must Remain a 'Shining Red Dot', says PM", *The Sunday Times* [Singapore], 16 Feb. 2014.

79 Mark Johnston, "Cyber Security Added to Singapore's Total Defence Framework", *Channel Asia*, 18 Feb. 2019 at https://www.channelasia.tech/article/657810/cyber-security-addedsingapore-total-defence-framework/, accessed 9 Jan. 2023. See also "Digital Defence Pillar Added to Singapore's Total Defence Framework to Strengthen Cybersecurity", *Channel News Asia*, 14 Feb. 2019 and "3G Soldier has Whole SAF in his Backpack", Interview with Deputy Prime Minister and Defence Minister Teo Chee Hean, *The Straits Times*, 1 July 2009.

80 Jermyn Chow, "War Games Debut of Drones Marks Evolution of SAF", *The Straits Times*, 11 Dec. 2015.

81 "SAF has Done Better than I Hoped', says Lee Kuan Yew", 21 May 2012, *AsiaOne*, at www. asiaone.com.sg, accessed 24 Jan. 2022.

82 Alberto Riva, "Lee Kuan Yew's Other Legacy: Why Singapore has One of the World's Toughest Militaries", *International Business Times*, 24 March 2015, at https://www.ibtimes. com/lee-kuan-yews-other-legacy-why-singapore-has-one-worlds-toughest-militaries-1857454, accessed 24 Jan. 2022.

83 Ng, qtd. in Ho Shu Huang, "Total Defence Against Threat of Hybrid Warfare", *The Straits Times*, 12 May 2015.

84 Lim Min Zhang, "Total Defence Could Include Sixth Pillar to Tackle Cyber Threats", *The Straits Times*, 5 Oct. 2018.

85 Shashi Jayakumar, ed., *State, Society and National Security: Challenges and*

Singapore (POA), 20 September 2010, Singapore, at https://www.pmo.gov.sg/Newsroom/jointstatement-meeting-between-prime-minister-lee-hsien-loong-and-prime-minister-dato, accessed 30 Nov. 2022.

62 Tommy Koh, "Ten Years, Over 100 Trips and Millions of Miles", *The Straits Times*, 13 Aug. 2014, at https://www.straitstimes.com/opinion/ten-years-over-100-trips-and-millions-of-miles, accessed 30 Nov. 2022.

63 Hendropriyono, "Jakarta-S' pore Ties: Time Right for a Fresh Start", *The Straits Times*, 26 Aug. 2004.

64 Paul Jacob, "Economic Ties to Bind Singapore and Jakarta", *The Straits Times*, 9 Nov. 2004.

65 Salim Osman, "S'pore 'Sets Great Store by Jakarta Ties'", *The Straits Times*, 25 Aug. 2006.

66 "Mutual Respect is Key to Ties between Sovereign States", *The Straits Times*, 2 Feb. 2004.

67 Azhar Ghani, "Jakarta's Bind a Result of Charter Changes: MM", *The Straits Times*, 28 July 2007. 此外還有煙霾問題，尤其二〇一三年是煙霾最為嚴重的一年。二〇一四年，印尼以兩名曾在「印馬對抗」期間炸過新加坡麥唐納大廈的士兵姓名為一艘軍艦命名。

68 See Leonard C. Sebastian, "When Relationships Change: Singapore-Indonesia Ties after Suharto and the Importance of Growing Together", in *The Little Nation that Can: Singapore's Foreign Relations and Diplomacy*, ed. Gillian Koh, Singapore: NUSS Commentary, 2017, Chapter 6, p. 55.

69 "Singapore, Indonesia Submit Final Sea Border Treaty to UN as They Celebrate 50th Anniversary of Ties", *The Straits Times*, 26 Sept. 2017, at https://www.straitstimes.com/asia/seasia/singapore-indonesia-submit-final-sea-border-treaty-to-un-as-they-celebrate-50th, accessed 15 Dec. 2022.

70 第一份協議是一九七三年簽署的沿新加坡海峽中部的海上邊界，第二份是二〇〇九年簽署的西段邊界（二〇一〇年生效），第三份是二〇一四年簽署的東段邊界（二〇一七年生效）。

71 "Singapore, Indonesia Submit Final Sea Border Treaty to UN as They Celebrate 50th Anniversary of Ties".

72 Arlina Arshad, "Leaders' Retreat: PM Lee Hsien Loong, President Joko Widodo Hope Singapore-Indonesia Ties Will Grow even Stronger", *The Straits Times*, 8 Oct. 2019, at https://www.straitstimes.com/singapore/leaders-retreat-pm-lee-jokowi-hope-deep-singapore-indonesia-ties-will-grow-even-stronger, accessed 15 Dec. 2022); Timothy Goh, "Singapore and Indonesia have Made Good Progress on Key Bilateral Issues: MFA", *The Straits Times*, 4 Jan. 2022, at https://www.straitstimes.com/singapore/singapore-and-indonesia-have-made-

47 "Joint Announcement: Australia-Singapore Comprehensive Strategic Partnership", at https://www.dfat.gov.au/geo/singapore/Pages/joint-announcement-australia-singaporecomprehensive-strategic-partnership, accessed 11 Jan. 2021.

48 Kenneth Cheng, "S'pore-US Defence Ties 'Can Strengthen' under Trump", *Today*, 13 Nov. 2016; see also Danson Cheong, "S'pore Interests Come First—Whatever the Global Shifts", *The Straits Times*, 11 Nov. 2016.

49 Saw Swee Hock and K. Kesavapany, *Singapore-Malaysia Relations under Abdullah Badawi*, Singapore: ISEAS, 2006; Yang Razali Kassim, "Cautious Optimism" [review of the book], *The Straits Times*, 27 July 2006.

50 Lydia Lim, "Replacing Causeway 'Does not Make Sense'", *The Straits Times*, 6 Jan. 2004.

51 "Bilateral Issues: KL Goes for 'Quiet Diplomacy'", *The Straits Times*, 25 Jan. 2004.

52 "Let Us not be Captives of the Past", *Today*, 27 Jan. 2004.

53 For details, see Cheong Koon Hean, Tommy Koh and Lionel Yee, *Malaysia & Singapore: The Land Reclamation Case* (Singapore: Straits Times Press, 2013); K. Kesavapany, "Economic Concerns Override Political Differences", *The Straits Times*, 28 Dec. 2006.

54 Cheong, Koh and Yee, *Malaysia & Singapore: The Land Reclamation Case*, p. 120. See also Lynn Lee, "PM: Bilateral Issues Best Settled by International Law", *The Sunday Times*, 12 Aug. 2007.

55 Lee, "PM: Bilateral Issues Best Settled by International Law".

56 "Third S'pore-Malaysia Joint Panel Meeting on Pedra Branca", *The Straits Times*, 9 Jan. 2010.

57 Kesavapany, "Economic Concerns Override Political Differences".

58 Lee, "PM: Bilateral Issues Best Settled by International Law".

59 Balan Moses, "Chance to Write New, Positive Chapter", *The Straits Times*, 22 April 2009. See also K. Kesavapany, "KL-S'pore Ties: Turning of the Tide", *The Straits Times*, 22 July 2009.

60 "Najib Seeks a Win-win Relationship with S'pore", *The Straits Times*, 23 May 2009.

61 "Full Text of the Joint Statement Issued Yesterday after the Meeting between Singapore Prime Minister Lee Hsien Loong and Malaysian Prime Minister Najib Razak", *The Straits Times*, 25 May 2010; see also Prime Minister's Office, Singapore, Joint Statement for the Meeting between Prime Minister Lee Hsien Loong and Prime Minister Dato' Sri Mohd Najib Tun Abdul Razak on the Implementation of the Points of Agreement on Malayan Railway Land in

The Straits Times, 15 Nov. 2014.

31 "Germans Discover PM Lee".

32 See Ang Cheng Guan, *Lee Kuan Yew's Strategic Thought*, London: Routledge, 2013, pp. 96-7.

33 "Singapore 'Glad to Facilitate Meeting'", *The Straits Times*, 9 Nov. 2015.

34 See for example, Alan Chong and David Han, "Foreign Policy Lessons from the Terrex Episode", *RSIS Commentary*, Number 022, 2 Feb. 2017. 二〇一三年一月，馬尼拉決定根據一九八二年《聯合國海洋法公約》（UNCLOS）將與中國之間的南海領土爭端提呈國際法庭。北京拒絕了這一做法。裁決於二〇一六年七月十二日宣布。新加坡的立場是尊重法律裁決。

35 "Entering New Phase in Unique Relationship", *The Straits Times*, 6 Nov. 2015.

36 Greg Torode and Marius Zaharia, "Singapore May Prove a Tough Nut for China to Crack over Regional Security", *Reuters*, 1 Dec. 2016, at https://www.reuters.com/article/ushongkong-singapore-taiwan-analysis-idUSKBN13R0N3, accessed 30 Nov. 2022.

37 "China Gives Restrained Response to S'pore", *The Straits Times*, 9 Dec. 2015.

38 From the British High Commission in Singapore to the FCO, "Japan", 29 April 1981, FCO 15/2906.

39 Lee Hsien Loong, "A Historic and Beneficial Rise".

40 *Singapore Tonight*, 22 May 2013, transcriptions of relevant sections of the newsclip that deal with Singapore's view of Japan's actions regarding its wartime past (2013-14).

41 *Singapore Tonight*, 29 Dec. 2013, transcriptions of relevant sections of the newsclip that deal with Singapore's view of Japan's actions regarding its wartime past (2013-14).

42 "Next Two Decades an Historic Opportunity for Asia: PM", *Today*, 23 May 2014: PM Lee Hsien Loong's keynote address at the 20th Nikkei International conference on 'The Future of Asia', Tokyo, 22 May 2014.

43 Lee Hsien Loong, "A Historic and Beneficial Rise".

44 For details, see See Chak Mun, "Singapore-India Strategic Relations - Singapore's Perspective", in *The Merlion and the Ashoka: Singapore-India Strategic Ties*, ed. Anit Mukherjee, Singapore: World Scientific, 2016, Chapter 3; "Germans Discover PM Lee".

45 Lim Min Zhang, "New Treaty Allows SAF to Train in Vastly Expanded Area in Australia", *The Straits Times*, 23 March 2020, at https://www.straitstimes.com/singapore/new-treatyallows-saf-to-train-in-vastly-expanded-area-in-australia, accessed 30 Nov. 2022.

46 "From Istana to Canberra".

16 Qtd. in Elgin Toh, "PM Lee Positive about Asia's Prospects", *The Straits Times*, 2 May 2013.

17 Lee Hsien Loong, "Strategic Issues that Confront a Rising Asia", *The Straits Times*, 31 May 2004.

18 Lee Hsien Loong, "A Historic and Beneficial Rise", summary of his speech at the Central Party School, Beijing, 25 October 2005, *The Straits Times*, 26 Oct. 2005.

19 See Ang Cheng Guan, *Southeast Asia after the Cold War*, Singapore: NUS Press, 2019, pp. 165-70.

20 "From Istana to Canberra", *The Straits Times*, 11 Oct. 2012.

21 Lee Hsien Loong, Interview with Washington Post associate editor, Lally Weymouth, *The Straits Times*, 17 March 2013.

22 "Asia and America: Our Shared Future", *The Straits Times*, 5 May 2007; available also at https://asiasociety.org/america-and-asia-our-shared-future, accessed 26 Nov. 2022.

23 "Singapore-US Pact to Enhance Military Ties", *The Straits Times*, 9 Dec. 2015; "P-8 Deployment Reinforces US Presence in Asia-Pacific", *The Straits Times*, 11 Dec. 2015; "Defence Pact's Renewal Shows Support for US Presence in Region: Mindef", *The Straits Times*, 25 Sept. 2015.

24 "Key Pact on US Use of Air, Naval Bases in S'pore Renewed till 2035", *The Straits Times*, 25 Sept. 2019. See also Remarks by Minister for Defence, Dr Ng Eng Hen, at the 7th Reagan National Defense Forum Panel Session, "Advancing US National Defence: Working with Allies and Partners", 8 Dec. 2019. 美國國防部長馬克・艾斯培（Mark T. Esper）與黃永宏簽署了一份非約束性諒解備忘錄，確立了自二〇二九年起在關島（Guam）設立新加坡空軍永久戰鬥機訓練分遣隊的安排。

25 Linette Lai, "Small States are Primarily Concerned with Stability and International Rules: Ng Eng Hen", *The Straits Times*, 15 May 2022, at https://www.straitstimes.com/singapore/ politics/small-states-are-primarily-concerned-with-stability-and-international-rules-ng-eng-hen, accessed 26 Nov. 2022.

26 Lee, "A Historic and Beneficial Rise".

27 "Singapore's Foresight in Forging Early Friendship", *The Straits Times*, 7 Feb. 2012.

28 Rachel Chang and Kor Kian Beng, "3 Possible Locations for Third Sino-S'pore Project", *The Straits Times*, 8 Aug. 2014.

29 "PM: Don't Let Rows Overshadow Good ASEAN-China Ties", *Today*, 17 Sept. 2014.

30 Jermyn Chow, "Concrete Moves to Make Sino-S'pore Defence Ties Stronger",

第五章：新加坡與全球化——李顯龍時代（自二〇〇四以來）

1 See Bridget Welsh et al., eds., *Impressions of the Goh Chok Tong Years in Singapore*, Singapore: NUS Press, 2009, pp. xi, 119.

2 Ibid., p. 21.

3 Ibid., p. 127. See also Chapter 10.

4 Ibid., pp. 19-20. See also Chapter 16.

5 Speech by Deputy Prime Minister Lee Hsien Loong at the Kent Ridge Ministerial Forum 2002, 30 Sept. 2002, at https://www.nas.gov.sg/archivesonline/data/pdfdoc/2002093001.htm, accessed 7 Jan. 2023.

6 "Trying Times for America", excerpts of Prime Minister Lee Hsien Loong's interview with Charlie Rose on 13 July 2005, *The Straits Times*, 5 Aug. 2005.

7 "What Must Change in Singapore", edited excerpt of interview with Prime Minister Lee Hsien Loong by Tom Plate on 22 Feb. 2007, *The Straits Times*, 3 March 2007. 關於李顯龍對於全球化是「亞洲變革的驅動力，似乎是不可阻擋的大趨勢」的看法，見 "Asia and America: Our Shared Future", "Prime Minister Lee Hsien Loong's speech at the Asia Society/US-ASEAN Business Council Joint Gala Dinner, Washington DC, 4 May 2007", *The Straits Times*, 5 May 2007; also available at https://asiasociety.org/america-and-asia-our-shared-future, accessed 26 Nov. 2022.

8 Lee Hsien Loong, Keynote Address at the 4th IISS Asia Security Conference, Singapore, 3 June 2005, at https://www.nas.gov.sg/archivesonline/data/pdfdoc/2005060302.htm, accessed 26 Nov. 2022; see also "Securing Asia's Future", excerpt from a speech by Prime Minister Lee Hsien Loong at the 4th International Institute of Strategic Studies Asia Security Conference in Singapore, 3 June 2005, *The Straits Times*, 6 June 2005.

9 "Germans Discover PM Lee", *The Straits Times Interactive*, 7 Dec. 2005.

10 "Securing Asia's Future".

11 "What Must Change in Singapore".

12 "Strategic Issues that Confront a Rising Asia", excerpted from the Deputy Prime Minister's speech at the Conference Board symposium on Asian Economies and Financial Markets, 27 May 2004, *The Straits Times*, 31 May 2004.

13 "China and the World: Prospering and Progressing Together", Prime Minister Lee Hsien Loong's speech at the Central Party School in Beijing, 6 Sept. 2012, *Today*, 7 Sept. 2012.

14 Qtd. in Grace Ho, "Not Too Late for US, China to Reset Ties and Avert Clash: PM at WEF Event", *The Straits Times*, 30 Jan. 2021.

15 Prime Minister Lee Hsien Loong's interview with Washington Post associate editor, Lally Weymouth, *The Straits Times*, 17 March 2013.

94 Richard Borsuk and Reginald Chua, "Singapore Strains Relations with Indonesia's President", *The Wall Street Journal*, 4 Aug. 1998, at https://www.wsj.com/articles/ SB902170180588248000, accessed 10 Jan. 2023.

95 Chua Lee Hoong, "SM: I Take Long-term View of Ties with Jakarta", *The Straits Times*, 16 Feb. 2001.

96 Lee Hsien Loong, "Mutual Respect is Key to Ties Between Sovereign States", *The Straits Times*, 2 Feb. 2004.

97 See "Barred Preacher's Supporters Stage Protests in Indonesia against Singapore", *The Straits Times*, 22 May 2022 and Ram Anand, "Mahathir's Remark on Reclaiming S'pore Aimed at Johor Sultan: Analysts", *The Straits Times*, 26 June 2022. 印尼傳教士阿卜杜勒・索馬德（Abdul Somad Batubara）說新加坡是廖內群島的一部分，因而屬於印尼。據報導，馬哈地於二〇二二年六月十九日曾表示，馬來西亞應收回新加坡（以及廖內群島），因為「它們是馬來人的土地（Tanah Melayu）」。眾所皆知一向對新加坡持對立態度的馬來西亞前首相馬哈地說，自己的言論被誤解 / 曲解了。

98 "Singapore Puts Force Integration into Place", *Jane's Defence Weekly*, 30 April 1997, p. 25; "The RSAF: Procurement Programmes and Future Requirements", *Asian Defence Journal*, Feb. 1996, p. 23; Michael Richardson, "RSAF's Space Crunch", *The Straits Times*, 27 Dec. 2004.

99 Qtd. in *Asian Defence Journal*, February 1996, p. 21.

100 "Singapore-Deconstruction Forges Ahead", *Jane's Defence Weekly*, 27 June 2001.

101 Tim Huxley, *Defending the Lion City: The Armed Forces of Singapore,* Sydney: Allen & Unwin, 2000. Boey's review appeared in *The Sunday Times* [Singapore], 18 March 2001; see also "Why a Book on S'pore's Military Might is Upsetting M'sia", *Today*, 6 Jan. 2003.

102 David Boey, "Motive Behind Misreading of Book on SAF", *The Straits Times*, 14 Feb. 2003. See also Tim Huxley, "Singapore and Malaysia: A Precarious Balance?", *The Pacific Review* 4, no. 3, 1991: pp. 204-13.

103 Lee Kuan Yew, "The Fundamentals of Singapore's Foreign Policy: Then & Now", S. Rajaratnam Lecture, 9 April 2009, Singapore: MFA Academy, 2009.

104 關於一九九七年亞洲金融危機及其對該地區的政治與安全影響的介紹，見 Ang, *Southeast Asia after the Cold War: A Contemporary History*, Chapter 2.

105 Shashi Jayakumar, ed., *State, Society and National Security: Challenges and Opportunities in the 21st Century*, Singapore: World Scientific, 2016, pp. 7-8.

Asian Affairs 25, no. 1, Spring 1998: pp. 21-36; Chang Li Lin, "Singapore's Troubled Relations with Malaysia: A Singapore Perspective", *Southeast Asian Affairs*, 2003: pp. 259-74; K. Kesavapany, "Singapore's Foreign Relations with Malaysia", in *The Little Nation that Can: Singapore's Foreign Relations and Diplomacy*, ed. Koh, Chapter 5; Kwa Chong Guan, ed., *Beyond Vulnerability: Water in Singapore-Malaysia Relations,* IDSS Monograph, Number 3, Singapore: IDSS, 2002.

84 Chang, "Singapore's Troubled Relations with Malaysia: A Singapore Perspective": p.264.

85 See Cecilia Tortajada, Yugal Kishore Joshi and Asit K. Biswas, *The Singapore Water Story: Sustainable Development in an Urban City State*, London: Routledge, 2013. 以漫畫形式的簡要概述，見 [Singapore] Public Utilities Board, "The Quest for Water Security", 24 Nov. 2017, at https://www.pub.gov.sg/PublishingImages/Quest_for_Water_ Security_Hi-Res.jpg, accessed 27 Oct. 2021.

86 Qtd. from Cheong Suk-Wai, "Plumbing Singapore's Water Story", *The Straits Times*, 26 June 2011; see also Feng Zengkun, "Singapore: Increasing the Flow of Water from National Taps", *The Straits Times*, 16 March 2013; Asit K. Biswas and Ng Joo Hee, "Singapore's Two-front Battle with Water Security and Climate Change", *The Straits Times*, 5 June 2021.

87 Kwa, ed., *Beyond Vulnerability: Water in Singapore-Malaysia Relations*, pp. 61, 135-8.

88 吳作棟總理於二〇〇一年曾表示，雖然與馬來西亞維持水源聯繫有好處，但如果吉隆坡將水源作為「籌碼」，「新加坡可以求助於其他水源」。見 Kwa, *Beyond Vulnerability: Water in Singapore-Malaysia Relations*, p. 128.

89 Rusdi Omar, "An Analysis of the Underlying Factors that Affected Malaysia-Singapore Relations During the Mahathir Era: Discords and Continuity", Unpublished PhD dissertation, University of Adelaide, May 2014, pp. 265-6.

90 S. Jayakumar, "Reflections on Diplomacy of a Small State", S. Rajaratnam Lecture 2010, 19 May 2010.

91 Goh Chok Tong, "The Practice of Foreign Policy for Sustained Growth—the Singapore Experience", S. Rajaratnam Lecture 17 Oct. 2014, Singapore: MFA Academy, 2014.

92 K.P. Menon, ed., *Footprints on Foreign Shores: Tales Told by Foreign Service Officers*, Singapore: Graceworks, 2021, pp. 98-9.

93 Singh, *The Vulnerability of Small States Revisited: A Study of Singapore's Post-Cold War Foreign Policy*, pp. 235-47. Singh 將一九八八年至一九九七年形容為新加坡與印尼之關係的「蜜月」階段。See p. 269.

69 Goh Chok Tong, "The Practice of Foreign Policy for Sustained Growth—the Singapore Experience", S. Rajaratnam Lecture, 17 Oct. 2014, Singapore: MFA Academy, 2014.

70 See Zheng Yongnian and John Wong, eds., *Goh Keng Swee on China,* Singapore: World Scientific, 2012.

71 John Wong and Lye Liang Fook, "Introduction: Singapore-Suzhou Industrial Park 20 Years On: Development and Changes", in *Suzhou Industrial Park: Achievements, Challenges and Prospects*, ed. John Wong and Liang Fook Lye, Singapore: World Scientific, 2020, at https://www.worldscientific.com/doi/pdf/10.1142/9789811200045_0001, accessed 19 Oct. 2021.

72 See Yuen Foong Khong, "Singapore: A Time for Economic and Political Engagement", in *Engaging China: The Management of an Emerging Power*, ed. Alastair Iain Johnston and Robert S. Ross, London: Routledge, 1999, Chapter 5.

73 有關第一手資料，見S.R. Nathan, *An Unexpected Journey: Path to the Presidency*, Singapore: Editions Didier Millet, 2011, pp. 589-95.

74 Ibid.

75 "DPM Lee Responds to China's Protests", *The Straits Times*, 17 July 2004.

76 "China Signals FTA Talks May Face Setbacks", *The Straits Times*, 5 Aug. 2004.

77 關於 SIJORI 的簡要討論，見 Bilveer Singh, *The Vulnerability of Small States Revisited: A Study of Singapore's Post-Cold War Foreign Policy*, Yogyakarta: Gadjah Mada University Press, 1999, pp. 184-5.

78 Singh, *The Vulnerability of Small States Revisited: A Study of Singapore's Post-Cold War Foreign Policy* , pp. 192-3. 關於新加坡—馬來西亞於一九八八年關於水源、天然氣與渡輪服務的諒解備忘錄，見 *Singapore-Malaysia 1988 Memorandum of Understanding on Water, Gas and Ferry Service*, at https://eresources.nlb.gov.sg/infopedia/articles/SIP_2014- 10-14_153754.html#, accessed 26 Oct. 2021.

79 Singh, *The Vulnerability of Small States Revisited: A Study of Singapore's Post-Cold War Foreign Policy*, p. 192.

80 Ibid.

81 S. Jayakumar and Tommy Koh, *Pedra Branca: The Road to the World Court,* Singapore: NUS Press, 2009, see Foreword by Minister Mentor Lee Kuan Yew, pp. xi-xiii.

82 "Railway Land: S'pore Wants Third Party Help", *The Straits Times*, 17 Oct. 2003.

83 Singh, *The Vulnerability of Small States Revisited: A Study of Singapore's Post-Cold War Foreign Policy*, p. 207. 有關上述及其他問題的詳細資訊，見 Singh and N. Ganesan, "Malaysia-Singapore Relations: Some Recent Developments",

Small States' (FOSS) Reception on 22 September 2022", New York, at https://www.pmo.gov.sg/Newsroom/PM-Lee-Hsien-Loongat-the-30th-Anniversary-of-the-Forum-of-Small-States, accessed 6 Jan. 2023.

55 Goh Yan Huan, "Lifting Millions out of Poverty Still a Challenge for Asia: Ex-UN official", *The Straits Times*, 17 Nov. 2021.

56 PM Lee Hsien Loong at the IISS Shangri-La Dialogue 2019, at https://www.pmo.gov.sg/ Newsroom/PM-Lee-Hsien-Loong-at-the-IISS-Shangri-La-Dialogue-2019, accessed 25 Jan. 2022.

57 "Never Has There Been a Moment so Propitious in History: PM" in *The Straits Times Weekly Overseas Edition*, 10 Feb. 1990.

58 Carlyle A. Thayer, *Multilateral Institutions in Asia: The ASEAN Regional Forum*, Hawaii: The Asia-Pacific Center for Security Studies, December 2000, p. 5.

59 Presentation by Kishore Mahbubani, Permanent Secretary (Singapore Ministry of Foreign Affairs) at the Policy Forum organised by the Institute of Policy Development, 20 Sept. 1996.

60 Peter Ho, "The ASEAN Regional Forum: The Way Forward?", in *ASEAN-UN Cooperation in Preventive Diplomacy*, ed. Sarasin Viraphol and Werner Pfenning, Bangkok: Ministry of Foreign Affairs, Thailand, 1995, p. 251.

61 Ibid.

62 有關新加坡與印度之關係的簡要介紹，見 Koh, ed., *The Little Nation That Can: Singapore's Foreign Relations and Diplomacy*, Chapter 9.

63 See Rosemary Foot, "China in the ASEAN Regional Forum: Organisational Processes and Domestic Modes of Thought", *Asian Survey* XXXVIII [38], no. 5, May 1998: pp. 425-40.

64 Presentation by Kishore Mahbubani, Permanent Secretary (Singapore Ministry of Foreign Affairs) at the Policy Forum organised by the Institute of Policy Development, 20 Sept. 1996.

65 "S'pore Interests Come First—Whatever the Global Shifts", *The Straits Times*, 11 Nov. 2016.

66 See Daniel Chua, "Singapore's Relations with the United States of America" in Koh, ed., *The Little Nation that Can: Singapore's Foreign Relations and Diplomacy, Commentary*, Chapter 3.

67 "Why American Economic and Security Presence [is] Vital for Asia", *The Straits Times*, 17 Dec. 1991.

68 Tan See Seng, "(Still) Supporting the Indispensable Power: Singapore's Relations with the United States from Trump to Biden", *Asia Policy* 16, no. 4 (Oct. 2021): p. 80.

42 Welsh et al., eds., *Impressions of the Goh Chok Tong Years in Singapore*, p. 127.

43 歐洲自由貿易協會（EFTA）是由四個歐洲國家（冰島、列支敦斯登侯國、挪威與瑞士）所組成的聯盟，有別於歐盟與《歐新自由貿易協定》（EU；EUSFTA 2019）。

44 全文見Peh Shing Huei, *Standing Tall: The Goh Chok Tong Years, Volume 2*, Singapore: World Scientific, 2021, Chapter 13. 此摘錄自Peh Shing Huei, "Ichigo Ichie—One Encounter, One Chance—in Ending US Blockage", *The Straits Times*, 29 May 2021; Welsh et al., *Impressions of the Goh Chok Tong Years in Singapore*, p. 125.

45 Ishikawa, "The ASEAN Economic Community and ASEAN Economic Integration", p. 32.

46 Magcamit, *Small Powers and Trading Security: Contexts, Motives and Outcomes*, pp. 49-50.

47 "TPP is More than just a Trade Deal or Jobs Issue for Americans", *The Straits Times*, 27 Oct. 2016.

48 Michael Intal Magcamit, "Trading in Paranoia: Exploring Singapore's Security-Trade Linkages in the Twenty-first Century", *Asian Journal of Political Science* 23, no. 2, 2015: p.186.

49 關於《美國——新加坡自由貿易協定》的討論，見 Magcamit, "Trading in Paranoia: Exploring Singapore's Security-Trade Linkages in the Twenty-first Century", pp. 194-7.

50 Magcamit, *Small Powers and Trading Security: Contexts, Motives and Outcomes*, p. 223.

51 Peh, *Standing Tall: The Goh Chok Tong Years, Volume 2*, p. 265.

52 Welsh et al., eds., *Impressions of the Goh Chok Tong Years in Singapore*, p. 133. 詳細討論見第十一章。

53 Ibid.

54 周泰蘇是新加坡常駐聯合國代表，負責監督由十六個成員國所組成的小國論壇（FOSS）的成立。二〇一七年（成立二十五週年），小國論壇已有一〇七個成員國，占聯合國會員國的半數以上。See Tai Soo Chew, "A History of the Forum of Small States", in *50 Years of Singapore and the United Nations*, ed. Tommy Koh, Liling Chang and Joanna Koh, Singapore: World Scientific, 2015, pp. 35-8; Vanu Gopala Menon, "Singapore and the United Nations", in *The Little Nation that Can: Singapore's Foreign Relations and Diplomacy*, ed. Gillian Koh, *Commentary*, Volume 26, 2017, Chapter 18; S. Jayakumar, "Reflections on Diplomacy of a Small State", S. Rajaratnam Lecture, 2010, 19 May 2010, and Lee Hsien Loong, "Transcript of Video Message by PM Lee Hsien Loong at the United Nations General Assembly High Level Forum of

25 March 2015.

25 "Speech by Mr Lee Kuan Yew, Prime Minister of Singapore, Opening the Discussion on 'World Political Scene: Global Trends and Prospects'", Commonwealth Heads of Government Meeting, Vancouver, Canada, 13 Oct. 1987.

26 Lecture by the Prime Minister of Singapore to the Thai National Defence College, Bangkok, 19 Sept. 1989.

27 Toast by the Prime Minister at a Dinner for Commonwealth Heads of Government, Singapore, 25 Oct. 1989.

28 Nor-Afidah Abd Rahman, "Growth Triangle", at https://eresources.nlb.gov.sg/infopedia/articles/SIP_58_2005-01-06.html , accessed 28 June 2021.

29 謹此感謝柯宗元先生分享其文章草稿："Singapore and Johor: A Connected History".

30 Nor-Afidah Abd Rahman. See also Ooi Giok Ling, "The Indonesia-Malaysia-Singapore Growth Triangle: Sub-Regional Economic Cooperation and Integration", *GeoJournal* 36, no. 4, Aug. 1995: pp.337-44.

31 Bhaskaran, "An Architect of the Singapore Miracle".

32 Email correspondence with Kwa Chong Guan on 5 June 2021.

33 Graeme Dobell, "Lee Kuan Yew and Oz", *The Strategist*, 24 March 2015, at https://www.aspistrategist.org.au/lee-kuan-yew-and-oz/ , accessed 10 Jan. 2023.

34 Michael Intal Magcamit, *Small Powers and Trading Security: Contexts, Motives and Outcomes*, London: Palgrave Macmillan, 2016, p. 50.

35 Lee Kuan Yew, "Efforts to Overcome the Dearth of Entrepreneurs in Singapore", Speech at the Business Awards Ceremony at the Shangri-La Hotel, Singapore, 8 Jan. 1993. See also Arun Mahizhnan, "Developing Singapore's External Economy", in *Southeast Asian Affairs 1994*, Singapore: ISEAS, 1994, pp. 285-301.

36 Mahizhnan, "Developing Singapore's External Economy", p. 285.

37 Ibid., pp. 285-6. 有一份題為《新加坡經濟：新方向》（*The Singapore Economy: New Directions*）的報告，在新加坡於一九八五年經歷了獨立以來第一次經濟衰退之後，於一九八六年編寫出版，其中將離岸活動視為未來增長的關鍵因素。

38 Welsh et al., eds., *Impressions of the Goh Chok Tong Years in Singapore*, p. 211.

39 Ibid., pp. 211-2.

40 The Editorial Board, "Global Trade After the Failure of the Doha Round", *The New York Times*, 1 Jan. 2016.

41 Magcamit, *Small Powers and Trading Security: Contexts, Motives and Outcomes*, p. 213.

Discourse on Vulnerability", *Contemporary Southeast Asia* 35, no. 3, Dec. 2013: 423-46.

17 "Speech by Mr. S. Rajaratnam, Second Deputy Prime Minister (Foreign Affairs) at the opening of the Times Conference held at the Shangri-La Hotel", 4 Sept. 1984.

18 例如，見拉惹勒南在以下場合所進行的演講：一九七八年九月二十九日在紐約的聯合國大會第三十三屆會議上的演講；一九八三年三月二十四日在新加坡香格里拉酒店所舉辦的「動盪時期的投資契機」時代會議（The Times Conference）開幕式上的演講；一九八三年八月二十三日在新加坡文華酒店所舉辦的「亞洲的未來」國際會議上的演講；以及一九八四年九月四日星期二在新加坡香格里拉酒店所舉辦的時代會議開幕式上的演講。

19 J.J. Woo, *Singapore as an International Financial Centre: History, Policy and Politics*, London: Macmillan Palgrave Pivot, 2016, p. 38; Ralph C. Bryant, "The Evolution of Singapore as a Financial Centre", in *Management of Success: The Moulding of Modern Singapore*, ed. Kernial Singh Sandhu and Paul Wheatley, Singapore: ISEAS, 1989, chapter 16, p. 338.

20 Qtd. in Yvonne Guo and Woo Jun Jie, "The Secrets to Small State Survival", *The Straits Times*, 23 Sept. 2013, at https://www.straitstimes.com/singapore/the-secrets-to-small-statesurvival, accessed 4 July 2022. The quotation is from Lee's 9 April 2009 S. Rajaratnam Lecture, at https://www.mfa.gov.sg/Newsroom/Press-Statements-Transcripts-and-Photos/2009/04/Speech-by-Minister-Mentor-LKY-at-the-S-Raj-lecture-at-shangri-la-hotel-on-thursday-9-april-2009 , accessed 22 Dec. 2022.

21 Woo, *Singapore as an International Financial Centre: History, Policy and Politics*, p. 38.

22 Hoe Ee Khor, Diwa C. Guinigundo and Masahiro Kawai, eds., *Trauma to Triumph: Rising from the Ashes of the Asian Financial Crisis*, Singapore: World Scientific, 2022, pp. 155-6.

23 Woo Jun Jie, "Singapore's Transformation into a Global Financial Hub", 2017, at https://lkyspp.nus.edu.sg/docs/default-source/case-studies/entry-1516-singapores_transformation_into_a_global_financial_hub.pdf?sfvrsn=a8c9960b_2https://lkyspp.nus.edu.sg/docs/defaultsource/case-studies/entry-1516-singapores_transformation_into_a_global_financial_hub.pdf?sfvrsn=a8c9960b_2 , accessed 4 July 2022; 有關新加坡在吳作棟任期內發生一九九七年亞洲金融危機期間的情形，見 Khor, Guinigundo and Kawai, eds., *Trauma to Triumph: Rising from the Ashes of the Asian Financial Crisis*, Chapter 9.

24 Manu Bhaskaran, "An Architect of the Singapore Miracle", *The Business Times*,

2 Prasenjit Duara, *The Crisis of Global Modernity: Asian Traditions and a Sustainable Future*, Cambridge: Cambridge University Press, 2015, p. 254.

3 Maximilian Terhalle, "The 1970s and 2008: Theorizing Benchmark Dates for Today's Decentred Global Order", *International Studies* 56, no. 1, 2019: 1-27, p. 9.

4 Transcript of an interview with the Prime Minister by Jackie Sam of the *Straits Times* Press and Wu Shih of *Sin Chew Jit Poh*, 16 Nov. 1965.

5 Qtd. in Han Fook Kwang, "Is Lee Kuan Yew's Strategic Vision for Singapore Still Relevant?". *East Asia Forum*, 10 April 2019.

6 Bridget Welsh et al., eds., *Impressions of the Goh Chok Tong Years in Singapore*, Singapore: NUS Press, 2009, p. 201.

7 Defence and Oversea Policy (Official) Committee, Defence Review Working Group, "Politico-Military and Economic Implications of Proposed Force Reductions in the Far East", 4 April 1967, FCO 24/45, NAB 1276. See also Chan Chin Bock et al., *Heart Work: Stories of How EDB Steered the Singapore Economy from 1961 into the 21st Century,* Singapore: Singapore Economic Development Board and EDB Society, 2002, Chapter 1 "The Birth of the EDB".

8 Speech Delivered at the Inauguration of the World Assembly of Youth (WAY) Asian Regional Seminar on "Urbanisation" at the National Trade Union Congress Hall on 16 April 1967, in Goh Keng Swee, *The Economics of Modernisation,* Singapore: Federal Publications, 1972, Chapter 2.

9 Welsh et al., eds., *Impressions of the Goh Chok Tong Years in Singapore,* Singapore: NUS Press, 2009, p. 204.

10 Ibid., pp. 120-1.

11 Nicholas Tarling, *Southeast Asian Regionalism: New Perspectives*, Singapore: ISEAS, 2011, pp. 84, 91; Ang Cheng Guan, *Southeast Asia after the Cold War: A Contemporary History*, Singapore: NUS Press, 2019, p. 812.

12 Koichi Ishikawa, "The ASEAN Economic Community and ASEAN Economic Integration", *Journal of Contemporary East Asian Studies* 10, no. 1, 2021: 25.

13 "'Regional Cooperation in Southeast Asia', Speech Delivered at the Annual Dinner of the University of Singapore on 24 January 1970", in Goh Keng Swee, *The Economics of Modernisation*, Chapter 12.

14 Ibid., pp. 110-1.

15 National Day Message from the Minister for Foreign Affairs, Mr. S. Rajaratnam, 8 Aug. 1966.

16 "Singapore: Global City", Text of address by Mr. S. Rajaratnam, Minister for Foreign Affairs to the Singapore Press Club, 6 Feb. 1972. See also Yee-Kuang Heng, "A Global City in an Age of Global Risks: Singapore's Evolving

Press, 1999, pp. 213-4.

82 Philippe Régnier, *Singapore: City-State in Southeast Asia*, Honolulu: University of Hawaii Press, 1987, pp. 158-61; Norman Vasu and Nur Diyanah Binte Anwar, "The Maligned Malays and National Service", in *National Service in Singapore*, ed. Ho Shu Huang and Graham Ong Webb, Singapore: World Scientific, 2019, Chapter 9; "A Close and Difficult Relationship", *Today*, 23 March 2015.

83 "Broadcast Excerpts from an Address Given by the Prime Minister, Mr. Lee Kuan Yew, on 'Changing Values in a Shrinking World' at the Political Study Centre", at https://www.nas.gov. sg/archivesonline/speeches/record-details/73d5f696-115d-11e3-83d5-0050568939ad (accessed 21 Dec. 2022); 該談話於一九六六年七月十三日發表，並於七月十八日經由廣播播出。See also the transcript of a speech by the Prime Minister, Mr. Lee Kuan Yew, at a seminar on "International Relations", held at the University of Singapore, 9 Oct. 1966.

84 Transcript of a television interview with the Prime Minister, Mr. Lee Kuan Yew, by three foreign press correspondents, Creighton Burns of *The Age* [Melbourne], Nihal Singh of *The Statesman* [India] and Dennis Bloodworth of *The Observer* [London], recorded at the studios of Television Singapura, 28 July 1966; transcript of a speech by the Prime Minister, Mr. Lee Kuan Yew, at a seminar on "International Relations", held at the University of Singapore, 9 Oct. 1966.

85 Régnier, *Singapore: City-State in Southeast Asia*, pp. 161-4.

86 Loke Hoe Yeong, ed., *Speaking Truth to Power: Singapore's Pioneer Public Servants*, Singapore: World Scientific, 2020, p. 275.

87 Barry Desker, "Lee Kuan Yew and Suharto: Friends Till the End", *The Straits Times*, 8 April 2015, at https://www.straitstimes.com/opinion/lee-kuan-yew-and-suharto-friends-till-the-end, accessed 12 Dec. 2022.

88 Speech at the Singapore Institute of International Affairs, Singapore, 16 Oct. 1984.

89 Ho and Chan, *Singapore Chronicles: Defence*, p. 55. 關於比喻的討論，也見 pp. 49-64 與 Ho and Ong-Webb, eds., *National Service in Singapore*, pp. 53-6; Pak Shun Ng, *From "Poisonous Shrimp" to "Porcupine": An Analysis of Singapore's Defence Posture Change in the Early 1980s*, Working Paper No. 397, Strategic and Defence Studies Centre, Canberra, Australia, April 2005.

第四章：新加坡進入後冷戰時代——吳作棟時代（一九九〇——二〇〇四年）

1 Ho Khai Leong, "Prime Ministerial Leadership and Policy-making Style in Singapore: Lee Kuan Yew and Goh Chok Tong Compared", *Asian Journal of Political Science* 8, no. 1, 2000: 91-123.

67 "US Attitude towards the Cambodian Government (CG)", *Information Note on Kampuchea*, S017: 146/21(7), 11 Nov. 1982, Issue No. 134/82 (Secret); "American Attitudes towards the Cambodian Problem", *Information Note on Kampuchea*, 22 June 1983, Issue No. 84/83 (Secret).

68 Author's email correspondence with Mr. Mushahid Ali, 28 Oct. 2009.

69 "Current US Position on Cambodia", *Information Note on Kampuchea*, 28 Sept. 1985, Issue No. 114/85 (Secret).

70 Author's email correspondence with Mr. Mushahid Ali, 29 Aug. 2009.

71 Extract of notes of breakfast meeting between Minister Dhanabalan and US Secretary of State George Shultz, Manila, 27 June 1986.

72 From Bilahari Kausikan to Mr. Robert Chua (AD/VLC), 31 Oct. 1986.

73 Wong Kan Seng, *Lessons for Singapore's Foreign Policy: The Cambodian Conflict* (S. Rajaratnam Lecture, 23 Nov. 2011, MFA Diplomatic Academy), pp. 14-16. 新加坡於一九八三年亦投票反對美國所領導的對格瑞那達（Grenada）的入侵。

74 "Singapore Opposes Crimea Annexation: MFA", *The Straits Times*, 22 March 2014, at https://www.straitstimes.com/singapore/singapore-opposes-crimea-annexation-mfa; Davina Tham, "Ukraine's Sovereignty, Territorial Integrity 'Must be Respected', says Singapore as Russia Recognises Breakaway Regions", *Channel News Asia*, 22 Feb. 2022.

75 Sebastian Strangio, "Why have Southeast Asian Governments Stayed Silent over Ukraine?", *The Diplomat*, 23 Feb. 2022.

76 The WikiLeaks Cable is cited in Laura Southgate, *ASEAN Resistance to Sovereignty Violation: Interests, Balancing and the Role of the Vanguard State* (Bristol: Bristol University Press, 2019), pp. 55-6.

77 Lee Jones, ASEAN, *Sovereignty and Intervention in Southeast Asia* (London: Palgrave Macmillan, 2012), pp. 70-1. 作者的論述是以英國檔案資料與口述訪談為基礎，尤其是與新加坡外交官比拉哈里・考斯甘、凱薩瓦帕尼和巴里・德斯加的訪談。

78 Speech by the Minister of Foreign Affairs (Mr. S. Rajaratnam), Yang Di-Pertuan Negara's Speech: Debate on the Address, 17 Dec. 1965, Singapore Parliament Reports (Hansard).

79 Ang, Singapore, *ASEAN and the Cambodian Conflict, 1978-1991*, pp. 168, 171, fn. 63.

80 "Speech by Prime Minister Lee Kuan Yew at the Welcoming Banquet for Dato Seri Dr Mahathir Mohamad and Datin Seri Siti Hasmah", Istana, 17 Dec. 1981.

81 See Bilveer Singh, *The Vulnerability of Small States Revisited: A Study of Singapore's Post-Cold War Foreign Policy*, Yogyakarta: Gadjah Mada University

Sihanouk, Istana Annexe, 28 June 1982 (Secret).

51 "Notes of Conversation between DD/INTL 4, K. Mahbubani and Ms Lim Yoon Lim, Straits Times, MFA, 25 March 1981". 關於東南亞對柬埔寨問題與看法的精采總結，見 Kishore Mahbubani, "The Kampuchean Problem: A Southeast Asian Perception", *Foreign Affairs*, Winter 1983/84: pp. 401-25. 馬凱碩當時是新加坡駐華盛頓大使館副館長。

52 "Extracts of Notes of Meeting between DD/D1, Miss Viji Menon and the Yugoslav Counsellor, Mr. Risto Nikovski, MFA, 18 November 1986" (Confidential).

53 Bilahari Kausikan, "Some Fundamentals of Singapore's Foreign Policy", in *The Little Red Dot: Reflections by Singapore's Diplomats*, ed. Koh and Chang, pp. 104-5.

54 Lee, *From Third World to First: The Singapore Story: 1965-2000*, pp. 664-5.

55 "Notes of a Conversation between Minister Dhanabalan and the Hungarian Minister for Foreign Affairs, Mr. Peter Varkonyi, Hungarian Ministry of Foreign Affairs, Budapest, 16 September 1985" (Confidential).

56 "Notes of Conversation between 1PS [Nathan] and Mr Wongsanith, Former Cambodian Ambassador to Singapore, City Hall, 16 April 1981" (Secret).

57 "Extract of Notes of a Conversation between DD/INTL Kishore Mahbubani and Mr. Ray Burghardt, US Deputy Director of East Asian Affairs, 15 September 1981".

58 "Notes of a Conversation between DD/INTL 4, K. Mahbubani and Mrs. Lim Yoon Lim, Straits Times, MFA, 25 March 1981", S017:261/13/1.

59 關於中國在中越戰爭（一九七九年）中決策的最新論述，見 Zhang Xiaoming, "Deng Xiaoping and China's Decision to Go to War with Vietnam", *Journal of Cold War Studies* 12, no. 3, Summer 2010: pp. 3-29.

60 Interview with S. Dhanabalan, 1994, *Senior ASEAN Statesmen*, Oral History Centre, National Archives of Singapore, National Heritage Board, 1998.

61 Nathan, *An Unexpected Journey: Path to the Presidency*, p. 386.

62 Visit of PM Son Sann to Singapore, 9-14 March 1984, *Information Note on Kampuchea*, 22 March 1984.

63 Steven Erlanger, "Singapore Chief Fears for Cambodia", *The New York Times*, 25 Oct. 1989.

64 "US Support for Non-communist Khmer Groups", *Information Note on Kampuchea*, 23 Oct. 1981, Issue No. 57/81 (Secret).

65 Lee, *From Third World to First: The Singapore Story: 1965-2000*, p. 378.

66 "US Assistance to the Non-communist Cambodian Resistance", *Information Note on Kampuchea*, 4 July 1984, Issue No. 87/84 (Secret).

文獻所編寫的此書。

35 Tommy Koh and Chang Li Lin, eds., *The Little Red Dot: Reflections by Singapore's Diplomats*, Singapore: World Scientific, 2005, p. 41. 丹那巴南在一九八〇年至一九八八年間擔任新加坡外交部長。

36 From First Deputy Prime Minister to Mr Eddie Teo, Director SID, 13 December 1984 (Secret).

37 "Extract of Notes of Conversation between 1PS and Mr David Dodwell, Financial Times correspondent, MFA, 30 Oct. 1979".

38 Speech by Mr. S. Rajaratnam, Second Deputy Prime Minister (Foreign Affairs) to the Democratic Socialist Club at the National University of Singapore, 21 Dec. 1981.

39 Warren Fernandez, "Why Singapore Had to Take a Strong Stand against Russia's Attack on Ukraine", *The Straits Times*, 26 March 2022, at https://www.straitstimes.com/singapore/ why-singapore-had-to-take-a-strong-stand-against-russias-attack-on-ukraine, accessed 24 Nov. 2022.

40 Email correspondence with Barry Desker, 4 January 2010.

41 S.R. Nathan, *Singapore's Foreign Policy: Beginnings and Future*, The Inaugural S. Rajaratnam Lecture, 10 March 2008, MFA Diplomatic Academy, pp. 27-32.

42 Michael Leifer, *Singapore's Foreign Policy: Coping with Vulnerability*, London: Routledge, 2000, pp. 84-5. 雖然萊佛爾無法獲取官方文件，然從其研究中可清楚看出他訪談了多名參與制定與執行新加坡外交和國防政策的官員，用他的話說，這些官員「幾乎肯定不希望被人認出來」。

43 Lee Kuan Yew, *From Third World to First: The Singapore Story: 1965-2000*, Singapore: Times Editions, 2000, p. 347.

44 S.R. Nathan, *An Unexpected Journey: Path to the Presidency*, Singapore: Editions Didier Millet, 2011, p. 385.

45 Author's email correspondence with Tan Seng Chye, 12 June 2009.

46 See also Alan Dawson, "Implications of a Long-term Conflict on Thai-Vietnamese Relations", in *Confrontation or Coexistence: The Future of ASEAN-Vietnam Relations*, ed. William S. Turley, Bangkok: Institute of Security and International Studies, Chulalongkorn University, 1985, pp. 154-5.

47 Email correspondence with Tan, 12 June 2009.

48 "Notes of Conversation between PS Mr. Chia Cheong Fook and Mr Sam Rainsy (Advisor to Prince Sihanouk)", MFA, 4 March 1983; "Notes of Dinner Conversation between Son Sann, 1DPM and 2DPM, Sri Temasek", 2 April 1983.

49 Lee, *From Third World to First: The Singapore Story: 1965-2000*, p. 374.

50 Brief for Prince Sihanouk's visit to Singapore (2-6 Sept. 1981), Brief on Kampuchea Aug.1981 (Secret); Notes of Conversation between PM and Prince

www.todayonline. com/singapore/policies-shaped-multiracial-nation, accessed 24 Nov. 2022.

25 "Transcript of a Press Conference Given by the Prime Minister of Singapore, Mr. Lee Kuan Yew, at Broadcasting House, Singapore", 9 Aug. 1965, at https://www.nas.gov.sg/ archivesonline/speeches/record-details/740acc3c-115d-11e3-83d5-0050568939ad (accessed 6 Jan. 2023).

26 有關拉惹勒南對多元種族主義觀點的討論，見 Norman Vasu, "Locating S. Rajaratnam's Multiculturalism", in *S. Rajaratnam on Singapore: From Ideas to Reality*, ed. Kwa Chong Guan, Singapore: World Scientific, 2006, pp. 125-58; 另見 "In His [Lee Kuan Yew's] Own Words: 'Equality is an Aspiration, it is not Reality, it is not Practical'", *The Straits Times*, 19 Aug. 2009（這篇演講在轉錄本標題的注釋中被描述為李光耀在國會發表的最後一次重要演講之一）。李顯龍總理在後一章即將討論的二〇一五年拉惹勒南講座（〈選擇與信念〉）中說：「我們的外交政策是現實主義與理想主義之間的平衡。我們知道我們必須接受世界的現狀，而不是我們所希望的樣子。但我們相信我們能夠且必須捍衛自己，促進我們的利益。」

27 關於這三種方法之利弊的討論，見 Goh, "Multiculturalism and the Problem of Solidarity", in *Management of Success: Singapore Revisited*, ed. Chong, Chapter 30.

28 Qtd. in ibid., p. 572.

29 "Negotiating Clashing Chinese, Singapore Identities amid China's Growing Influence", *The Straits Times*, 2 May 2022.

30 "Managing the Tensions of Tribal Politics: Lawrence Wong", *The Straits Times*, 24 Nov. 2021; "'Take the Extra Step' to Make Minorities Feel Comfortable, says Lawrence Wong in Speech Discussing Racism in Singapore", *Channel News Asia*, 25 June 2021; "Singapore has Made Much Progress on Race Issues: Lawrence Wong", *The Straits Times*, 18 April 2021.

31 Chan Sek Keong, "Multiculturalism in Singapore: The Way to a Harmonious Society", Singapore Academy of Law Journal (2013), at https://journalsonline.academypublishing.org. sg/Journals/Singapore-Academy-of-Law-Journal/e-Archive/ctl/eFirstSALPDFJournalView/mid/495/ArticleId/500/Citation/JournalsOnlinePDF, accessed 5 July 2022.

32 Transcript of a talk at a meeting of the University of Singapore Democratic Socialist Club at the University campus, 15 June 1966.

33 Paul K. Saint-Amour, "On the Partiality of Total War", *Critical Inquiry* 40, no. 2, Winter 2014: 420; 內嵌引文來自牛津英語詞典（OED）。

34 詳見 Ang Cheng Guan, *Singapore, ASEAN and the Cambodian Conflict 1978-1991*, Singapore: NUS Press, 2013. 以下敘述摘錄自根據新加坡外交部檔案

14 Speech delivered at the presentation of the Annual Budget Statement in Parliament on 3 Dec. 1968, *Wealth of East Asian Nations: Speeches and Writings by Goh Keng Swee*, ed. Linda Low, Singapore: Federal Publications, 1995, pp. 3-22; See also Chin, "Singapore: Threat Perception and Defence Spending in a City-State", pp. 206, 211.

15 Speech at the Commissioning Ceremony of the 10th Batch of Infantry Officer Cadets, SAFTI, at the Istana, 19 July 1972. 吳慶瑞在一九七〇年至一九七九年間再次擔任國防部長。

16 Speech at the Commissioning Ceremony of SAF Officers at the Istana on 12 July 1974.

17 Chin, "Singapore: Threat Perception and Defence Spending in a City-State", p. 211. 雖然陳建華所指的是他所研究的時期，即從一九六五年到大約一九八〇年代中葉，但這也適用於其後的時期。

18 Qtd. in Ho Shu Huang and Samuel Chan, *Singapore Chronicles: Defence*, Singapore: Straits Times Press, 2015, p. 13.

19 Ibid.

20 Goh Chok Tong, "Main and Development Estimates of Singapore for the Financial Year 1st April 1984 to 31st March 1985", *Singapore Parliament Reports (Hansard)*, at https://sprs.parl.gov.sg/search/#/topic?reportid=011_19840316_S0002_T0004, accessed 21 Dec. 2022.

21 "Strategies for a Small State in Turbulent World", Excerpt from a Speech by Defence Minister Teo Chee Hean to the Singapore Press Club, 21 April 2005, *The Straits Times Interactive*, 23 April 2005; Ho and Chan, *Singapore Chronicles: Defence*, p. 12.

22 Speech by Mr. S. Rajaratnam, Second Deputy Prime Minister (Foreign Affairs) at the 1/82 Officer Cadet Course held at the Officer Cadet School Main Auditorium, Pasir Laba Camp, 23 March 1982.

23 Daniel P.S. Goh, "Multiculturalism and the Problem of Solidarity", in *Management of Success: Singapore Revisited*, ed. Terence Chong, Singapore: ISEAS, 2010, Chapter 30.

24 See Daryl Choo, "Rooting Out Everyday Racism", *Today*, 29 June 2022, at https://www. todayonline.com/big-read/big-read-short-rooting-out-everyday-racism-1932656, accessed 24 Nov. 2022; Nabilah Awang, Ng Jun Sen and S.M. Naheswari, "High Time to Talk about Racism, but Singapore Society Ill-equipped after Decades of Treating it as Taboo", *Channel News Asia*, 21 June 2021, at https://www.channelnewsasia.com/singapore/the-big-readracism-singapore-society-race-interracial-1955501, accessed 24 Nov. 2022; Kelly Ng, "The Policies that Shaped a Multiracial Nation", *Today*, 10 Aug. 2017, at https://

第三章：新加坡國防戰略的轉型與形成——李光耀時代（一九六五——一九九〇年）

1 "Singapore: Annual Review for 1972", 1 Jan. 1973, FCO 24/1778.

2 五國聯防多方協議是由澳洲、紐西蘭、英國、馬來西亞和新加坡所組成，於一九七一年簽署。

3 From the British High Commission in Singapore to the FCO, "Singapore Armed Forces", 18 March 1974, FCO 15/1912. For details, see "Singapore Armed Forces Military Capability, Report by Defence Adviser, British High Commission Singapore", January 1973, FCO 15/1912. See also British High Commission in Singapore to FCO, "Singapore's Defence: The End of an Era", 2 April 1976, FCO 15/2159.

4 Goh Keng Swee, Closing Address at the 3rd Singapore Command and Staff College (SCSC) course, 19 Nov. 1971.

5 引述來源仍不便透露。

6 關於國防科技研究院國家實驗室（DSO），見 "About DSO", https://www.dso.org.sg/about/, accessed 23 Nov. 2022.

7 關於參與其中的人所講述的早年情況與演變過程，見 "The Man with a Secret", *Today*, 5-6 Oct. 2002.

8 Speech at the opening of the FIDIC [Fédération Internationale des Ingénieurs Conseils/ International Federation of Consulting Engineers] Annual Conference, Singapore, 14 June 1982.

9 Melanie Chew, *Leaders of Singapore* (Singapore: Resource Press, 1996), p. 149. See also Goh Keng Swee, *The Practice of Economic Growth* (Singapore: Federal Publications, 1997), pp. vii-viii. 吳慶瑞指出，世界各國的國防部都消耗了大量資源。值得稱道的是，新加坡雖然購買了軍事硬體，其國際收支仍然保持強勁，因此在國防建設的幾年間都沒有必要提高稅收；see also Chin Kin Wah, "Singapore: Threat Perception and Defence Spending in a City-State", in *Defence Spending in Southeast Asia*, ed. Chin Kin Wah, Singapore: ISEAS, 1987, pp. 203-12.

10 Transcript of a press conference to a group of foreign correspondents, 11 Dec. 1965.

11 The Minister of Defence (Mr Lim Kim San), Estimates of Expenditure for Financial Year, 1 Jan. 1969 to 31 March 1970, 18 Dec. 1968, Singapore Parliament Reports (Hansard).

12 Transcript of a press conference to a group of foreign correspondents, 11 Dec. 1965.

13 Lee Kuan Yew, *Hard Truths To Keep Singapore Going*, Singapore: Straits Times Press, 2011, p. 32.

77 From the American Embassy in Singapore to the Department of State, 17 Sept. 1966, RG 59, Box 2651, POL 2-1/ Singapore 8/13/66.

78 From the Australian High Commission in Singapore to the Department of External Affairs, Canberra, 6 July 1966, A1838/2, Item 3024/7/1 Part 2.

79 Memorandum of Conversation, 19 September 1966, RG 59, Box Number 2652, POL Singapore - A. 但彭岱並不同意吳慶瑞的看法。

80 From the American Embassy in Singapore to the Department of State, 22 May 1966, RG 59, Box 2651, POL 1/ Singapore 5/1/66.

81 From the American Embassy in Singapore to the Department of State, 5 June 1966, RG 59, Box 2651, POL 1/Singapore 5/1/66.

82 "Transcript of a Talk Given by the Prime Minister, Mr. Lee Kuan Yew, on the Subject 'Big and Small Fishes in Asian Waters' at a Meeting of the University of Singapore Democratic Socialist Club at the University Campus, 15 June 1966".

83 Ibid.; interview with Lee Kuan Yew by Hugh D.S. Greenway, *Time/Life* Bureau Chief, Southeast Asia, 10 June 1969.

84 Ibid.

85 From the American Embassy in New Delhi to the Department of State, "Singapore PM's Visit to India", 9 Sept. 1966, RG 59, Box 2451, POL 6 - Singapore 1/1/65. See also Eugene R. Black, *Alternative in Southeast Asia*, New York: Frederick A. Praeger, 1969, p. 58. Black 形容李光耀「提出了一個試探性的想法……」，但未被理睬。

86 Interview with Lee by Greenway, 10 June 1969.

87 Barbara French Pace, *Regional Cooperation in Southeast Asia: The First Two Years of ASEAN - 1967-1969, Study I in The Guam Doctrine: Elements of Implementation*, Report RAC-R-98-2, Oct. 1970.

88 From the Australian High Commission in Singapore to the Department of External Affairs, Canberra, "Singapore - Foreign Policy", 23 Sept. 1970, A 1838/318, Item 3024/12, Part 1; from the Australian High Commission in Singapore to the Department of External Affairs, Canberra, Record of Conversation held between Mr. S. R. Nathan, Deputy Secretary, Ministry of Foreign Affairs, Singapore, and Mr. A.G.D. White, First Secretary, Australian High Commission, 9 Jan. 1970, A 1838/318, Item 3024/12, Part 1, NAB 780.

89 From the American Embassy in Singapore to the Department of State, 5 June 1968, Box 2324, POL Malaysia-Singapore.

90 ASEAN Foreign Ministers' Conference at Bangkok, Oral Answers to Questions, 9 Aug. 1967, Singapore Parliament Reports (Hansard).

91 Black, *Alternative in Southeast Asia*, pp. 57-8.

1965, RG 59, Box 2651, POL 2-1/ Singapore 10/16/65.

65 "Transcript of a Press Conference Given by the Prime Minister, Mr. Lee Kuan Yew, at City Hall to Local and Foreign Correspondents, 2 June 1966".

66 "Transcript of General Press Conference Given by the Prime Minister, Mr. Lee Kuan Yew, at TV Centre, 21 December 1968".

67 "Transcript of Question-and-answer Session Following the Prime Minister's Luncheon Address at the Reception Given him by the French Diplomatic Press Association, at the Hotel George V, Paris, 25 September 1970".

68 From the British High Commission in Singapore to the FCO, 12 November 1970, "Singapore-China Relations", FCO 24/887, NAB 1504.

69 Ibid.

70 From the New Zealand High Commission in Singapore to the Secretary of Foreign Affairs, Wellington, 23 June 1971, "Singapore and China", FCO 24/1203, NAB 1290.

71 See Khurshid Hyder, "China's Representation in the United Nations", *Pakistan Horizon* 24, no. 4, 1971: pp. 75-9; "People's Republic of China In, Taiwan out, at U.N.", *The New York Times*, 27 Oct. 1971; "Foreign Relations of the United States, Document 167: Editorial Note in Foreign Relations of the United States, 1969-1971", Volume XVII, China, 1969-72, at https://history.state.gov/historicaldocuments/frus1969-76v17, accessed 25 March 2021; *Yearbook of the United Nations, 1971, Volume 25*, New York: Office of Public Information, United Nations, 1974, pp. 126-37.

72 Alan Chong, "Singapore's Relations with Taiwan 1965-2005: From Cold War Coalition to Friendship under Beijing's Veto", in *Ensuring Interests: Dynamics of China-Taiwan Relations and Southeast Asia*, ed. Ho Khai Leong and Hou Kok Chung, Kuala Lumpur: Institute of China Studies, 2006, p. 182.

73 I-wei Jennifer Chang, "Taiwan's Military Ties to Singapore Constrained by China", *The Global Taiwan Brief* 5, no. 9, 6 May 2020, at https://globaltaiwan.org/2020/05/vol-5-issue-9/, accessed 10 Jan. 2023.

74 See Pasha L. Hsieh, "The Quest for Recognition: Taiwan's Military and Trade Agreements with Singapore Under the One-China Policy", *International Relations of the Asia-Pacific* 19, no. 1, 2019: pp. 89-115.

75 "Raja on Early Days of 'Do-it-yourself' Foreign Policy", *The Straits Times*, 2 April 1987.

76 "'Pawns' in Conflict", *Wellington Dominion*, 12 March 1965. 李光耀會經常重申這一點。例如 Lee Kuan Yew, "The Fundamentals of Singapore's Foreign Policy: Then & Now", S. Rajaratnam Lecture, 9 April 2009, Singapore: MFA Academy, 2009.

Beijing's Friendship with Lee Kuan Yew, 1954-1965", pp. 550-72. 李光耀於一九六二年訪問柬埔寨期間與中國大使取得聯繫，「表達了他對中國政策的理解和作為海外華人對中國的溫情」，引自 Tan Kok Chiang, *My Nantah Story: The Rise and Demise of the People's University*, Singapore: Ethos Books, 2017, p. 58.

52 Transcript of press conference given by the Prime Minister in Tokyo, 11 May 1973.

53 Wilairat, *Singapore's Foreign Policy: A Study of the Foreign Policy System of a City-State*, p. 511.

54 From the American Embassy in Jakarta to the Department of State, 1 September 1965, RG 59, Box 2652, POL 16 - Independence & Recognition/ Singapore.

55 From the American Consulate in Hong Kong to the Department of State, 20 Sept. 1965, RG 59, Box 2652, POL 16 - Independence & Recognition/ Singapore; from the American Embassy in Jakarta to Department of State, 30 Aug. 1965 and 1 Sept. 1965, RG 59, Box 2652, POL 16 - Independence & Recognition/ Singapore.

56 From the Australian High Commission in Kuala Lumpur to the Department of External Affairs, 28 August 1965, A1838, Item 3024/7/1 Part 1, Singapore - Political - Foreign Policy.

57 See Liu, "Love the Tree, Love the Branch: Beijing's Friendship with Lee Kuan Yew, 1954-1965", pp. 550-72.

58 Ibid., p. 567.

59 From the American Consulate in Singapore to the Department of State, 18 Sept. 1965, RG 59, Box 2651, POL 2-1/Singapore 1/1/65. 新加坡於一九六五年九月二十一日加入聯合國。

60 From the US Consulate in Singapore to the Department of State, 22 Nov. 1965, RG 59, Box 2651, POL 2-1/ Singapore 10/16/65.

61 阿布一巴克爾的演講全文，請參閱 UN General Assembly 20th Session 1362nd Plenary Meeting, https://undocs.org/en/A/PV.1362 (accessed 12 Dec. 2022), 尤其是第六段和第七段。另見新聞報導 "S'pore Tells UN: Admit China", *The Straits Times*, 16 Oct. 1965.

62 From the American Consulate in Singapore to the Department of State, 23 Oct. 1965, RG 59, Box 2651, POL 2-1/ Singapore 10/16/65. 全文請參閱 Singapore Government Press Statement, 16 Oct. 1965; NAA (National Archives of Australia) A1838/2, 3024/11/87 Part 1.

63 From the American Embassy in Singapore to the Department of State, 24 Sept. 1966, RG 59, Box 2651, POL 2-1/Singapore 8/3/66.

64 From the American Consulate in Singapore to the Department of State, 26 Oct.

Item 3024/11/161 Part 2, Singapore-Relations with United States of America.

37 Text of the speech by the Minister of Foreign Affairs and Labour, S. Rajaratnam, at a dinner organised by Time magazine, 6 Oct. 1968.

38 From the Australian High Commission to the Department of External Affairs, Canberra, 4 June 1968, A1838, Item 3024/11/161 Part 2, Singapore -Relations with United States of America. 該檔案中的文件主要涉及美國對新加坡海軍基地的興趣，以及新加坡對從美國購買軍事裝備的興趣。

39 See documents in A1838, Item 3024/11/161 Part 2 and Part 3, Singapore-Relations with United States of America.

40 Transcript of interview with Prime Minister Lee Kuan Yew by Mims Thomson, UPI, 19 March 1971.

41 有關詳細資訊，見Ang Cheng Guan, *Southeast Asia and the Vietnam War* (London: Routledge, 2010); Ang Cheng Guan, "Singapore and the Vietnam War", *Journal of Southeast Asian Studies* 40, no. 2, June 2009: 1-32.

42 "Transcript of a Talk Given by the Prime Minister, Mr. Lee Kuan Yew, on the Subject 'Big and Small Fishes in Asian Waters' at a Meeting of the University of Singapore Democratic Socialist Club at the University Campus, 15 June 1966".

43 Speech by the Minister of Foreign Affairs (Mr. S. Rajaratnam), 16 Dec. 1965.

44 Ibid.

45 Interview (Hugh D.S. Greenway, Time/Life Bureau Chief, Southeast Asia) with the Prime Minister, Mr. Lee Kuan Yew, 10 June 1969.

46 Transcript of an interview with Lee Kuan Yew by Anthony Rendell, London, Australian Broadcasting Commission, 17 Sept. 1966.

47 *Meet the Press*, NBC, US, 22 Oct. 1967.

48 Ibid.; 也見Henry Kamm, "Interview with the Prime Minister", New York Times, 26 May 1971以了解李光耀對中國的詳盡分析；也見text of speech by Mr. S. Rajaratnam, Minister of Foreign Affairs and Labour, at the International Press Institute World Assembly Luncheon, Hong Kong, 18 May 1970中同樣認為中國「決心維持其全球大國的地位」。

49 Goh Keng Swee, *The Economics of Modernisation*, Singapore: Federal Publications, 1972, p. 23.

50 From the British High Commission in Singapore to the UK Foreign and Commonwealth Office (FCO), 12 Nov. 1970, FCO 24/887, NAB 1504. See also Yuan-li Wu, *The Strategic Land Ridge: Peking's Relations with Thailand, Malaysia, Singapore, and Indonesia*, Stanford University, CA: Hoover Institution Press, 1975, p. 58.

51 "Aspects of Singapore's Foreign Relations", June 1968, A1838/318, Item 3024/12 (Part 1), NAB 780. See also Liu, "Love the Tree, Love the Branch:

20 From the American Consulate in Singapore to the Department of State, 15 Oct. 1965, RG 59, Box 2652, POL 15-1/Singapore 1/1/65.
21 From the American Consulate in Singapore to the Department of State, 5 Oct. 1965, RG 59, Box 2653, POL - Political Affairs & Relations/Singapore-US.
22 From the American Embassy in Singapore to the Department of State, 7 July 1966, RG 59, Box 2652, POL 15-1/Singapore 1/1/65.
23 From the Department of State to the American Embassy in Kuala Lumpur, Malaysia, RG 59, Box 2652, POL 15-1/Singapore 1/1/65.
24 From the American Consulate in Singapore to the Department of State, 4 Sept. 1965, RG 59, Box 2651, POL 2-1/Singapore 1/1/65; from the American Consulate in Singapore to the Department of State, 18 Sept. 1965, RG 59, Box 2651, POL 2-1/Singapore 1/1/65. See also Daniel Chua, US-Singapore Relations, 1965-1975: Strategic Non-Alignment in the Cold War, Singapore: NUS Press, 2017, pp. 63-72.
25 From the American Consulate in Singapore to the Department of State, 4 Sept. 1965, RG 59, Box 2651, POL 2-1/Singapore 1/1/65
26 From the American Embassy in Kuala Lumpur, Malaysia to the Department of State, 15 Aug. 1965, RG 59, Box 2653, POL 7 Singapore.
27 From the American Consulate in Singapore to the Department of State, 1 Sept. 1965, RG 59, Box 2653, POL - Political Affairs & Relations/Singapore-US.
28 From the American Consulate in Singapore to the Department of State, 5 Oct. 1965, RG 59, Box 2653, POL - Political Affairs & Relations/Singapore-US.
29 From the American Embassy in New Delhi, India to the Department of State, 12 Sept. 1966, RG 59, Box 2651, POL 7 - Visits & Meetings/Singapore 1/1/65.
30 From the American Consulate in Singapore to the Department of State, 3 April 1966, RG 59, Box 2651, POL 22-1/Singapore 1/1/66.
31 From the American Embassy in Singapore to the Department of State, 10 April 1966, RG 59, Box 2651, POL 22-1/Singapore 1/1/66.
32 Ibid.
33 "Transcript of a Press Conference Given by the Prime Minister, Mr. Lee Kuan Yew, at City Hall to Local and Foreign Correspondents, 2 June 1966".
34 From the American Embassy in Singapore to the Department of State, 17 June 1966, RG 59, Box 2652, POL 15-1/Singapore 1/1/65.
35 "Transcript of a Talk Given by the Prime Minister, Mr. Lee Kuan Yew, on the Subject 'Big and Small Fishes in Asian Waters' at a Meeting of the University of Singapore Democratic Socialist Club at the University Campus, 15 June 1966".
36 From the Australian Embassy in Washington DC to the Australian Department of External Affairs, 26 Oct. 1967, "Visit of Prime Minister of Singapore", A1838,

59, Box 2651, POL 2-1 Singapore 1/1/65.

7 Speech by the Minister of Foreign Affairs (Mr. S. Rajaratnam), 17 Dec. 1965.

8 Kawin Wilairat, *Singapore's Foreign Policy: A Study of the Foreign Policy System of a City-State*, unpublished PhD dissertation, Georgetown University, 1975, p. 305.

9 Peter Boyce, *Malaysia & Singapore in International Diplomacy: Documents and Commentaries*, Sydney: Sydney University Press, 1968, p. 41.

10 From the American Consulate in Singapore to the US Department of State, "Singapore Policy Assessment", 25 Feb. 1966, RG 59, Box 2451, POL 6 - Singapore 1/1/65.

11 From the American Embassy in Singapore to the Department of State, "Singapore Government's Attitudes toward Asian Regional Organizations", 16 Sept. 1966, RG 59, Box 2652, POL 8 - Singapore 1/1/66.

12 See Wilairat, *Singapore's Foreign Policy*, pp. 423, 442-7.

13 Lee Kuan Yew, *The Singapore Story*, Singapore: Singapore Press Holdings, 1998, p. 455.

14 From the American Consulate in Singapore to the Department of State, "Singapore Government Officialdom and Attitudes towards the United States", 21 Dec. 1964, RG 59, Box 2452, POL 15-1 Malaysia.

15 From the American Consulate in Singapore to the Department of State, 21 May 1964, RG 59, Box 2452, POL 15-1 Malaysia.

16 The Association for Diplomatic Studies and Training (ADST), Foreign Affairs Oral History Project, "Ambassador Harry E.T. Thayer, interviewed by Charles Stuart Kennedy", 1990, PDF 檔可透過以下網址中他名字的連結獲取：https://adst.org/oral-history/oral-historyinterviews/#gsc.tab=0 , accessed 4 Jan. 2023.

17 Philip Hsiaopong Liu, "Love the Tree, Love the Branch: Beijing's Friendship with Lee Kuan Yew, 1954-1965", *China Quarterly* 242, June 2020 : 557. 劉曉鵬引用了馬里蘭州大學公園市的美國國家檔案館的文件。每個人認為李光耀將建立一個「面向中國大陸的社會主義馬來亞」。也見 James J. Halsema (Information Officer, USIS, Singapore 1949-52), ADST Oral Histories:「李光耀被認為是相當偏左的人……因此受到很大的懷疑……」；該資料來源可在 ADST 外交事務口述歷史計畫網站（見【注釋 16】）上透過他名字的連結獲取 PDF 檔。

18 Memorandum of Conversation, 19 Sept. 1966, RG 59, Box Number 2652, POL Singapore - A.

19 From the American Consulate in Singapore to the Department of State, 10 Dec. 1965, RG 50, Box 2651, POL 2-1/Singapore 10/16/65.

A.G.D White, First Secretary, Australian High Commission", 9 Jan. 1970, A 1838/318, Item 3024/12 (Part 1), NAB 780.

132 From the British High Commission in Wellington to the FCO, "Visit to New Zealand of the Singapore Prime Minister", 9 April 1975, FCO 15/2025.

133 Lee Hsien Loong, Facebook post, 17 Oct. 2021, accessed 17 Oct. 2021; see also Transcript of Doorstop Interview with Minister for Defence Dr Ng Eng Hen at Marina Barrage for FPDA 50 Flypast, 18 Oct. 2021, at https://www.mindef.gov.sg/web/portal/mindef/news-and-events/latest-releases/article-detail/2021/october/18oct21_transcript, accessed 19 Oct. 2021.

134 Closing Address by Dr. Goh Keng Swee, Minister of Defence, at the 3rd Singapore Command and Staff College (SCSC) Course, 19 Nov. 1971. 這是了解新加坡大戰略的軍事層面背後思想最重要的演講之一。See also Lee Kuan Yew, *Hard Truths To Keep Singapore Going*, Singapore: Straits Times Press, 2011, pp. 322-3.

135 Text of Speech by the Minister for Defence, Dr. Goh Keng Swee, at the Adult Education Board Forum on "Qualities Required in the Seventies" at the University of Singapore, 22 Nov. 1970.

136 Defence Review Working Party to Cabinet, "Politico-Military and Economic Implications of Proposed Force Reductions in the Far East", 4 April 1967 (Top Secret), FCO 24/45, NAB 1276 018.

第二章：新加坡與世界——李光耀時代（一九六五——一九九〇年）

1 Speech by the Minister of Foreign Affairs (Mr. S. Rajaratnam), 16 Dec. 1965.

2 Transcript of the Proceedings (slightly edited) of a Meeting of Singapore and Malaysian PAP Leaders, with a Following Press Conference at the Cabinet Office, City Hall, 12 Aug. 1965; Transcript of an Interview given by the Prime Minister, Mr. Lee Kuan Yew, to Four Foreign Correspondents, 14 Aug. 1965, at the Studio of Television Singapura.

3 Speech by the Minister of Foreign Affairs (Mr. S. Rajaratnam), 16 Dec. 1965.

4 Qtd. in Terence Chong and Darinee Alagirisamy, "Chasing Ideals, Accepting Practicalities, Banishing Ghosts", 2 July 2021, Intellectuals SG, at https://sgintellectuals.medium.com/chasing-ideals-accepting-practicalities-banishing-ghosts-f8840992aac1 , accessed 10 Jan. 2023.

5 Transcript of an Interview Given by the Prime Minister, Mr. Lee Kuan Yew, to Four Foreign Correspondents on 14 August 1965, at the Studio of Television Singapura.

6 From the American Consulate to the US Department of State, 2 Oct. 1965, RG

119 From the British High Commission in Singapore to the Foreign and Commonwealth Office (FCO), "5-Power Defence", 15 June 1971 (Secret), FCO 24/1001, National Archives of Singapore, Microfilm Number NAB 1476.

120 Meeting between the Defence Secretary and Australian, New Zealand and Singapore Ministers, Ministry of Defence, Whitehall, London, 15 April 1971 (Confidential), FCO 24/999, National Archives of Singapore, Microfilm Number NAB 1476.

121 From the British High Commission in Singapore to the FCO, "5-Power Defence", 15 June 1971.

122 From London to Department of External Affairs, Canberra, "Five Power - Singapore Training and Real Estate", 12 June 1971 (Secret), A4359, Item 221/4/31/4 PART 3.

123 From the British High Commission, Canberra to the FCO, "Five Power Defence".

124 From the British High Commission in Singapore to the FCO, "Real Estate", 27April 1971 (Confidential), FCO 24/999, National Archives of Singapore, Microfilm Number NAB 1476.

125 From Canberra to London, Kuala Lumpur, Singapore and Wellington, "Five Power Defence", 16 June 1971 (Secret), FCO 24/1001, National Archives of Singapore, Microfilm Number NAB 1476.

126 Australian Embassy, Jakarta, Inwards Cablegram from Kuala Lumpur, "Singapore Rent and Training", 19 June 1971 (Secret), A4359, Item 221/4/31/4 PART 3.

127 Lee Kuan Yew, *From Third World to First, The Singapore Story: 1965-2000,* Singapore: Times Editions, 2000, p. 430. See also Tim Huxley, *Defending the Lion City: The Armed Forces of Singapore*, Sydney: Allen & Unwin, 2000, pp. 201-8.

128 Australian Embassy, Jakarta, Inwards Cablegram from Kuala Lumpur, Straits Times Report of 10 July, 10 July 1971, A4359, Item 221/4/31/4 PART 3.

129 Singapore Government Press Statement, MC. FE. 29 (Defence): Statement by Dr. Goh Keng Swee, Minister of Defence, at the Singapore Parliament, on 23 Feb. 1966.

130 "Five Power Defence Arrangements Come into Effect" (Statement by the Australian Minister of Defence, David Fairbairn), 1 Nov. 1971 (For Press), A4359, Item 221/4/31/4 PART 3.

131 From the Australian High Commission in Singapore to the Department of External Affairs, Canberra, "Record of Conversation held between Mr. S.R. Nathan, Deputy Secretary, Ministry of Foreign Affairs, Singapore, and Mr.

108 Meeting between the UK Defence Secretary [Lord Carrington] and the New Zealand High Commissioner, 31 March 1971 (Confidential), FCO 24/980, National Archives of Singapore, Microfilm Number NAB 1402; Interview with J.K Hickman, CMG by D.M. McBain, 18 December 1995, at http://www.chu.cam.ac.uk/archives/collections/BDOHP/Hickman.pdf.

109 "Five Power Defence Arrangements (for inclusion in the PUS's Monthly Newsletter)", FCO 24/981, National Archives of Singapore, Microfilm Number NAB 1402.

110 Office of the High Commissioner, New Zealand, Telegram Five Power Defence - Real Estate, Text of Letter from Lee Kuan Yew, addressed to the High Commissioner, delivered by Messenger late afternoon of 10 April 1971 (Confidential), FCO 24/999, National Archives of Singapore, Microfilm Number NAB 1476.

111 From the British High Commission, Singapore to Kuala Lumpur, Canberra and Wellington, "Real Estate", 13 April 1971 (Confidential), FCO 24/999, National Archives of Singapore, Microfilm Number NAB 1476.

112 From the British High Commission, Singapore to UK FCO, 3 April 1971 (Confidential), FCO 24/999, National Archives of Singapore, Microfilm Number NAB 1476.

113 "Five Power Defence: Conversation between the New Zealand and Singapore Prime Ministers at Singapore Airport, 4 May 1971 (Secret)", FCO 24/1000, National Archives of Singapore, Microfilm Number NAB 1476.

114 Meeting between the UK Defence Secretary (Lord Carrington) and Australian, New Zealand and Singapore Ministers, Ministry of Defence, Whitehall, London, 15 April 1971 (Confidential), FCO 24/999, National Archives of Singapore, Microfilm Number NAB 1476.

115 "Five Power Defence: Conversation between the New Zealand and Singapore Prime Ministers at Singapore Airport", 4 May 1971 (Secret), FCO 24/1000, National Archives of Singapore, Microfilm Number NAB 1476.

116 From Singapore to Wellington, "Five Power Defence - Talk with Singapore Minister of Defence, Dr Goh, from Minister of Defence (NZ)", 28 April 1971 (Secret), FCO 24/999, National Archives of Singapore, Microfilm Number NAB 1476.

117 From Singapore to the Department of External Affairs, Canberra, 8 June 1971 (Secret), A4359, Item 221/4/31/4 PART 3.

118 儘管與六月八日的談話相比，這封信的措辭沒有那麼尖銳，但主旨基本上是相同的。See the memo "From Singapore to Department of External Affairs, Canberra", 10 June 1971 (Secret), A4359, Item 221/4/31/4 PART 3.

93 澳洲工黨，一九七二年至一九七五年間任首相。

94 Department of External Affairs, Canberra, Record of Conversation: Post-AMDA Arrangements, 27 Aug. 1970 (Confidential), A4359, Item 221/4/31/4 PART 1.

95 "Record of Discussion between the Secretary of State for Defence and Mr. Lee Kuan Yew on Monday, 5 October 1970", MO 25/8 (Confidential), FCO 24/654, National Archives of Singapore, Microfilm Number NAB 1636.

96 From Singapore to Wellington, 10 November 1970 (Confidential), FCO 24/655, National Archives of Singapore, Microfilm Number NAB 1636.

97 作者未能在地圖上找到中國岩的位置。

98 關於吳慶瑞向紐西蘭副高級專員 John Hickman 敘述了水源供應問題，該會面報告的副本已送交至外交與國協事務部（FCO），see From Singapore to [UK] Foreign and Commonwealth Office, Telegram Number 893, 20 November 1970 (Confidential), FCO 24/894, National Archives of Singapore, Microfilm Number NAB 1260.

99 「和平、自由和中立區」(The Zone of Peace, Freedom and Neutrality, ZOPFAN)，是於一九七一年由當時東協五國（印尼、馬來西亞、菲律賓、新加坡和泰國）外交部長所簽署的宣言。

100 From Singapore to Wellington, 10 Nov. 1970 (Confidential), FCO 24/655, National Archives of Singapore, Microfilm Number NAB 1636.

101 From Singapore to the [UK] Foreign and Commonwealth Office, Telegram Number 968, 9 Dec. 1970 (Confidential), FCO 24/656, National Archives of Singapore, Microfilm Number NAB 1260.

102 From Kuala Lumpur to the Department of External Affairs, Canberra, Renewal of British Presence, 27 July 1970 (Secret), A4359, Item 221/4/31/4 PART 1.

103 "Training by Singapore Armed Forces in Australia", 14 Dec. 1970 (Confidential), FCO 24/656, National Archives of Singapore, Microfilm Number NAB 1260.

104 From Singapore to the [UK] Foreign and Commonwealth Office [FCO], 17 Dec. 1970 (Confidential), FCO 24/657, National Archives of Singapore, Microfilm Number NAB 1260.

105 From the [UK] FCO to Singapore, Telegram Number 838, 18 Dec. 1970 (Confidential), FCO 24/657, National Archives of Singapore, Microfilm Number NAB 1260.

106 見 From Kuala Lumpur to Department of External Affairs, Canberra, Renewal of British Presence, 27 July 1970 (Secret), A4359, Item 221/4/31/4 PART 1 中澳洲人對 Samad Noor「很少有最後發言權」的類似評論。

107 From Singapore to the Foreign and Commonwealth Office, Telegram Number 1038, 23 December 1970 (Confidential), FCO 24/657, National Archives of Singapore, Microfilm Number NAB 1260.

80 Speech by the Minister of Defence (Dr. Goh Keng Swee), Singapore Army Bill, 23 December 1965, Singapore Parliament Reports (Hansard).

81 Ibid. and see Wilairat, *Singapore's Foreign Policy: A Study of the Foreign Policy System of a City-State*, p. 202.

82 From the American Embassy in London to the US Department of State, 27 April 1966, RG 59, Box 2651, POL 7 - Visits & Meetings/Singapore 1/165.

83 Document 109: "Visit of the Prime Minister of Singapore to London: Record of a Meeting between Mr. Wilson and Mr. Lee Kuan Yew on the Implications for Singapore of Britain's Defence Cuts", 14 Jan. 1968, PREM 13/2081, SMV (68)1, rpt. in *British Documents on the End of Empire, Series A, vol. 5, East of Suez and the Commonwealth, 1964-1971*, ed. S.R. Ashton and Wm Roger Louis, London: TSO, 2004, pp. 373-4.

84 Wilairat, *Singapore's Foreign Policy: A Study of the Foreign Policy System of a City-State*, p. 203; See also Chin Kin Wah, "Singapore: Threat Perception and Defence Spending in a City-State", in *Defence Spending in Southeast Asia*, ed. Chin Kin Wah, Singapore: ISEAS, 1987, pp. 205-12.

85 Qtd. in Geoffrey Till, "A Little Ray of Sunshine; Britain, and the Origins of the FPDA - A Retrospective on Objectives, Problems and Solutions", in Five Power Defence Arrangements at Forty, ed. Ian Storey, Ralf Emmers and Daljit Singh, Singapore: ISEAS, 2011, p. 18.

86 Lee Kuan Yew quoted in Ibid.

87 David Hawkins, *The Defence of Malaysia and Singapore: From* AMDA *to* ANZUK, London: RUSI, 1972, p. 28.

88 下文有關五國聯防談判的部分摘自 Ang Cheng Guan, "Malaysia, Singapore, and the Road to the Five Power Defence Arrangements (FPDA), July 1970-November 1971", *War & Society* 30, 3, 2011: pp. 207-25.

89 From the Australian High Commission in Singapore to the Department of External Affairs, Canberra, "ANZUS: Five Power Defence Arrangements - Singapore Attitudes", 6 Aug. 1969, A1838, Item 3024/11/161 Part 2, Singapore -Relations with United States of America.

90 From Kuala Lumpur to the Department of External Affairs, Canberra, "Renewal of British Presence", 27 July 1970 (Secret), A4359, Item 221/4/31/4 PART 1.

91 Lee qtd. in "Singapore: Annual Review for 1970 and Some Personal First Impressions", 1 January 1977 (Confidential), FCO 24/1193, National Archives of Singapore, Microfilm Number NAB 1909.

92 Andrea Benvenuti and Moreen Dee, "The Five Power Defence Arrangements and the Reappraisal of the British and Australian Policy Interests in Southeast Asia, 1970-1975", *Journal of Southeast Asian Studies* 41, no. 1, 2010: p.108.

66 From the Australian High Commission to the Department of External Affairs, Canberra, "Singapore: Views of the British Base", 27 Oct. 1965, A1838, Item 3024/7/1 Part 2, Singapore - Political - Foreign policy.

67 Chew, *Leaders of Singapore*, p.148.

68 Loke, ed., *Speaking Truth to Power: Singapore's Pioneer Public Servants*, Vol.1, p. 273; Winston Choo (with Chua Siew San and Judith D'Silva), *A Soldier at Heart: A Memoir*, Singapore: Landmark Books, 2021, pp. 81, 90-8, 108, 142-5, 149.

69 Mattia Tomba, ed., *Beating the Odds Together: 50 Years of Singapore-Israel Ties*, Singapore: World Scientific, 2020, p. 35. 何學淵進一步指出，「儘管新加坡與以色列的防務關係意義重大，但時至今日，有關這一關係的報導仍然很少」。 See also Amnon Barzilai, "A Deep, Dark, Secret Love Affair", *Haaretz*, 16 July 2004, at https://www.haaretz.com/1.4758973 , accessed 25 Feb. 2021.

70 Winston Choo and George Yeo（前新加坡外交部長）qtd. in Tomba, ed., *Beating the Odds Together: 50 Years of Singapore-Israel Ties*, pp. 12, 28.

71 Choo (with Chua and D'Silva), *A Soldier at Heart: A Memoir*, p. 144.

72 Ibid., p. 146. 那裡也有一名德國顧問。在越戰結束後不久，吳博士去找美國國防部尋求介紹美軍在越南的軍事經驗。See Choo (Chua and D'Silva), *A Soldier at Heart: A Memoir*, Chapter XVII [17].

73 Chew, *Leaders of Singapore*, p. 148.

74 Ho Shu Huang and Graham Ong-Webb, eds., *National Service in Singapore*, Singapore: World Scientific, 2019, p. 7.

75 Ibid.

76 Singapore Government Press Statement, "Speech by the Minister of Defence, Dr. Goh Keng Swee, in Moving the Second Reading of the National Service (Amendment) Bill in the Singapore Parliament of Monday, 13th March, 1967", at https://www.nas.gov.sg/archivesonline/data/pdfdoc/PressR19670313b.pdf , accessed 4 Jan. 2023.

77 Lee Kuan Yew, Transcript of a Press Conference at Hyderabad House, New Delhi, 3 Sept. 1966, at https://www.nas.gov.sg/archivesonline/speeches/record-details/7403d383-115d-11e3-83d5-0050568939ad , accessed 5 Dec. 2022.

78 Speech by the Minister of Defence (Dr. Goh Keng Swee), National Service (Amendment) Bill, 13 March 1967, Singapore Parliament Reports (Hansard).

79 Goh qtd. in a memo from the American Embassy to the US Department of State, 2 Dec. 1966, RG 59, Box 2451, POL 6 - Singapore 1/1/65. 吳慶瑞在其一九六七年三月十三日的演講中提到，「社會紀律和道德價值觀」沒有「灌輸到教育體系之中」，國民兵將接受「道德價值觀的教育」。

1966, RG 59, Box 2651, POL 1/Singapore 5/1/66.

52 "Singapore's Security Problem", Memorandum of Conversation, 12 Jan. 1968, RG 59, Box 1622, POL 7- Singapore-US.

53 From the Australian High Commission in Singapore to the Department of External Affairs, Canberra, "ANZUS: Five Power Defence Arrangements - Singapore Attitudes", 6 Aug. 1969, A1838, Item 3024/11/161 Part 2, Singapore—Relations with United States of America.

54 From the American Embassy, Singapore to the US Department of State, 18 Oct. 1968, RG 59, Box 2479, POL 7 Singapore.

55 See Barry Desker (Singapore's ambassador to Indonesia, 1986-93), "Lee Kuan Yew and Suharto: Friends Till the End", *The Straits Times*, 8 April 2015. 關於李光耀的到訪，見 Lee Khoon Choy, *Diplomacy of a Tiny State* (Singapore: World Scientific, 1993), Chapter 13. 李炯才（Lee Khoon Choy）於一九七〇年至一九七四年間擔任新加坡駐印尼大使。

56 Text of a Speech by the Minister for Defence, Dr. Goh Keng Swee, at the Adult Education Board Forum on "Qualities Required in the Seventies" at the University of Singapore, 22 Nov. 1970.

57 Wilairat, *Singapore's Foreign Policy: A Study of the Foreign Policy System of a City-State*, p. 198.

58 Speech by the Minister of Defence, Dr. Goh Keng Swee, in Moving the Second Reading of the National Service (Amendment) Bill in the Singapore Parliament, 13 March 1967.

59 "Transcript of an Interview Given by the Prime Minister, Mr. Lee Kuan Yew, to Mr. Neville Peterson of the Australian Broadcasting Commission on 12 August 1965 and Recorded on the Same Day at the Studios of Television Singapore".

60 "From Scepticism to Accepted Way of Life", *The Straits Times*, 24 Aug. 2013; Loke Hoe Yeong, ed., *Speaking Truth to Power: Singapore's Pioneer Public Servants*, Vol. 1, Singapore: World Scientific, 2020, p. 271.

61 "Press Conference of the Singapore Prime Minister, Mr. Lee Kuan Yew, with Malay Journalists at the Studio of TV Singapura", 11 Aug. 1965.

62 "Transcript of an Interview with the Prime Minister, Mr. Lee Kuan Yew, recorded at TV Singapura Studios", 13 Aug. 1965.

63 "Transcript of an Interview Given by the Prime Minister, Mr. Lee Kuan Yew, to Four Foreign Correspondents", 14 Aug. 1965, Television Singapura Studios.

64 From the Australian Mission to the United Nations, New York to the Department of External Affairs, Canberra, 24 Sept. 1965, A1838, Item 3024/7/1 Part 2, Singapore - Political - Foreign policy.

65 "Singapore Keen on More Trade - Not Aid", *Ceylon Daily News*, 17 Nov. 1965.

Singapore", Nanyang Technological University, Singapore: RSIS Commentaries, No. 054, 2015; 概覽可於 History SG 網站查閱：https://eresources.nlb.gov.sg/history/events/126b6b07- f796-4b4c-b658-938001e3213e 和 https://eresources.nlb.gov.sg/history/events/f950e04d-44d7-47ad-a10c-16dfb0cc9ce3 .

40 Wilairat, *Singapore's Foreign Policy: A Study of the Foreign Policy System of a City-State*, pp. 348, 368-9. 印尼人長期以來對新加坡感到不滿，認為新加坡是蘇門答臘叛軍的「避難所和補給基地」，而且對「新加坡與附近印尼島嶼之間蓬勃發展的走私貿易」視而不見。

41 "Konfrontasi a Key Episode for Ex-soldier and S'pore", *The Straits Times*, 5 Oct. 2017.

42 "Transcript of a Press Conference Given by the Prime Minister of Singapore, Mr. Lee Kuan Yew, at Broadcasting House, Singapore, on 9 Aug. 1965".

43 "Transcript of an Interview Given by the Prime Minister, Mr. Lee Kuan Yew, to Four Foreign Correspondents", Studios of Television Singapura, 14 Aug. 1965.

44 "Press Conference of the Singapore Prime Minister, Mr. Lee Kuan Yew, with Malay Journalists at the Studio of TV Singapura", 11 Aug. 1965. at https://www.nas.gov.sg/archivesonline/speeches/record-details/783597f1-115d-11e3-83d5-0050568939ad , accessed 3 Dec. 2022.

45 "Transcript of a Press Conference the Prime Minister, Mr. Lee Kuan Yew, Gave to a Group of Foreign Correspondents at the Television Singapura Studio", 11 Dec. 1965.

46 From the American Consulate, Singapore to the US Department of State, 17 Dec. 1965, RG 59, Box 2651, POL 2-1/Singapore 10/16/65.

47 See Ang Cheng Guan, "United States-Indonesia Relations: The 1965 Coup and After", *War & Society* 21, no. 1, 2003: p.135.

48 Ernest C.T. Chew and Edwin Lee, eds., *A History of Singapore*, Oxford: Oxford University Press, 1991, p. 374.

49 關於馬來西亞的回應，見吉隆坡美國大使館給美國國務院的備忘錄，25 April 1966, RG 59, Box 2652, POL 16 - "Independence & Recognition/Singapore"; From the American Embassy, Singapore to Department of State, 20 April 1966, RG 59, Box 2652, POL 16 - "Independence & Recognition/Singapore"; From the American Embassy, Singapore to Department of State, 17, 24 April, 1 May 1966, RG 59, Box 2651, POL 2-1/Singapore 1/1/66.

50 馬（來亞）〔Ma-〕、菲（律賓）〔-Phil-〕、印（尼）〔-Indo〕聯盟成立於一九六三年七月。See Joseph Scalice, "A Region in Dispute: Racialized Anticommunism and Manila's Role in the Origins of Konfrontasi 1961-63", *Modern Asian Studies* 57, no. 3, 2023: pp. 1004-26 中有關種族政治的討論。

51 From the American Embassy, Singapore to the US Department of State, 5 June

Lee Kuan Yew, at Broadcasting House, Singapore, at 1200 hours on Monday, 9 August 1965", at https://www.nas.gov.sg/archivesonline/speeches/record-details/740acc3c-115d-11e3-83d5-0050568939ad , accessed 2 Dec. 2022.

27 "UK Official's Reaction to Singapore Separation", Incoming Telegram, US Department of State, 9 August 1965, RG 59, Box 2652, POL 16 Singapore.

28 Lee Kuan Yew, *The Singapore Story*, Singapore Press Holdings, 1998, p. 663.

29 "Transcript of an Interview with the Prime Minister, Mr. Lee Kuan Yew, Recorded at TV Singapura Studios", 13 Aug. 1965.

30 "Transcript of an Interview Given by the Prime Minister, Mr. Lee Kuan Yew, to Four Foreign Correspondents on 14 August 1965, at the Studios of Television Singapura". 東姑被問及如果新加坡「與印尼做了任何會危及馬來西亞的事情」，譬如與印尼進行被視為「敵對行為」的貿易，馬來西亞是否會切斷輸水管道。東姑說他不會。當被問及他會怎麼做時，他笑著說：「好吧，我們必須對一些事情保密，但我們可以做一些事情。」

31 Qtd. in Bilahari Kausikan, *Dealing with an Ambiguous World*, Singapore: World Scientific Publishing, 2017, p. 155; Bilahari Kausikan, *Singapore is Not an Island: Views on Singapore Foreign Policy*, Singapore: Straits Times Press, 2017, p. 176.

32 From the American Consul, Singapore to the US Department of State, 27 March 1966, RG 59, Box 2651, POL 2-1/Singapore 1/1/66. See also Lau Teik Soon, "Malaysia-Singapore Relations: Crisis of Adjustment, 1965-68", *Journal of Southeast Asian History* X [10], no. 1, 1969: pp. 155-76.

33 "Singapore's Security Problem", Memorandum of Conversation, 12 Jan. 1968, RG 59, Box 1622, POL 7- Singapore-US.

34 "GOS (Government of Singapore) Interest in US Military Policy towards Singapore", Memorandum of Conversation, 8 Jan. 1968, RG 59, Box 1622, POL 7- Singapore-US.

35 "The Implications for Australia of Likely Developments in Malaysia and Singapore Up to the End of 1975", A1209, 1969/9036 Part 7, National Archives of Australia.

36 "Aspects of Singapore's Foreign Relations", June 1968, A/1838/318, Item 3024/12, Part 1, National Archives of Australia. 直到一九七〇年九月，東姑一直擔任馬來西亞首相。其副手拉薩從一九七〇年九月起接任首相一職，直到一九七六年一月早逝。

37 David Hawkins, *The Defence of Malaysia and Singapore: From* AMDA *to* ANZUK, London: RUSI, 1972, p. 53.

38 "A Close but Difficult Relationship", *Today*, 23 March 2015.

39 E.g. by Daniel Wei Boon Chua, "Konfrontasi: Why it Still Matters to

13 因此，有關新加坡外交和國防的文章大多以「脆弱性」和「生存」為主題也就不足為奇了。見引言。

14 Chan Heng Chee and Obaid ul Haq, eds., *The Prophetic and the Political: Selected Speeches and Writings of S. Rajaratnam*, Singapore: Graham Brash, 1987, pp. 485-6.

15 Kishore Mahbubani, *Has China Won?*, New York: Public Affairs, 2020, p. 3.

16 萊佛爾 Michael Leifer, *Singapore's Foreign Policy: Coping with Vulnerability*, London: Routledge, 2000, p. 7. See also Ang Cheng Guan, *Lee Kuan Yew's Strategic Thought*, London: Routledge, 2013, Introduction.

17 See Kawin Wilairat, *Singapore's Foreign Policy: A Study of the Foreign Policy System of a City-State*, unpublished PhD dissertation, Georgetown University, 1975, Chapter 4.

18 Alexander L. George, "The 'Operational Code': A Neglected Approach to the Study of Political Leaders and Decision-Making", *International Studies Quarterly* 13, no. 2, June 1969: pp. 190-222.

19 拉惹勒南於一九八五年至一九八八年間擔任總理公署高級部長，這也是該職銜首次啟用之時。

20 Speech by the Minister of Foreign Affairs (Mr. S. Rajaratnam), 17 December 1965, Singapore Parliament Reports (Hansard).

21 Transcript of an interview with the Prime Minister, Mr. Lee Kuan Yew, recorded at TV Singapura Studios on 13 August 1965. See also Abdul Rahman Yaacob, "Singapore's Threat Perception: The Barter Trade Crisis and Malaysia's Decision to Use Military Force against Singapore, October-December 1965", *Australian Journal of Politics and History* 68, no. 1, 2022: 72-89, at https://onlinelibrary.wiley.com/doi/abs/10.1111/ajph.12719, accessed 1 July 2022.

22 Yaacob, "Singapore's Threat Perception".

23 From the American Consul, Singapore to the US Department of State, 22 Nov. 1965, RG 59, Box 2651, POL 2-1/Singapore 10/16/65; from the American Consul, Singapore to the Department of State, 30 October 1965, RG 59, Box 2651, POL 2-1/Singapore 10/16/65.

24 Lee Kuan Yew, *The Singapore Story*, Singapore Press Holdings, 1998, p. 663.

25 Qtd. in a memo from the American Consul, Singapore to the Department of State, 19 June 1966, RG 59, Box 2651, POL 1/Singapore 5/1/66. 馬哈地曾於一九八一年至二〇〇三年和二〇一八年至二〇二〇年擔任馬來西亞首相。巫統（馬來民族統一機構）是馬來西亞歷史最悠久的民族主義政黨。聯盟（Alliance）指的是巫統、馬來西亞華人公會（馬華公會）和馬來西亞印度國民大會黨（國大黨）的聯盟。它們共同組成了馬來西亞當時的執政黨。

26 "Transcript of a Press Conference given by the Prime Minister of Singapore, Mr.

Press Holdings, 1998. 第四十二與四十三章印證了訪談的內容。然而，新加坡被逐出的說法仍然保留在學校內使用的歷史教科書中。直到二〇一五年新加坡紀念獨立五十週年時，修正後的說法才變得更加普遍（儘管舊有的說法仍然持續下去）。See Susan Sim, "Drafting 'A Bloodless Coup'", *The Straits Times*, 4 Dec. 2016, which was extracted from Susan Sim, *E.W. Barker: The People's Minister*, Singapore: Straits Times Press, 2016; Edmund Lim, "Secret Documents Reveal Extent of Negotiations for Separation", *The Straits Times*, 22 Dec. 2015. Lim 總結了吳慶瑞在接受 Melanie Chew 採訪時所提及的「信天翁檔案」（Albatross File）中的三份文件。「信天翁檔案」中的部分內閣絕密文件已於二〇一五年解密。

4 「總理李光耀先生於一九六五年十二月十四日國會開幕式上就國家元首的施政演說提出致謝動議時的演講。」以下所有國家元首、國防部長、外交部長和總理的引文均來自 *Parliamentary Debates of Singapore Official Report*, Volume 24. 本文中所有對 Singapore Parliament Reports (Hansard) 的引述／引用均可從以下網址獲取：https://www.parliament.gov.sg.

5 From *Parliamentary Debates of Singapore Official Report*, Volume 24.

6 Speech by the Minister of Foreign Affairs (Mr. S. Rajaratnam), 16 Dec. 1965 and the Yang Di-Pertuan Negara's Speech: Debate on the Address, 17 Dec. 1965, Singapore Parliament Reports (Hansard). Rajaratnam's speech can be found online at the Singapore Hansard site, https://sprs.parl.gov.sg/search/#/report?sittingdate=16-12-1965 and https://sprs.parl.gov.sg/search/#/report?sittingdate=17-12-1965 , accessed 2 Jan. 2023.

7 李光耀於一九五九年新加坡獲得除外交事務和國防（仍由英國負責）外的所有自主權之後擔任總理一職，其對外交事務有所涉足，但對國防事務則了解有限。因此，他在外交事務上有經驗，但在國防事務上則相對較缺乏。李光耀在一九六五年八月九日的一次訪談中承認了這一點，他表示：「我不是一位軍人。」他將「國防」事務交給了吳慶瑞，後者曾是直到新加坡於一九四二年二月被日軍攻陷以前，由英國人領導的新加坡義勇軍的下士。

8 Melanie Chew, *Leaders of Singapore*, Singapore: Resource Press, 1996, p. 167.

9 Transcript of a press conference given by the Prime Minister of Singapore, Mr. Lee Kuan Yew, at Broadcasting House, Singapore, 9 Aug. 1965.

10 Chew, *Leaders of Singapore*, p. 147.

11 Speech by the Minister of Defence (Dr. Goh Keng Swee), Singapore Army Bill, 23 Dec. 1965, Singapore Parliament Reports (Hansard).

12 Speech by the Minister of Foreign Affairs (Mr. S. Rajaratnam), 16 Dec. 1965 and Yang Di-Pertuan Negara's Speech: Debate on the Address, 17 Dec. 1965, Singapore Parliament Reports (Hansard).

International Relations of the Asia-Pacific 6, no. 2, 2006: pp. 269-306. Chong 將新加坡的外交政策描述為現實主義的簡略形式。另參閱由一位政治學家與一位歷史學家於二〇一五年為紀念新加坡獨立五十週年出版的有關新加坡外交的簡明描述：Goh and Chua, *Singapore Chronicles: Diplomacy*.

60 Ho Shu Huang and Graham Ong-Webb, eds., *National Service in Singapore*, Singapore: World Scientific, 2019. 另參閱於二〇一五年為慶祝新加坡獨立五十週年而出版的系列文章中，關於新加坡國防的簡明描述：Ho Shu Huang and Samuel Chan, Singapore Chronicles: Defence, Singapore: Straits Times Press, 2015.

61 Desker and Ang, eds., *Perspectives on the Security of Singapore: The First Fifty Years*.

62 Samuel Ling Wei Chan, *Aristocracy of Armed Talent: The Military Elite in Singapore*, Singapore: NUS Press, 2019. See also "Five Minutes with Samuel Ling Wei Chan" (an interview largely about the book), at https://nuspress.nus.edu.sg/blogs/news/five-minuteswith-samuel-ling-wei-chan, accessed 29 Nov. 2022.

63 Chan, *Aristocracy of Armed Talent: The Military Elite in Singapore*, pp. 26-7.

64 Tim Huxley, *Defending the Lion City: The Armed Forces of Singapore*, Sydney: Allen & Unwin, 2000.

65 我要感謝 Pascal Vennesson 在出版以前就為我分享了他書中的一章 "Grand Strategy and Military Power", in Balzacq and Krebs, eds., *The Oxford Handbook of Grand Strategy*, 2021.

66 Cp. for example John Bew, *Realpolitik: A History*, Oxford: Oxford University Press, 2015.

第一章：新加坡及其鄰近國家——李光耀時代（一九六五——一九九〇年）

1 劉太格（Liu Thai Ker），常被稱為「現代新加坡的建築師」，轉引自 Faris Mokhtar, "The Man Who Helped Create Singapore's Housing Boom is Getting Worried", *The Business Times*, 23 June 2022, at https://www.businesstimes.com.sg/real-estate/the-man-who-helpedcreate-singapores-housing-boom-is-getting-worried, accessed 1 July 2022.

2 一九六五年，吳慶瑞擔任內政和國防部長。他也是執政黨人民行動黨（PAP）的創始成員之一。

3 至一九九〇年代末期，新加坡沒有被強加獨立的事實已不再是祕密。See Melanie Chew, *Leaders of Singapore*, Singapore: Resource Press, 1996. 以上摘要提取自該書對德萬．奈爾、吳慶瑞與拉惹勒南的訪談。See also Lee Kuan Yew, *The Singapore Story: Memoirs of Lee Kuan Yew*, Singapore: Singapore

50 Mary Turnbull, *A History of Singapore 1819-1975*, Kuala Lumpur: Oxford University Press, 1977. 一九八九年出版的修訂版使 Turnbull 的敘述延伸至一九八八年。最近一版於 Turnbull 逝世後出版，將敘述延伸至二〇〇五年。See C.M. Turnbull, *A History of Modern Singapore, 1891-2005,* Singapore: NUS Press, 2009. Mary Turnbull 於二〇〇八年逝世。

51 Edwin Lee, *Singapore: The Unexpected Nation*, Singapore: ISEAS, 2008. Lee 的著作是東南亞研究所（Institute of Southeast Asian Studies）啟動的東南亞國家建設計畫的案例研究之一。

52 Michael D. Barr, *Singapore: A Modern History*, London: I.B. Tauris, 2019 是一部被吹捧為對 Turnbull 和 Lee 兩位作者代表的標準敘述的修正主義或「反敘事」之作。

53 Kawin Wilairat, *Singapore's Foreign Policy: The First Decade*, Field Report Series No. 10, Singapore: ISEAS, 1975. See also Wilairat, *Singapore's Foreign Policy: A Study of the Foreign Policy System of a City-State*, unpublished PhD dissertation, Georgetown University, 1975.

54 Bilveer Singh, *Singapore: Foreign Policy Imperatives of a Small State*, CAS Occasional Paper, Centre for Advanced Studies, National University of Singapore, Singapore: Heinemann Asia, 1988 and *The Vulnerability of Small States Revisited: A Study of Singapore's Post-Cold War Foreign Policy*, Yogyakarta: Gadjah Mada University Press, 1999, pp. xvi-xvii. 另見兩篇同樣採用脆弱性和生存為主題的早期期刊論文：Chan Heng Chee, "Singapore's Foreign Policy, 1965-1968", *Journal of Southeast Asian History* X (10), no. 1, March 1969: 177-91 與 Lee Boon Hiok, "Constraints on Singapore's Foreign Policy", *Asian Survey* XXII (22), no. 6, June 1982: pp. 524-35.

55 Yuen Foong Khong, "The Elusiveness of Regional Order: Leifer, the English School and Southeast Asia", *The Pacific Review* 18, no 1, 2005: pp. 23-41.

56 Michael Leifer, *Singapore's Foreign Policy: Coping with Vulnerability*, London: Routledge, 2000, p. xiii. 這是萊佛爾的最後一部著作，他於二〇〇一年逝世。

57 N. Ganesan, *Realism and Interdependence in Singapore's Foreign Policy*, London: Routledge, 2005, p. 2. See also N. Ganesan, "Singapore's Foreign Policy Terrain", *Asian Affairs: An American Review* 19, no. 2, Summer 1992: 67-79.

58 Leifer, *Singapore's Foreign Policy: Coping with Vulnerability*, pp. 161-2.

59 Amitav Acharya, *Singapore's Foreign Policy: The Search for Regional Order*, Singapore: World Scientific, 2008, pp. 1, 4-7. See also Alan Chong, "Singapore's Foreign Policy Beliefs as 'Abridged Realism': Pragmatic and Liberal Prefixes in the Foreign Policy Thought of Rajaratnam, Lee, Koh, and Mahbubani",

sciencespo.fr/ceri/ en/content/interview-thierry-balzacq-professor, accessed 27 April 2021.

40 Nina Silove, "Beyond the Buzzword: The Three Meanings of 'Grand Strategy'", *Security Studies* 27, no. 1, 2018: 27-57, at https://www.tandfonline.com/doi/pdf/10.1080/0963641 2.2017.1360073, accessed 13 Jan. 2021. For the online version published on 28 Aug. 2017, see pp. 3-4, 30.

41 See Lissner, "What is Grand Strategy? Sweeping a Conceptual Minefield", pp. 70-1.

42 Morgan-Owen, "History and the Perils of Grand Strategy", p. 354. See also Graham Allison, "The Key to Henry Kissinger's Success", *The Atlantic*, 27 Nov. 2015.

43 Peter Feaver, "What is Grand Strategy and Why do we Need it?", *Foreign Policy*, 8 April 2009, at https://foreignpolicy.com/2009/04/08/what-is-grand-strategy-and-why-do-we-needit/, accessed 11 Jan. 2023. 我對研究新加坡大戰略的理解和方法，很大程度上也與 Avery Goldstein 對該術語的定義一致。See Avery Goldstein, "China's Grand Strategy under Xi Jinping", *International Security* 45, no. 1, Summer 2020: pp. 164-201; 他將大戰略定義為「一個國家採取的政治外交、經濟和軍事手段的組合，以確保其重要利益並追求其目標——至少是其生存——在一個可能充滿危險的世界中」，166-7 頁。

44 Brands, *The Promise and Pitfalls of Grand Strategy*, p. 6.

45 Yang di Pertuan Negara's Speech, *Singapore, Parliamentary Debates: Official Report*, First Session of the First Parliament Part 1 of First Session, Volume 24, 8 Dec. 1965, p. 11. 憲法於一九六五年十二月二十二日修正，將此頭銜更改為（新加坡共和國）總統，並自一九六五年八月九日獨立日期起具溯及力。

46 Tee Zhuo, "Parliament: Only 8% of 2 Million Public Government Records Searchable on National Archives Online Portal", *The Straits Times*, 4 Sept. 2019, at https://www.straitstimes.com/politics/parliament-only-160000-of-two-million-public-government-records-havemetadata-on-nas-web , accessed 11 Jan. 2023.

47 See Monaghan, "Putin's Russia: Shaping a 'Grand Strategy'?" 在新加坡幾乎沒有有關安全事務的「洩密」，而那些少數公開發表回憶錄或自傳的政策制定者在描述決策過程時都非常謹慎。

48 S.R. Joey Long quoted in Loh Kah Seng and Liew Kai Khuin, eds., *The Makers & Keepers of Singapore History,* Singapore: Ethos Books, 2010, p. 156. See also Chapters 11, by Joey Long and 13, by Ang Cheng Guan.

49 Albert Lau 指出，書寫當代新加坡的歷史仍然在很大程度上依賴於外國檔案。See Albert Lau, "Nation-Building and the Singapore Story: Some Issues in the Study of Contemporary Singapore History", *Nation Building: Five Southeast Asian Histories*, ed. Wang Gungwu, Singapore: ISEAS, 2005, pp. 239-41

Ludendorff）將軍的 *Der totale Krieg*（Total War），一九三五年。

26 Centre for Grand Strategy, King's College, London. 根據李德哈特（Liddell Hart）的觀點，「一個國家的所有資源，包括『平民』，『經濟』和『道德』，而不僅僅是『軍事』」。

27 Ehrhardt and Ryan, "Grand Strategy is no Silver Bullet, but it is Indispensable"; Andrew Ehrhardt, "War and Adjustment: Military Campaigns and Grand Strategy", in *War on the Rocks*, 2 May 2022, at https://warontherocks.com/2022/05/war-and-adjustment-military-campaignsand-national-strategy/, accessed 9 Feb. 2023. See also Platias and Koliopolis, *Thucydides on Strategy*, pp. 5-6.

28 Thomas Christensen quoted in Alasdair Roberts, "Grand Strategy Isn't Grand Enough". See Thomas Christensen, *Useful Adversaries: Grand Strategy, Domestic Mobilisation, and Sino-American Conflict, 1947-1958*, Princeton: Princeton University Press, 1996, p. 7.

29 Ehrhardt and Ryan, "Grand Strategy is no Silver Bullet, But it is Indispensable".

30 Morgan-Owen, "History and the Perils of Grand Strategy", p. 353.

31 James D. Boys, *Clinton's Grand Strategy: US Foreign Policy in a Post-Cold War World*, London: Bloomsbury, 2015, p. 8.

32 Andrew Monaghan, "Putin's Russia: Shaping a 'Grand Strategy'?", *International Affairs* 89, no. 5, 2013: p. 1227.

33 Alasdair Roberts 指出，學術界往往將國內政策和外交政策劃分開來，而這「與領導人實際思考的方式毫無關係」。他在其文中主張採取一種全面的方法，而不是將國內或外交成分進行區分。See Alasdair Roberts, "Grand Strategy Isn't Grand Enough".

34 Richard Rosecrance and Arthur A. Stein, *The Domestic Bases of Grand Strategy*, Ithaca, NY: Cornell University Press, 1993, p.12. See also Kevin Narizny, *The Political Economy of Grand Strategy*, Ithaca, NY: Cornell University Press, 2007.

35 Boys, *Clinton's Grand Strategy: US Foreign Policy in a Post-Cold War World*, p. 8.

36 Monaghan, "Putin's Russia: Shaping a 'Grand Strategy'?", p. 1224.

37 Julian Lindley-French, "Who Does UK Grand Strategy?", Written Evidence to the UK (House of) Commons Select Committee on Public Administration, Sept. 2010, at https://publications.parliament.uk/pa/cm201011/cmselect/cmpubadm/memo/grandstrat/gs12.htm, accessed 11 Jan. 2021.

38 Balzacq, Dombrowski and Reich, eds., *Comparative Grand Strategy: A Framework and Cases*, p. 1.

39 SciencesPo, Interview with Thierry Balzacq, 19 Feb. 2019, at https://www.

minefield/, accessed 29 Nov. 2022.

13 Balzacq, Dombrowski and Reich, eds., *Comparative Grand Strategy: A Framework and Cases,* 2019, pp. 5, 284. See also William I. Hitchcock, Melvyn P. Leffler and Jeffrey W. Legro, eds., *Shaper Nations: Strategies for a Changing World*, Cambridge, MA: Harvard University Press, 2016, 該書更傾向使用「國家戰略」這一術語。這兩本書的主要區別在於後者不堅持使用「具體的比較框架」。二〇一九年的書籍涵蓋了十個國家以及歐洲聯盟，而二〇一六年的書籍涵蓋了八個國家。兩本書都包括了美國、中國、印度、俄羅斯、巴西和以色列。See also Peter Dombrowski, *H-Diplo, ISSF Roundtable 13-11*, 27 May 2022 對 Miller (with Rubinovitz), *Grand Strategy from Truman to Trump* 的評論，他在那裡重申「研究大戰略，包括變革，必須超越對大國（包括美國）的分析」。

14 Lukas Milevski, *The Evolution of Modern Grand Strategy*, Oxford: Oxford University Press, 2016, pp. 1, 141, 153-4.

15 Martel, *Grand Strategy in Theory and Practice: The Need for an Effective American Foreign Policy*, pp. 7-8. See Chapter 2.

16 See, as recounted by US author James Baldwin, "The Blind Men and the Elephant", at https://americanliterature.com/author/james-baldwin/short-story/the-blind-men-and-theelephant, accessed 11 Jan. 2021.

17 Martel, *Grand Strategy in Theory and Practice: The Need for an Effective American Foreign Policy*, p. 339.

18 John Lewis Gaddis, *On Grand Strategy*, New York: Penguin Books, 2018, p. 21.

19 Posen quoted in Rebecca Lissner, *Wars of Revelation: The Transformative Effects of Military Intervention on Grand Strategy*, Oxford: Oxford University Press, 2022, p. 8.

20 Qtd. in Balzacq, Dombrowski and Reich, eds., *Comparative Grand Strategy: A Framework and Cases*, p. 7.

21 Athanassios G. Platias and Constantinos Koliopolis, *Thucydides on Strategy*, Oxford: Oxford University Press, 2017, p. 14.

22 Brands, *The Promise and Pitfalls of Grand Strategy*, pp. 3-4.

23 Centre for Grand Strategy, King's College, London, at https://www.kcl.ac.uk/research/kclcentre-for-grand-strategy, accessed 8 Jan. 2021.

24 Alasdair Roberts, "Grand Strategy Isn't Grand Enough", *Foreign Policy*, 20 Feb. 2018, at https://foreignpolicy.com/2018/02/20/grand-strategy-isnt-grand-enough/, accessed 11 Jan. 2021.

25 一個主要起源於第一次世界大戰背景的術語，例如喬治・克里蒙梭（Georges Clemenceau）於一九一七年宣誓就任法國總理時使用了 guerre intégrale （integral 或 total war）這個術語，以及埃里希・魯登道夫（Erich

7 Daniel W. Drezner, Ronald R. Krebs and Randall Schweller, "The End of Grand Strategy: America Must Think Small", *Foreign Affairs* 99, no. 3, May/June 2020: pp. 107-17; Thomas Meany and Stephen Wertheim, "Grand Flattery: The Yale Grand Strategy Seminar", *The Nation*, 28 May 2012, at https://www.thenation.com/article/archive/grand-flattery-yale-grandstrategy-seminar/, accessed 20 Dec. 2022. 另參見 Edwin Moise 在回應 Rosemary A. Kelanic's 對 William C. Martel 的 *Grand Strategy in Theory and Practice: The Need for an Effective American Foreign Policy*, 2015 一書評論的文章中，提及為何在一個「非常複雜且混亂」的世界中大戰略並不實用的看法，https://networks.h-net.org/node/28443/reviews/79718/kelanic-martel-grand-strategy-theory-and-practice-need-effective, accessed 8 Jan. 2021.

8 Bilahari Kausikan, "Pragmatic Adaptation, Not Grand Strategy, Shaped Singapore's Foreign Policy", in *Perspectives on the Security of Singapore: The First Fifty Years*, ed. Barry Desker and Ang Cheng Guan, Singapore: World Scientific and Imperial College Press, 2016, p. 295. See also Eliot A. Cohen, "The Return of Statecraft: Back to Basics in the Post-American World", *Foreign Affairs* 101, no. 3, May/June 2022: pp. 117-29, 他主張以國家手腕替代大戰略。

9 Lawrence Freedman, *Ukraine and the Art of Strategy* (Oxford: Oxford University Press, 2019), pp. 12-13, 15.

10 對於理解「大戰略」概念特別有用的三本書籍是：William C. Martel, *Grand Strategy in Theory and Practice: The Need for an Effective American Foreign Policy*, Cambridge: Cambridge University Press, 2015; Lukas Milevski, *The Evolution of Modern Grand Strategy*, Oxford: Oxford University Press, 2016 and Thierry Balzacq and Ronald R. Krebs, eds., *The Oxford Handbook of Grand Strategy*, Oxford: Oxford University Press, 2021. See also discussion in *H-Diplo Roundtable* 7, no. 2, 17 Oct. 2014, of Hal Brands, *What Good is Grand Strategy? Power and Purpose in American Statecraft from Harry S. Truman to George W. Bush*, Ithaca, NY: Cornell University Press, 2014; Alexander Kirss, "Review: Does Grand Strategy Matter?", *Strategic Studies* Quarterly 12, no. 4, Winter 2018: pp. 116-32

11 Martel, *Grand Strategy in Theory and Practice: The Need for an Effective American Foreign Policy*, p. 11; Thierry Balzacq, Peter Dombrowski and Simon Reich, eds., *Comparative Grand Strategy: A Framework and Cases*, Oxford: Oxford University Press, 2019, p. 5

12 Rebecca Friedman Lissner, "What is Grand Strategy? Sweeping a Conceptual Minefield", *Texas National Security Review* 2, no. 1, Nov. 2018: pp. 70-1, at https://tnsr.org/2018/11/whatis-grand-strategy-sweeping-a-conceptual-

注釋

引言

1 Timothy Andrews Sayle, "Defining and Teaching Grand Strategy", *The Telegram*, Volume 4, 15 Jan. 2011, at https://www.fpri.org/article/2011/01/defining-and-teaching-grand-strategy/, accessed 11 Jan. 2023.

2 Hal Brands, *The Promise and Pitfalls of Grand Strategy*, Strategic Studies Institute, US Army War College, 2012, p. 1.

3 David Gethin Morgan-Owen, "History and the Perils of Grand Strategy", *The Journal of Modern History* 92, June 2020: p.351.

4 See, for example, James D. Boys, *Clinton's Grand Strategy: US Foreign Policy in a Post-Cold War World*, London: Bloomsbury, 2015; Colin Dueck, *The Obama Doctrine: American Grand Strategy Today,* Oxford: Oxford University Press, 2015; Benjamin Miller (with Ziv Rubinovitz), *Grand Strategy from Truman to Trump*, Chicago: The University of Chicago Press, 2020.

5 The Brady-Johnson Program in Grand Strategy, Yale University; for the King's programme, see https://www.kcl.ac.uk/research/kcl-centre-for-grand-strategy, accessed 29 Nov. 2022. 在提到各種美國大學的大戰略相關課程時，Timothy Andrews Sayle 在其文章（見注釋 1）中列舉了哥倫比亞大學、杜克大學、天普大學、威斯康辛大學麥迪遜分校、喬治亞大學和麻省理工學院等。澳洲國立大學的戰略與國防研究中心提供了一門名為「制定大戰略」的課程，請參閱 https://programsandcourses.anu.edu.au/2019/course/stst8055, accessed 6 Jan. 2021.

6 See, example, Andrew Ehrhardt and Maeve Ryan, "Grand Strategy is No Silver Bullet, But it is Indispensable", in *War on the Rocks*, 19 May 2020, at https://warontherocks.com/2020/05/grand-strategy-is-no-silver-bullet-but-it-is-indispensable/#:~:text=Grand%20Strategy%20Is%20No%20Silver,National%20security , accessed 10 Jan. 2021. and Thierry Balzacq, Peter Dombrowski and Simon Reich, "Is Grand Strategy a Research Program? A Review Essay", *Security Studies* 28, no. 1, 2019: pp. 58-86.

東南亞與海洋 0USE007

新加坡大戰略

小國的政治、經濟和戰略之道

Singapore's Grand Strategy

作者	洪清源 Ang Cheng Guan
翻譯	林嘉培
責任編輯	李銳俊
校對	魏秋綢
排版	宸遠彩藝
封面設計	兒日
副總編輯	邱建智
行銷總監	蔡慧華
出版	八旗文化／左岸文化事業有限公司
發行	遠足文化事業股份有限公司（讀書共和國出版集團）
地址	新北市新店區民權路 108-3 號 8 樓
電話	02-22181417
傳真	02-22188057
客服專線	0800-221029
信箱	gusa0601@gmail.com
Facebook	facebook.com/gusapublishing
Blog	gusapublishing.blogspot.com
法律顧問	華洋法律事務所／蘇文生律師
印刷	成陽印刷股份有限公司
定價	450 元
初版一刷	2025 年 3 月
ISBN	978-626-7509-32-6（紙本）、978-626-7509-31-9（EPUB） 978-626-7509-30-2 (PDF)

◎版權所有，翻印必究。本書如有缺頁、破損、裝訂錯誤，請寄回更換
◎歡迎團體訂購，另有優惠。請電洽業務部（02）22181417 分機 1124
◎本書言論內容，不代表本公司／出版集團之立場或意見，文責由作者自行承擔

Singapore's Grand Strategy by Ang Cheng Guan
Copyright: © Ang Cheng Guan
All rights reserved.
First published in English by NUS Press, Singapore

新加坡大戰略：小國的政治、經濟和戰略之道 / 洪清源 (Ang Cheng Guan) 著 ; 林嘉培譯 . -- 初版 . -- 新北市 : 八旗文化 , 左岸文化事業有限公司出版 : 遠足文化事業股份有限公司發行 , 2025.03
面 ;　公分 . -- (東南亞與海洋 ; 0USE007)
譯自 : Singapore's grand strategy
ISBN 978-626-7509-32-6(平裝)

1. 國際關係　2. 外交史　3. 國家戰略　4. 新加坡

578.387　　114000242